涛声/犹/存

李国涛先生纪念文集

鲁顺民 —— 主编

山西出版传媒集团　北岳文艺出版社

·太原·

图书在版编目(CIP)数据

涛声犹存:李国涛先生纪念文集/鲁顺民主编. —
太原:北岳文艺出版社,2020.2
ISBN 978-7-5378-5851-9

Ⅰ.①涛… Ⅱ.①鲁… Ⅲ.①李国涛(1930-2017)
-纪念文集 Ⅳ.①K825.6-53

中国版本图书馆CIP数据核字(2019)第011257号

涛声犹存:李国涛先生纪念文集
鲁顺民　主编

//

责任编辑
王宜青

装帧设计
张永文

印装监制
郭　勇

出版发行:山西出版传媒集团·北岳文艺出版社
地址:山西省太原市并州南路57号
邮编:030012
电话:0351-5628696(发行部)　0351-5628688(总编室)
传真:0351-5628680
网址:http://www.bywy.com E-mail:bywycbs@163.com
经销商:新华书店
印刷装订:山西人民印刷有限责任公司
开本:787×1092　1/16
字数:321千字　印张:27
版次:2020年2月第1版
印次:2020年2月山西第1次印刷
书号:ISBN 978-7-5378-5851-9
定价:69.80元

本书版权为本社独家所有,未经本社同意不得转载、摘编或复制

李国涛先生（1930 — 2017）

李国涛,笔名高岸,1930年11月—2017年8月。江苏徐州人,1948年肄业于徐州中学,1950年参加工作,中国共产党党员。历任中学教师,山西省哲学社会研究所《学术通讯》编辑,《汾水》编辑部副主任、主任,《山西文学》杂志主编。中国作家协会第四届、第五届全国代表大会代表。1988年当选省作家协会第三届主席团副主席。1994年退休,担任第四届理事会顾问,第五届、第六届全委会荣誉会员。1992年享受国务院政府特殊津贴。

李国涛同志是十分优秀的文艺理论家、文学评论家,1955年在《光明日报》发表第一篇文学评论文章,开始他的文艺理论研究生涯,先后出版有《〈野草〉艺术谈》《文坛边鼓集》《STYLIST——鲁迅研究的新课题》等几部广有影响的文艺理论专著,还有大量的文学评论文章。1979年他在《光明日报》发表《且说"山药蛋派"》一文,首次对山西"山药蛋派"文学流派的文学成就加以系统总结。他对鲁迅文艺理论思想与创作实践进行全面梳理,对中国鲁迅研究领域有启示性,开拓性,创新性贡献。

李国涛同志1989年之后,以高岸为笔名,先后发表中短篇小说《郎爪子》《紫砂壶》《凉秋》,还出版了长篇小说《世界正年轻》《依旧多情》等一批作品,给当时中国文坛带来一股清新之风,反响甚大,好评如潮,评论家认为他的小说"具有文化品格",具有深厚的文化底蕴,集中体现出作家的文化修养。

李国涛同志长期从事文学编辑工作,在山西几代作家中,享有很高威望,从"山药蛋派"作家风靡全国,到20世纪80年代的"晋军崛起",都倾注有李国涛同志大量心血与智慧。他甘为人梯,乐于为人作嫁,扶掖文学新人,发掘精品力作,为山西文学事业的繁荣发展做出了不可磨灭的贡献,对山西文学事业的建设和发展,有着持久的影响。退休之后,他仍然关心山西文学事业的发展,关注青年作家的进步与成长,对青年作家多有勖勉、督责和鼓励,经常为他们撰写评论文章。他的编稿手记集结为《编稿手记》出版,成为做文学编辑必备的工具书。

李国涛同志晚年手不释卷,笔耕不辍,创作了近百万字的读书随笔和散文作品,深受读者喜爱。他的随笔散文作品,先后辑为《世味如茶》《总与书相关》《目倦集》《怀念随笔文体》出版,2013年其亲自编定五卷本《李国涛文存》正式出版。

君在昴宿星团

(代序)

周宗奇

一年何迅忽！

斯人已逝，不过俗身寂灭。

灵魂活着，"涛声犹存"，依然鲜亮于一种大存在之中，沐着宇宙之光。

有时候，他活在妻子儿女中间，犹叙家长里短。

有时候，他活在亲朋好友中间，寻常谈笑未变。

有时候，他活在与之有过生命能量交换的所有人中间，继续着生命能量的交换。

总之，国涛先生依旧活在大家的心里，活在大家的梦里，活在大家的追忆里，活在大家的思念与想象里，活在续小强及全体作者共同编著的这本《涛声犹存——李国涛先生纪念文集》里……

有时候则不然。国涛先生本性就酷爱自由，而今又是一个放飞的灵魂，情愿在太空怡然遨游，在久远广袤的星瀚里歌吟。兴之所至，此时此刻，他也许就落脚在美丽的昴宿星团。请大家抬头看金牛座吧，那一个大而明亮的疏散星团中，不是闪烁着六颗亮星吗？它就是昴宿星团，又称七姊妹星团。不知道在什么时候，有一颗亮星忽然暗了下去，我们凡人看不到了，于是民间开始流传"七妹下嫁"的美丽故事——《天仙配》。博学好求的国涛先生，或许正在考证源流，撰写新论，同时对我们大家的思念充满"心电感应"。这种"心电感应"现象，这种跨越时空而瞬间影响双方的"量子纠缠"，这种被爱因斯坦笑称为"远距离闹鬼"的趣事，已被科学理论和实验所证明。我们原来认为世界是物质的，不存在别的一切，意识是和物质相对立的另一种存在。现在却发现完全错了，我们所认知的物质，仅仅是这个宇宙的5%，还有95%的物质，我们一无所知。对此，国涛先生现在比我们要明白得多了。据说昴宿星团人的文明发展程度，远远超过地球文明，不仅拥有精神进化的路径，而且在科技方面已经可以随意造访外星系的生命。他们因为解决了营养、健康、遗传、环境、哲学、冥想、时间、超光速、古文明、外星种族等等问题，已然处在一种靠"灵性"和"爱的光"生存的生命状态了。国涛先生一定会现身说法，用他那徐州普通话告诉我们：生命的意义在于意识的提高、心灵的成长、头脑的进化、个性的发展。所谓"灵性"，就是与"存在"协调的能力，每个灵魂都有向更高层次发展的目标，回到本真，回到源头，回到宇宙的中心意识。上帝确实是有的，不是人，而是一种能量，一种别样的生命形式。国涛先生还会不失学究风范地告诉我们："量子纠缠"同时突破了时间与空间，就像佛法的智慧是超越时空的。"超弦理论"发现一个惊人结果，宇宙在超宏观与超微观上具有无限层次，半径$1/R$（比原子尺度还小1000亿亿亿倍）空间中的物理形式，和半径R的大尺度宇宙之间，没有什么结构不同。换句话说，再小的空间中，都可以容纳整个宇宙。正所谓"一花一世界"也。他最后深情地说：亲们！灵魂不灭，能量永恒。思念可以，何必悲伤？

安德斯·霍特，用他那"跨维度心灵"的"高解析乐声"，为世人唱醉了《昴宿星的祈祷声》。他在演唱时所发出的声音或词句，连他自己也无法辨认，不过他确定，他会清晰地感受到，自己和宇宙远古的"某种存有"连接着，呼应着，震颤着……不必泪水涟涟，让灵性成长。承诺守住新世界的爱、知识和梦想，你要快快准备好自己！

国涛先生知乐而不善歌，笔健而如今喜用电脑，他将以不同于安德斯·霍特的方式，以优雅的文学形式，告诉我们相同的昴宿星团的高等智慧。

君在昴宿星团，是我们所有对你怀念者的幸运！

2018年5月16日于太原"学洒脱斋"

目 录

第一辑　心中的思念

3 / 杨玉英　不思量 自难忘
　　　　　　——生活琐事缅怀国涛
6 / 李如玉　我拿什么报答您
14 / 李如玉　我们的音乐情结
17 / 李如玉　根深则果茂 源远而流长
20 / 李如玉　珍而藏之
24 / 李 莺　两次赴晋 两种心情
26 / 李 伟　心中的思念
36 / 李今贺　爷爷，我好想您
41 / 李舒晴　穿越清明的思念

第二辑　斯人旧事

61 / 成　一　知遇之恩
　　　　　　——悼念李国涛老师
67 / 李　锐　文章千古事
　　　　　　——李国涛老师的一篇译文
70 / 段崇轩　南华门的魂魄
78 / 蔡润田　学求其富　写求其严
　　　　　　——李国涛先生的学问与文章
81 / 毕星星　李国涛先生和"郎爪子"
88 / 王子硕　悼念李国涛老师
90 / 张小苏　高山仰止　景行行止
97 / 潞　潞　斯人旧事
99 / 赵　瑜　缅怀李国涛先生
102 / 吕　新　怀想李国涛老师
106 / 东　黎　曾记得
111 / 王祥夫　国涛先生二三事
114 / 续小强　走在南华门巷子里的李国涛先生
117 / 白　琳　怀念密斯特李
124 / 苏　华　未及题签的《编稿手记》
128 /《山西文学》编辑部　《山西文学》编者按
129 / 董大中　六十年的记忆
156 / 周宗奇　痛悼老师朋友同事邻居李国涛先生

159 / 张石山　当代君子
166 / 杨占平　文笔练达多面手
174 / 陈为人　为李国涛先生正名
179 / 毕星星　李国涛先生琐记
182 / 杨　栋　不著名的大家
　　　　　　——怀念李国涛先生
185 / 梁志宏　默默送别李国涛先生
188 / 哲　夫　记忆和文字
　　　　　　——悼念李国涛老师
192 / 毛守仁　师恩如山
195 / 介子平　两位先生一套书
199 / 李金山　李国涛先生二三事
202 / 景　平　记着这位文学老人
　　　　　　——悼念李国涛先生
206 / 得　一　总与书相关
208 / 范冬壮　纪念李国涛爷爷
210 / 李　彬　行走的李伯
211 / 董　薇　老观众与小演员
213 / 王东满　哭国涛仁兄
214 / 蔡润田　悼李国涛先生
215 / 李文义　纪念李国涛李先生
216 / 毛守仁　悼李国涛先生

第三辑　闲闲解得真滋味

219 / 董大中　李国涛文学成就的总展示
　　　　　　——贺《李国涛文存》出版
231 / 韩玉峰　且说李国涛
239 / 陈为人　夜半钟声到客船
　　　　　　——李国涛先生印象记
261 / 韩石山　李国涛先生的文字
264 / 张石山　君子人格　儒雅风骨
　　　　　　——我心目中的李国涛先生
279 / 毕星星　漫说李国涛先生之为人为文
293 / 苏　华　目倦文长存
308 / 傅书华　《郎爪子》与"李国涛密码"
313 / 潘向黎　闲闲解得真滋味
　　　　　　——读《李国涛文存》
317 / 韦德锐　一篇好书评
320 / 周宗奇　寻常看不见
　　　　　　——从李国涛先生的《祖父》说去说来
328 / 董国和　山西李国涛
336 / 申毅敏（整理）　激愤而又民主的文化老人
　　　　　　——《李国涛文存》出版座谈会部分发言
345 / 杨　进　情趣盎然　耐人寻味
　　　　　　——读《李国涛文存》

348 / 刘照华　文学需要这双火眼金睛

353 / 刘绪源　李国涛：专家之上的文人

357 / 牛玉秋　道是无缘亦有缘
　　　　　　——我所认识的李国涛先生

360 / 付小悦　翰苑歌吟敦厚有唐风

365 / 付小悦　李国涛：君子笔耕六十年

368 / 鲁顺民　《〈李国涛文存〉讨论汇编》后记

371 / 舒　晴　李　伟　《编稿手记》后记

375 / 董国和　低调李国涛

379 / 卫洪平　李国涛和他的书话

387 / 薛保平　"世味如茶"亦苦亦甘

390 / 马凯臻　获赠《十宋楼集》记

394 / 黄树芳　业余作者的贴心老师

403 / 附　录：李国涛作品简介

410 / 后　记

第一辑
心中的思念

他多次格外仔细地谈那些帮助过他的人和事。他说起他的爷爷留给他的那套唐诗……大概他确实想留住什么，可我们其实只想留住他。

——李伟《心中的思念》

不思量　自难忘
——生活琐事缅怀国涛
杨玉英

国涛走了，国涛静悄悄地走了。

我们家的生活一直是平静、平淡、安详、和谐的。

我退休后一直习字，临柳公权的玄秘塔。写了多年毫无提高。前年如玉上了老年大学的书法班，老师要求临魏碑，并带回张猛龙的字帖。国涛看后很喜欢，随即叫我改临张猛龙字帖。第二天我就开始了，国涛当时规定，每天只临三个字，每个字反复临多遍，而且要天天连续写这三个字，直到对笔意有所感悟，才可以再写另外三个字。每天上午10点是我雷打不动的习字时间，在这同一时间，国涛打开电脑，看看天气预报，浏览朋友信件，翻翻报纸，然后扶着助步器，静静站在我身后，看我写字。等我写完后，他全面审查。当他看着看着一笑，我心中明白，坏了，写得糟糕了。接着他严肃认真地指出我根本未看清笔意，并告诫说，一定要多临帖，多读。我有时心中也嘀咕，他怎么就一针见血地指出我临帖的要害呢，这大概是他多年读帖的功底。有时我写得略好，他就说，唉，今天写得不错，不错。每天就这样，聊着聊着，就到吃午饭的时间了。

午睡后他习惯先喝两杯热茶，茶叶都是由他两个弟弟从安徽黄山、江西婺源寄来的，绿茶，新茶。一冲泡，香气四溢，他很爱喝。喝完茶，开始吃点水果，偶尔也吃甜点、酸奶。边吃边聊，范围广泛，大部分是谈他的著作。今年他最后出的两本书《编稿手记》《怀念随笔文体》。《怀念随笔文体》中的文章，他有的记得很清楚，有的就不记得了。我就从头开始一篇一篇提出篇名，叫他说内容，他答不上来，我就从头到尾读内容，他喜欢的我就反复读给他听。像第一篇《老邮筒》，他很喜欢，我就读过多次。有的文章有我看不懂的地方，他会耐心详细地讲解，他曾感慨地说，我现在再也写不出这样的文章了。偶尔他用电脑给老同学写信，很费劲，不再用五笔字型输入法了，忘了。改用拼音输入，但拼音也困难，往往百十个字竟要打一个多小时。我们安慰他，两年不用了，当然忘了，熟悉一段就恢复了。但我心中知道不可能了，不可能了。自然规律是不可抗拒的。

有时也谈《文存讨论汇编》上的文章，当谈到周宗奇的《寻常看不见》时，他说："这人还真下功夫读《十宋楼》（国涛家史）了，我还真没想到，真没想到。"他弟弟李国杰就曾来信问："周宗奇是谁？怎么知道咱们家那么多事情？"国涛说曾送周宗奇一本《十宋楼》。在合肥的另一个弟弟李国燮看过《文存讨论汇编》，在电话里与国涛调侃道："大家说几句吉利话而已，你别太当真了。"

每天聊天中间，也叫国涛站起来活动活动，也偶尔跟着录音机做几节保健操。国涛每天必看的电视节目是《天气早知道》，再一直看到《新闻联播》后中央台的天气预报,这才吃晚饭,晚饭后常常守着杯盘狼藉的餐桌闲聊,每天收拾餐桌都到9点以后了。他笑着说,以后你先吃,你先吃。

日子就这样平静地过着。

上午10点,电脑还能打开,屏幕上出现了天气预报……

国涛走了,国涛静悄悄地走了。

(《山西文学》2017年第10期)

我拿什么报答您

　　李如玉

　　2017年8月30日早上5点10分,我亲爱的爸爸走了,永远地走了。二十多天天来,纷乱飘浮的痛渐渐沉淀下来,变得沉重而深切。

　　爸爸像山,从容坚定给我安全感,我靠着他无忧无虑地生活着。可是这山,瞬间轰然坍塌,山崩地裂,一切都分崩离析,一切都不复存在。我悲痛欲绝,惊慌失措,而又无能为力。我只能面对这残酷的事实,捡起山体崩塌后的零零碎碎星星点点,捧在手里以怀念我的爸爸。

　　翻开小时候的相册,我平生的第一张照片就是在爸爸怀抱里照的。爸爸那时很年轻,帅气、儒雅。他抱着刚刚出生不久的我,脸上流淌着笑容,充满了爱意。我在他怀里露出阳光般的微笑。他为我起名为如玉,在相册的扉页上亲手书写着:"如玉无暇,这是对我女儿未来生活的最诚挚的祝福。爸爸。"从那时起,不论是我年幼还是他渐渐变老,爸爸就是我一生的靠山。

那时候拍照片还是很稀罕的事情。最珍贵的是,很多照片的后面都有爸爸标明的日期和对我当时的评价。我刚刚学会坐着的那张照片的背后,爸爸以我的口吻写着:"我第一次独自不用人扶坐在椅子上,我感到很新奇,并不害怕,而且为了我个人的独立,感到非常骄傲。"

我想爸爸当年寄予我的希望还有很多很多吧。我抚摸着相册,不知有多少父爱在里面啊。在后来的几十年里,每逢我想起爸爸的那几行手书,心里总是有一种被轻轻触动的感觉——暖暖的,感受着一种只有我能体会到的父爱的柔情与厚重。感谢上苍让我拥有这样一位父亲,他如此疼爱我,关心我,包容我。

我慢慢长大,爸爸慢慢变老,等我有时间可以好好陪陪他的时候,他却永远地离开了我们。

我的童年是在"文化大革命"中度过的。那时我们在西山矿务局中学的一个筒子楼里住,因为妈妈的家庭出身不好,随时都有被揪斗的可能。妈妈如惊弓之鸟,带着我和弟弟过着战战兢兢的日子。爸爸那时已调到省哲学研究所工作,从家到研究所要走三十多里路,所以爸爸每周回来一次,他一回来气氛立刻轻松许多。他常常讲个小笑话让我们高兴,然后一家人围在小餐桌前吃饭。我们的小餐桌,是一位叔叔在批斗大会的场地,捡了几块薄薄小木板拼凑而成的,桌腿细细的,短短的,是用一根小树干截成四段做成的,非常单薄简陋。那时我们如获至宝,一家人坐在小凳子上,围着我们家第一个餐桌,喝着玉米面糊糊,吃着窝头。餐桌上常有爸爸腌制的咸菜,那时候物资极度匮乏,青菜都很少见到,他把买来又一下子吃不了的白菜、萝卜、辣椒等洗净放在类似泡菜坛的小罐里,放清水、花椒、咸盐,扣好盖子。盖子和罐口之间放上水以免进空气。泡制一天就可以吃了,味道很鲜美。爸爸也很欣赏他的泡菜,称为"李家泡菜"。有这样的泡菜,吃窝头、喝糊糊的日子也不觉得太苦。

那时候白面大米很少,是要靠供应的,每月每人三斤白面。每逢有窝头又有馒头的时候,爸爸总是吃窝头,他还笑呵呵地说:"我喜欢吃这刚蒸出来的窝头,松软。"爸爸总把细粮让给我们吃,还用这样的方式保护着我们的自尊。我那时很小,还真以为爸爸爱吃窝头呢。因为有爸爸为我们营造轻松的氛围,所以我们的童年少了一分阴霾,多了一分阳光。

爸爸是我们家的精神支柱,但说真的,他的生活能力和对外联系的能力不是很强。家里像拉煤泥、打煤糕、修房子这样苦重的活都是妈妈找人干的。记得有一年我们全家回徐州探亲,回太原时亲戚们给了我们很多东西,吃的用的,一大堆,从徐州到太原又没有直达车,要在德州转车。德州火车站一片混乱,上车时人们各显其能,有的从窗户上钻进去,有的是在车厢门口互相厮打着、叫骂着往上挤的。我都吓呆了,弟弟那时四五岁,怎么往上挤呢?爸爸一看这种局面,把东西往地上一放,很豪爽地对妈妈说,"你带好他们两个,拿上东西,我先上去占个座儿,然后我从窗口叫你们。"我们在车下等着,车快开了,也没见爸爸在哪个窗口叫我们。妈妈只好带我们上车。列车缓缓地前行,渐渐,车上的人少了,我们都有了座位。我们四处张望,又去前后车厢寻找爸爸,都没找见。我们都怀疑爸爸是不是没有挤上车。等到了太原,我们下车,在拥挤的人群里看见了他,我和弟弟高声叫他,他已疲惫不堪——我老爸从德州一直站到太原,没吃没喝,因为所有的东西都在我们手里。把爸爸挤丢了,这一直都成了我们家和爸爸开玩笑的话题。以后不论是坐火车还是坐汽车,我们都不敢让他先上车了。

　　我老爸不会做家务活,像修水管、安装个东西、拧个螺丝等等的活儿,他都不会。可他还真为我修了一次自行车。我高中毕业那年,还不满十七岁,正好赶上插队的末班车。那时我们家还在西山矿务局住,从我们家到我插队的郊区,要走二十多分钟的路,因为农场没有那么多房子提供给知青住,所以许多知青都要跑家。爸爸给我买了一辆二手自行车,二六型的深绿色坤车,大小很适合我用。六十元钱,当时很贵,因为不需要自行车券,所以就买了。车子很旧,哪儿都需要修理,爸爸坐在小凳上,手里拿着钳子、解锥、扳手,鼓捣了一天,晚上爸爸说,修好了。我高兴地问,那我明天能骑了?第二天,我骑上我的第一辆自行车,去插队的地方。路上要下一个大坡,我左手捏住闸,准备减速。可我刚刚捏住闸,就觉得前车轮突然停住,后车身一下子被掀起很高,我整个人被抛向空中,好像身子在空中翻了一圈。那是怎样的一个弧度,我现在也没弄明白,然后就重重地摔在地上。当时顾不上什么,一骨碌爬起来,赶紧看看车子摔坏没有。迎面走过来一个老农民,问:"摔疼了没有?""没有,"我轻松地回答。我晚上回到家说了这件事,爸爸说,"哦,我给你把前闸后闸调换了一下。"他说得很淡定。后来我又买了几辆自行车,每次买,爸爸都说,自行车没什么可挑的,主要是看闸灵不灵。我总要跟他开玩笑:"我还得看看换闸了没有。"

　　爸爸在家里很民主,很随和。他很希望我和弟弟能多读书,但从不要求我们读他的书。他说,世界上好文章多的是,为什么要读我的?他鼓励我们去学自己喜欢的专业,并且总能给出指导性的建议。20世纪80年代初我在读大学,爸爸去北京出差,根据我那时的英语水平，给我买了六本英文简写本小说，《家庭女教师》(The Little Governess)、《象人》(The Elephant Man)等等。那是我第一次接触英文小说，很喜欢，感觉很新鲜。但是生词太多，令我发怵。这时爸爸从书柜里拿出他年轻时读过的一些英文书，递给我。第一本是他1948年读的《伊尔文见闻杂记》，那时他刚刚十八岁。这是一本很经典，但很不好读的书。我翻开他的书，每页上都有几个他标出的生词和注释。书上有很多地方都有勾勾画画的痕迹，空白处还工工整整地记着笔记。我明白了，英语就是应该这样学的。

我工作后，他向我推荐英语杂志。每年年底订报刊的时候，他都到机关阅览室亲自给我订阅《英语世界》，一订就是十二年。他说，不一定篇篇都读，可选择地读。多读可增加知识，开阔眼界。头几年，每次来了《英语世界》时，他总是饶有兴趣地读着。后来目力不好了，他总是让我给他拿来放大镜，翻着看看，尽管这样，还是经常和我谈起哪篇文章有意思，哪篇值得好好读。再后来，由于眼睛和身体的原因不能自由地阅读了。就像他在《目倦集·序》中所说："读书的愉悦，抵不上读书的痛苦。"他常常无奈地说："我现在是看报看题，看书看皮。"我听了很心酸，后来我会为他读一些他感兴趣的文章。一来他想听，想了解外面的世界，二来也消愁解闷。记得2016年第12期《英语世界》刊登陆谷孙先生的几篇文章和译文，我给他读了其中一篇，题为"勤则不匮"。爸爸在医院一边输液，一边听我读这篇文章。他听得很认真，很专注，眼睛看着我的口型。爸爸那时的听力已经不太好了，每次给他读文章的时候，他都要看着我的口型，方能听清。我一字一句地念，念一会儿，就停下来问他："能听清楚吗？"他说："能。"我就继续读。读完之后，爸爸大加赞赏，直说真是篇好文章。你该多读读这样的文章。

爸爸的性格让人觉得有些冷傲，很多人都说他严厉、威严。但其实不然，他以自己的方式去关心别人，就是那种默默的、不打扰别人的方式。前两年听说作家李锐身体不好，他很着急，在家念叨多次。一天，从北京回来的成一老师来看他，刚坐下，爸爸就急切地询问李锐的情况，问得很仔细。实际上爸爸那时也在生病，而且很严重。他和成一老师在客厅里单独谈论李锐的身体状况和治疗情况。我通过客厅的玻璃看见他非常严肃，非常担心地听着。成一老师走后，爸爸唉声叹气，忧心忡忡。不断跟我们说："这个李锐，怎么搞的。"一会儿又说："蒋韵那两下子，能干得了家务？！"爸爸很着急，其实他要一个李锐在北京的电话，直接打过去问问，也是很容易的事。但是他说，他不想增加李锐夫妇的心理负担，也不愿意让他们一遍遍叙述疾病和治疗方面的事情，去加深他们的痛苦。过了好久，等成一老师又一次从北京回来，看望爸爸，并告知说李锐的情况好些了，爸爸方觉得放心了许多。记得大约一年多前，爸爸那时还能拄着手杖一个人慢慢地走到机关小院坐坐，拿拿报纸。一天，他从小院回来一进门，就兴奋地说："蒋韵发表文章了，蒋韵发表文章了。"蒋韵发了多少文章，爸爸也从来没有这样高兴过。"是吗？"妈妈问着从客厅走出来，"蒋韵能写文章，那就是说，他们的生活正常了。""是啊，是啊，这是一个信号，说明李锐好了。"爸爸高兴地说，把报纸交给我，让我给他们念。蒋韵的文章发表在《文汇报·笔会》上，题目好像是《去马坡》。那天爸爸心情很好，吃饭的时候他谈了很多编辑部的人和事。

爸爸一生经手改过稿件无数，可他自己也不会想到，他一生改过的最后一篇文章竟是我的文章。记得今年8月我写了一篇关于我们家

《鲁迅全集》这套书的事情,题为《半张书皮引我怀旧》。写完之后想拿给爸爸看,爸爸欣然答应。我打开电脑,爸爸坐在电脑桌前,一字一句地认真看着,就像他以前在编辑部为作者改稿一样。爸爸最近几年由于身体原因不再写作,对电脑的应用陌生了。这次重操旧业,显然力不从心,每打一个字、一个标点都要在键盘上找好一会儿,边改边说:"你写得太不讲究了,错误太多。这儿应该加一个书名号,这儿应该是个句号。"等等。就像老师教一个小学生,我在一旁直点头,满脸愧疚地看着爸爸劳神。我怕爸爸太费劲,就打印出来给他看。他一脸严肃,很认真很仔细地修改着,删减,改错,忙乎了好一阵。"就这样吧,你再看一遍。"爸爸说。我也认真地看了一遍,感觉原来浑浑浊浊的文章经他一改,顿时清爽了很多,真是不一样。我高兴地对爸爸说,"那我发出去吧?"爸爸点点头。午饭后,爸爸坐在前厅沙发上,我在自己的卧室打开电脑正准备发送稿件,突然他说,"前面那几段都不要了,从'我对鲁迅的作品知之甚少……'那一段开始吧。"我走出卧室,看见爸爸俨然一个临阵的大将军的模样。"前面那几段都不要了?"我有点惋惜地说,我以为那几段挺好的。爸爸看出我的心思,温和地问:"你想要?""不要了,我听您的。"我果断地说,我虽愚钝,但我绝对相信爸爸的权威性。我想大概没有哪个作者,尤其是一个愚钝如我的人能让爸爸反过来征求他的意见的吧?"你那前几段和文章没什么关系,圈子兜得太大。有的文章需要扯得远一些,有的不需要。文章要简单,越简单越好。"爸爸说。"文章越简单越好",这是爸爸留给我的话。

可是这次,谁来为我增删,为我修改,为我定夺呢?!

爸爸和我们在一起的生活已汇成长河,几十年的岁月如歌,那其中经历的风风雨雨,酸甜苦辣,那点点滴滴,我们都铭刻在心,从来不需要刻意想起,也永远不会忘记。

(《山西文学》2017年第11期)

我们的音乐情结

李如玉

2018年的维也纳新年音乐会的直播我们家都没有听。父亲刚刚远行,我们则因为父亲的远行而失去了快乐的理由。

在以往,每年的元旦我们一家人都会坐在客厅,观看电视,欣赏着维也纳新年音乐会。那天父亲会提醒我们:"今天有维也纳新年音乐会,早点吃饭,好好听听。"爸爸这时会放下他的书、报纸以及他的放大镜,走进客厅,坐在他的高高的有扶手的椅子上,他坐下,靠着椅背,看着很舒坦。妈妈这时会打开电视,坐在爸爸身旁的沙发上,谈笑风生。大家也都放下手边的事情,一边聊天,一边等着这个音乐盛会。说真的,其实我们一家都不懂音乐,但不知从什么时候开始,我们就喜欢以这样的方式迎接新年,这种极具仪式感的活动让我们更加珍爱与家人在一起的时光,也对新的一年充满了期冀和祝福。

不过每次音乐会开始后,大家听过两三个曲目后热情就开始减退,有人从客厅出来,说,听不懂。爸爸这时也慢慢站起身来,说:

"欣赏不了，咱们这是附庸风雅。"于是主场从客厅到了前厅。我们和爸爸都坐在前厅，吃些干果水果小点心之类，很放松，聊天更尽兴，想到哪儿说到哪儿。这时的电视是不可以换台的，还有人时不时地过去听一耳朵，我们都在等。等什么呢？我们在等那两个耳熟能详的加演曲目，《蓝色的多瑙河》和《拉德斯基进行曲》。

说来有点可笑，一开始"拉德斯基"这几个字我老是记不住，是"拉德斯基"还是"德拉斯基"？老是弄不清。一混淆不清，我就问爸爸。他告诉了我N遍，我又忘了N遍。后来我用了一个很俗的办法去记忆，那就是"拉着司机进城去"，这样我就能准确地记住这个曲目的名字，我很得意，把这个办法告诉爸爸。他莞尔一笑，说："这可不像学英语的人说的话。"我有点汗颜，也深深地佩服爸爸的文化素养和对语言的敏感度。爸爸的记忆力也很让我吃惊，前一阵我上了几节声乐课，每次回来爸爸总是半开玩笑地问，今天学的什么，学得好不好？我说，"好，今天老师教了首新歌，《花非花》。"爸爸马上问，"是白居易的词吗？"我说，"是啊。"我小声地唱了一句，爸爸立刻跟着唱起来，很投入，歌词记得很清楚，根本不用看歌本。唱完，我问爸爸，"你怎么会唱？"爸爸说，"那是小时候学的，七十多年前的事了。"爸爸说得很感慨。"花非花，雾非雾，夜半来，天明去，来如春梦不多时，去似朝云无觅处。"诗意朦胧，轻柔含蓄的韵律，让人难忘。这是我和爸爸第一次合唱一首歌曲，是唯一的一次，也是最后一次。现在再听这首歌我总是泪流满面，觉得是那样沧桑悲凉。

快到加演曲目时，大家又进入客厅，这一次可是聚精会神地去听，去欣赏那渴望一年的曲目，那是我们家的最爱。优美动听的《蓝色多瑙河》，华丽高雅的画面让我们陶醉；最让我们感兴趣、最过瘾的是《拉德斯基进行曲》，当欢快的旋律响起时，身着燕尾服的指挥家优雅地转过身来，面带微笑示意观众随着节奏和音乐的强弱来鼓掌，我们也情不自禁地跟着节拍鼓掌，并且小声哼着这节奏分明的旋律。指挥用指挥棒把音乐诠释得淋漓尽致，创造了一种音乐家与听众水乳交融的击拍场面，我们沉醉在那个场景中，感到很幸福。

然而这种与父亲一起享受音乐的幸福已离我们而去，从此我们也无法开启这快乐的按钮。现在回想起来，父亲就像音乐会的指挥，是灵魂，从容，优雅，自信。因为父亲，我们方可踏着心中的音乐，去寻找一片绿洲，慰藉自己的心灵。而没有父亲的日子就像没有指挥的音乐会，那样的面目全非，痛苦无奈，失魂落魄而又无所适从。

爸爸，2018年来了，让我们像往常那样说一声，Happy New Year！我们为新的一年斟满酒，干杯！祝您一切安好！这杯酒我干了，您随意。

（《太原晚报》2018年2月2日）

根深则果茂　源远而流长

李如玉

太原美术馆，吴为山先生的雕塑展，让人赞叹。最吸引我的是于右任先生的雕塑，驻足欣赏许久。于右任的名字，最初我是从父亲那里听到的，他是我父亲最喜欢的书法家之一。

回家后，找出父亲的藏书——《于右任墨迹选》。这是1984年湖南美术出版社出版的，八开本，大大薄薄的一册。封面豆绿色带着本色的暗花，"于右任墨迹选"几个烫金的大字竖排版置于封面的中央，古色古香，清秀雅致。我一张一张地翻着，品读着这本父亲翻旧了的墨迹选，翻到于右任先生一副对联"根深则果茂　源远而流长"时，像有什么东西吸住了我的双眼。

父亲很喜欢这副对联的意境，2015年冬天父亲曾两次写过这副对联。第一幅刚写好后，我们全家都在欣赏，父亲字迹流畅圆润，笔墨饱满。"根深则果茂　源远而流长"这几个大字，让人仿佛看见一棵枝繁叶茂的大树，硕果累累，不喧哗，不张扬；平和淡泊。父亲对这幅字比较满意，我也非常喜欢，就把它发到朋友圈里。谁知，不到两分钟，父亲早年编辑部的同事，一位和我们家无话不谈的挚友，马上回应，开玩笑地说："哈哈，是写给我的吧？"于是这幅没有写题款的作品就送给她了。

给她寄走后，第二天父亲又写了一幅同样的条幅，在后面又补了几句附笔，显得更加有趣："览于右任先生书法集　极喜爱而愧不敢学以其源远也　乙末年冬遇大雪严寒不能出户　书此以解闷　书毕即为周景芳索去　今又书以存家中　自赏自爱"。落款：李国涛。我们把这幅字装裱起来，挂在家里，"自赏自爱"，全家欣赏着，评论着，品味着，珍爱着。

周景芳女士把父亲的字装裱拍照后，发给我们看，精致大气。南方天气潮湿，她怕字画受潮，装裱后又用木框把字镶嵌进去，这样一来，同样的字由于装裱风格不同，在视觉上就有了差异。一个是长长的，有卷轴的古朴的中国式条幅；另一个是长方形的，端庄大方，别有韵味，像一幅山水画。周景芳女士的这一幅条幅后面的附笔和我们家前半部分一样，只是少了"书毕即为周景芳索去　今又书以存家中　自赏自爱"一句。我看着，觉得很好玩儿，又拍下我们家的这幅发给她，她马上回复，说："我一直以为我家的是独家定制呢，没想到还有个孪生兄弟。"还发了几个笑脸表情。我把她的微信读给父亲听，父亲听后开心大笑，觉得很有意思。我想在南国的周女士也一定在笑，或许正在讲给家人听。这"两个孪生兄弟"一南一北在两个家庭里，平静淡泊愉快地生活着。

后来，后来，再后来，父亲去世了，周景芳女士从南方专程来为父亲送行。她泣不成声，祭奠之后，把一个装有帛金的信封放在我的手里，上面工工整整地写着，"根深则果茂，源远而流长——先生千古！周景芳敬挽"。我心里猛然一震，眼泪又一次夺眶而出。

几年来，这幅字带给我们多少欢乐啊，父亲的字和他附笔的风趣带来无穷回味。然而眼前，这信封上的这句话触及的是生死离别、痛彻心扉的悲伤，是一种深深的哀思与怀念。从最初的欢乐到最后的悲痛，斯人已去，欢声不再，叫人怎能不触景伤情？

周宗奇先生在《李国涛文存》讨论汇编《寻常看不见》一文中说，"寻常看不见，看不见什么？这里说的是：根基，寻常看不见的是根基……"我想树木、建筑和文学都需要根基，人同样如此。那么父亲自己的根基到底是什么呢？文化底蕴，深厚的学养，谦和低调，与人为善，豁达、天赋、睿智、风趣，宽阔的情怀……我想都是，还有很多，这大概就是父亲的根基所在。我突然觉得自己很可悲，我所了解的父亲其实就是那么一点点，就像冰山一角。父亲身上还有很多内涵是我不懂的、理解不了的。

那天出来的时候，妈妈跟我说，出去好好散散心，什么都不要想。我明白她的意思，我心里也对自己说，"今天不去想爸爸"，说好了今天不想的，可是到头来我还是情不自禁地又想起了父亲……

（《太原晚报》2017年12月29日）

珍而藏之

李如玉

父亲很欣赏龚自珍,也非常喜欢他的诗,尤其是他的《己亥杂诗》。《己亥杂诗》共三百一十五首,写于己亥年,1839年。父亲在《怀念随笔文体》一书的《黄遵宪〈己亥杂诗〉里的"自注"》中谈道:"我一直喜欢读龚自珍的诗,尤其爱读他的《己亥杂诗》。《己亥杂诗》真算一个奇迹……诗情喷涌而出,无遮无拦,弥天漫地,留给后世读者无价之宝。"晚年生活中,父亲常常读的书其中就有龚自珍《己亥杂诗》,茶余饭后的聊天中常会说起龚自珍的诗,他的才情、豪情、天赋、为人处世以及他的一些趣闻轶事等。父亲很赞赏龚自珍《己亥杂诗》一〇四首"河汾房杜有人疑,名为千秋处士卑。一事平生无齮龁,但开风气不为师。"曾多次谈起这首诗,他深入浅出地、饶有兴趣地给我们讲解这首诗的意思,比如,河汾、房杜都是谁,"一事平生无齮龁"是什么意思?父亲逐句讲解,把不太好懂的人名、事情等都用聊天的方式娓娓道来,很家常,很随意,让你在不经意中增加了知识。只可惜我懒散又愚钝,辜负了父亲,也辜负了生活赐给我的点点滴滴文化渗透。父亲很喜欢这首诗的最后一句"但开风气不为师"。在《李国涛文存·随笔》上卷《龚自珍与妓》一文中,写道:"……他是当时最有远见的思想家、学者和诗人。他说过'但开风气不为师',他真是做到了。他在思想、学术和诗歌上都是开风气者,影响一个时代。"我觉得"但开风气不为师"一直是父亲的座右铭。作家董大中先生在《文存讨论汇编》一书《李国涛文学成就的总展示》一文中谈道:"李国涛最有影响的一篇批评,是《且说'山药蛋派'》……李国涛这篇文章发表,才真正使封闭的文艺界、思想界、舆论界进入思想解放的新境界。因此,可说这是一篇开风气之先,敢闯禁区的力作。"作家毕星星在《漫说李国涛先生之为人为文》也谈到了他对此的看法,关于《且说"山药蛋派"》(《光明日报》,1979年12月)和《汪曾祺小说文体描述》(《文学评论》1987年第4期),他说:"前者可谓一箭定天山,为中国最大的文学流派定了名称。命名就是创造。这个名字几十年一路叫过来,叫响了山河万里……后一则,先生在文体研究,开风气之先,推波助澜于后……在这一波文体学研究的巨大声浪里,先生发出了强大的个性化的声音。"我读了两位作家的文章很是感动,他们评论父亲在两个不同的学术方面都用了"开风气之先",也让我从另一个侧面了解了父亲,从心底迸发出一种自豪感。如果在这两方面进行比较,我认为父亲更喜欢文体研究和他后来的随笔写作。父亲一直谦和低调,在家很少说这些,即使说也是极其轻描淡写。

2008年父亲有一阵颈椎压迫神经,常感到胳膊发麻,医生说让多活动手臂。于是父亲每天晚饭前或晚饭后抄写一首龚自珍《己亥杂诗》，大概写了几个月。我那时一下班回家就先问父亲是否抄写诗了，要说已写了，我心里会有一点点小失望；要说饭后写，心里一阵窃喜，好像在说，赶上了。我特别喜欢看父亲写字的样子，潇洒，认真，一板一眼，又从容、优雅，他眼睛看着诗集，手拿笔蘸着墨汁，流畅圆润的字迹从他的笔下流淌出来，行云流水一般。写好之后，父亲一定会读一遍，然后再为我们讲解，父亲睿智风趣的讲解，平和亲切的语调，都是那么美。一次，父亲抄写了"偶赋凌云偶倦飞，偶然闲慕遂初衣。偶逢锦瑟佳人问，便说寻春为汝归"，朗朗上口，觉得很轻松，很好玩。但父亲读了一遍，我马上感觉出有一种很深沉的感情在里面。父亲说，你看，写得多好，这几个"偶"字，让这首诗看似在谈笑调侃，可认真琢磨诗里是不是充满了心酸？

父亲每天抄写一篇，我和妈妈每天背一篇。我经常是囫囵吞枣，这篇没背会，下一篇又来了，应接不暇的狼狈，让我一边笑着说："爸爸写得太快了，背不过来了，两天写一篇吧"，一边又希望父亲多写一些，像个贪心的孩子。那是我第一次接触龚自珍的《己亥杂诗》。一切恍如昨日，清晰可见。

父亲后来仍断断续续地抄写着《己亥杂诗》。在去世前几天还抄写了龚自珍《己亥杂诗》一二五首，"九州生气恃风雷，万马齐喑究可哀。我劝天公重抖擞，不拘一格降人材。"这是他生前书写的最后一幅字，这首诗也是他最喜欢的诗之一。

父亲去世后，我一直不忍去翻那本诗集，那本诗集的全称是《龚自珍己亥杂诗注》，中华书局出版，刘逸生注。父亲极喜爱这本书，一直把它放在小书架上，经常翻阅，乐此不疲。他在《总与书相关》一书《龚自珍的情诗》中谈到过这本书："……手边有龚氏此诗的人，有暇时不妨翻翻。如能得到刘逸生先生的详注本，那就更好。"

在龚自珍众多己亥杂诗里，我最喜欢的是"词家从不觅知音，累汝千回带泪吟。惹得而翁怀抱恶，小桥独立惨归心。"这一首，父亲的朗读和讲解仍在耳边回荡。在父亲去世的这一段日子，我无比悲伤，眼泪时刻都能夺眶而出。一位好友姐姐劝我："你一定要尽快地从悲痛中走出来，爸爸也不愿意看到你老这样悲伤流泪，爸爸希望看到你快乐起来。"她这一番中肯的话，让我更加领略这是诗的含义。这是龚自珍写给女儿的。诗的大意是，写词的人从来不希望找到知音，想不到却连累你为之多次流泪。这让你的父亲感到很难过，独自站在小桥上，心情凄惨。父亲讲这首诗时也很动情，诗中那份父女情深，让人感动，大概天下所有的父亲都不愿意看到女儿的哭泣。我想我的父亲更是如此。我常常想到这首诗并潸然泪下，不知是因为诗里的意境还是父亲对女儿的情感？

两次赴晋 两种心情

李 莺

初秋是个思念的季节，在今年的这个季节更多了一分怀念。

两次赴晋经历了由喜到悲落差式的心情，回赣后时时都能想起那段欢聚时光，翻看着手机中的照片和视频，一直叹息没有留下更多的合影照片，只能将现有的照片、视频制作了简短的小影集留作纪念，同时也转发给了父亲。晚上父亲回电话说，"你发到醴泉堂了吗？"我说，"我发了小醴泉堂。"而此刻我知道父亲对伯父的怀念之情一点不比我们少，只有更多，这就是血浓于水的兄弟之情。如今父辈们大都已步入耄耋之年，分离多年后的再相聚对他们来说格外珍惜，见了面也就不会留有遗憾了。

从小在南昌长大的我，对徐州老家的记忆一直停留在我七岁时的记忆中，难免感到有些陌生。毕竟没有在徐州小院里共同成长生活的经历，对李氏家族中的大致了解就来源于我的父亲，而谈论最多的便是我的伯父。每次父亲谈及自己的哥哥总有说不完的话题，当然也透露出一丝丝想念之情。也许是因为伯父在山西文学的影响力,也许是因为父亲对伯父在文学创作中所取得成绩的敬佩,父亲一直以来都是伯父最忠实的读者,每次寄来的作品都会仔细研读,碰到我回家会嘱咐我和妹妹有时间也读读,我知道他想把这最好的一切和我们分享。

  伯父走了,可我们都在,您并不孤单。伯父的文学作品是留给所有人最宝贵的财富,您与伯父相濡以沫的一生便是彼此最珍贵的回忆,幸福快乐地生活这也是伯父对我们的期望。秋风萧瑟渐亦凉,您要注意添衣,照顾好自己的身体。愿一切安好!

心中的思念

李 伟

爸爸去世后,我心里空,也有好多事情填进去,可还是空。有个地方不能触碰,许多梦里萦绕不去的事情是从那里飘出来的,一团一团的,我被它们拖拽着颠簸跌宕。想把它们理清头绪摁在纸上,不让它们在我心里乱撞,可我没气力。

要写我就得等,等静一静,等到遥远一些、平和一些的事情飘来,让我能慢慢梳理。

童年印象

我差不多六岁才离开爷爷奶奶,离开徐州,来太原跟爸爸妈妈一起生活。所谓一起生活,实际上是我和妈妈、姐姐一起生活在西山,父亲从城里每周回来一次。爸爸回来意味着家里会吃得好一点,有时还会有点肉吃。可他常常要吃面条,那种长长软软黏黏的东西,怎么才能把它弄到嘴里呀，再说也不好吃。

最初对父亲的印象是疏远，有点畏惧，首先是他脸上那道疤痕，白皙的面颊上有道非常明显的、紫红色的疤痕，面积大，崎岖而复杂，隐约着什么恐怖的经历。父亲遗体告别仪式之前，我仔细端详过他的遗容，那疤痕已经难以察觉了，完全没有了崎岖，与周围的肤色相近。我曾问过他的脸上怎么会有那样的疤痕，他也奇怪道："谁知道呢，就是发炎，什么也没有，怎么弄成那么恐怖的样子。"

这点恐怖只是与爸爸疏远的一个原因，另外他与我周围很多小伙伴的父亲太不一样了。他不会给我挓弹弓架子，不会给我做铁环玩，不会给我做冰车，做出那种漂亮的冰钎，连根白蜡杆儿都不能帮我找来，还是妈妈从哪个熟识的仓库管理员那里弄来一根铁锹把来凑合；他不抽烟，夏天的傍晚，没法像别的孩子一样，从他那儿讨来火柴，弹出一道道漂亮的火线；家里的捅炉子火柱，也不是从他单位里弄来的，像别人家用的那种修整成好看又好用的钢筋；他居然没有工作服，哦，还有，他带我去洗澡还要买票，他单位不发澡票？……

提到洗澡，那是每周我要过的难关，尤其在冬天。我不喜欢澡堂子里的臭味儿，不喜欢坚硬湿滑的地面，不喜欢那勒得脚生疼的木头趿拉板儿，那池子里的水太脏太烫，劈头盖脸的淋浴也让我讨厌。可这还没完，脖子脚脖子没搓洗干净啦、肥皂没打满身体啦、没在淋浴喷头下冲洗干净啦，这都不行，不行是什么意思？就是他用三个指头在我的后脑勺上一搡，我早知道那一下子的意思：是对我刚才过错的提醒、不满和警告。在别处我犯错时也是这样的，不过能躲的时候我都离得他远远的。这警告当然还有后续的手段，最常见的是弹脑瓜，或者一脚踢在屁股上，所以你不能噘嘴、翻白眼儿、梗脖子什么的，我试过的，后续手段的后面还有后续手段，所以我最好立刻做出顺从的动作。很久以后我推测，他这个警告动作与当时我的身高很有关系，这样一揉可能正顺手。

这些事情我后来再也没有和老爸提起，不过他一定一直都记得，我说一直是，直到他连一贯运用熟练的五笔字型也忘记了的时候，从他偶尔的谈笑及眼神中，我知道他还记得。

还有那次扣扣子的事儿，我本来都快扣好扣子准备出去了，外罩的一个扣子扣错了，这有什么呀，解开重扣一次呗。不行！他命令解开外罩检查棉袄的扣子，再解开棉袄，检查毛衣的扣子。还不行，要我从衣襟最下边对齐，逐个向上，一个一个地扣上扣子，还有，以后扣扣子都得这样！

那么多扣子，谁能个个都扣对呢？里面扣错了谁看得见？再说反正晚上还要解开，连衣服都要脱掉。还用什么从下往上，这用得着吗？不过这些只能想想，脸上都不能露出来，不照办更是不行。

爸爸那时怎么看我呢，他一定认为我是个还未长成人的什么动物。这不是胡说，这有证据的。在寄给我的爷爷奶奶的一张全家福照片背后，他说完姐姐已经长大成人了，然后描述我道："奔窜如狗，攀缘如猴，终日无止息。"我的爷爷奶奶拿着这事儿说笑了好多年。这后面好像还写道："国涛、玉英年介二毛，逝者如斯矣。"这是后来看懂的，说鬓生白发，头上有两种颜色头发了。哦，那时爸爸妈妈他们还不到我现在的年纪。

爸爸后来竟给我买了一个铁环！是买的，不是做的。上面还有五个精巧的小环儿，能发出清脆的声音，铁环的推手也漂亮好用，我拿它能做出很多花样，急停、急转、跳跃等等，可后来丢到哪儿去了？

真可惜,我想念那个铁环。

往事遥远

不知什么原因,后来我和爸爸一起在城里,妈妈和姐姐每周来到城里团聚。跟爸爸一起生活当然挺吓人的,不过那时我更主要的感觉是饿,不是吃不饱,是吃饱了也饿的那种饿。这么说不好懂吗?没关系,我爸爸他懂。他总能弄些什么好点的东西来吃,比如去买"白皮面",就是小饭店煮好的面条,什么也不加就卖,可那是白面呀,是"细粮",供应的粮食里大部分是"粗粮"。

放了学我就到街口的小饭店去买"白皮面",爸爸在家里弄点卤子、菜。开始买两碗,后来三碗,再后来我就会擀面条了,可以自己在家里做"包皮面",就是和好白面,包住和好的红面,再擀成面条,不然,哪里有那么多的白面吃。

我会擀面条的时候,是我爸爸开始觉得我有点用处了。吃饭是大事,他也很在意。他做的菜好吃,而且做得快!

记得一次他们单位分的带鱼,邻居马丽阿姨家还在洗呢,还研究对付带鱼皮表面的那层白色东西,我们家的带鱼,早已经香喷喷地上桌了,那叫建设四个现代化的速度。

还有一年冬天,从哪里买来一副羊下水,完整的,包括羊头,装满整整一大脸盆,就是整整一只羊呀,当然除了羊肉,非得算上羊肉才叫一只整羊吗?那就没有办法了。

我这一回吃得印象深刻,羊的肚、心、肝、肠和肺,哎,都好吃。那味道让我很久以后还对所谓的"烤全羊"存有疑问,那是羊肉，可是，可是全羊的羊呢？

我刚开始学英语的时候，爸爸翻看我的英语课本，他说认字儿是基础，字认得多其他都好办。他随口说几样常见的物品，什么炉子、筷子、书本笔什么的，要我背下来。隔了一两天，在院子里忽然询问那几个单词，我背不出，竟然当场挨了一脚。大概这时我的身高已经不大适合那样用三个手指搡一下，所以他忽略了惯用警告的过程，不过他接着补充了实操性很强的记忆方法："多看两遍就记住了，这有什么难？写几个小纸条，装在左边口袋里，拿出来看一遍，放到右边口袋，反复几遍，放学路上就干完了的一点事情，几天了还记不住？！"

还有语文，他可是当过语文老师的！作文，一提作文我都反胃，看看出的什么题目，什么《一件有意义的事》《我最熟悉的人》《一件平凡的小事》，我的作文大概也让他反胃，不过谢天谢地，他一般呆着脸看完，没话，至多哼一声。他要我看看课外书，特别是假期，这倒是好玩儿的事，《一块牛排》《热爱生命》《九三年》等这些书都是我那时候看的。

我挨了这一脚换来的方法还挺管用，不仅仅是英语，什么历史、地理，甚至化学那些记忆的部分，这办法都有效，作业啦、考试啦都能对付个平安无事，至于数学和物理，好像从来没有太难为过我。看过几次我的成绩单，爸爸也就不怎么再管我学习上的事情。他好像更关心我玩些什么，围棋、桥牌、游泳、滑冰、篮球这些运动他统统支持。那时冰鞋昂贵得简直跟奢侈品一样，他带我去买。记得是在五一大楼的三层，亮晶晶的黑龙江牌的跑刀，选好鞋的尺码，现场安装。"脚一长就不能穿了"，我有点担忧。他轻描淡写说"长大再买"。

一直到我高考,他都没怎么再看过我的作文。后来编写《编稿手记》,后记里有一段内容是我写的,他看过有点惊奇,问我妻子:"他还会写这个?"书出来后我曾问他,这作文是不是可以得到表扬,他笑着说:"那就是表扬了,就你写的那几个字儿。"

上了年纪的他变得宽容多了,不过真的宽容还要看对待他孙子的时候,那时候他小孙子正对武松打虎着迷,在床上兼饰两个角色——武松和被子垛后面跳出来的"吊睛白额大老虎",他则协助孙子演绎各种版本的武松打虎,小家伙还会提出颇具挑战性的问题,比如"张飞他为什么怕我呀",他得负责给出一个让他小孙子满意的合理的答案。小家伙拿着报纸卷成的"金箍棒"把家里搅得天翻地覆,一走了之,他乐呵呵地收拾自己的"凌乱的江山",这些在他的文章中提到过。

爸爸在忙些什么工作,本来一直和我关系不大。他要用电脑写文章,而我是学计算机的,这个事情当然责无旁贷了。怎么输入汉字其实是他最主要的问题,首先尝试的是拼音输入法,但是不行,依照爸爸的说法,输入拼音后还要在同音字中选择,这干扰他的思路。那么,用五笔字型输入,这是当时专业录入员采用的方法,速度快,但是要背熟口诀。找来五笔字型入门教材,"王旁青头笺五一,土士二干十寸雨",他开始琢磨。

四五天后,他竟用五笔字型在电脑上写完一篇短文,他很得意,我很惊奇。

我以为是他那一脚传授给我的记忆方法发挥了作用,然而不是,他说:"汉字就是那样的,按照那种分类办法,就是那样,用不着记忆。"他对王永民的五笔字型十分佩服。

可他后来怎么会把五笔字型完全忘掉了呢，回复一个邮件，也就三五十个字，竟用掉半个小时，用拼音输入，他吃力、沮丧，看得让人难过。

病与瞒

查出爸爸患有癌症并已有骨转移，立刻面临的选择就是要不要隐瞒病情。瞒与不瞒当然各有利弊，也因人而异。瞒，是我所有朋友的建议，瞒也瞒不住，做医生的朋友讲得很明白：病人都很敏感，远远超过家属们的想象，而且病在他身上，治疗也在他身上，他会明白的，通常情况是病人也瞒家属，假装不知道真实病情。

可瞒不住也要瞒，瞒不住的瞒仍然有特定的作用。就我们家的情况而言，首先，我们不想让爸爸病痛之外再承受精神方面的打击和压力，他可能挺得住，可为什么要他去挺？其次，瞒，免去了哭哭啼啼地搅闹他，我们觉得他烦这些。再者，即便爸爸明白真相，也瞒着我们，毕竟双方也有了回旋余地，为我们可能还会有的快乐、平静和希望留下余地。这是个持续多轮博弈构成的温情的骗局，现在可以说破它了。

马上要做的检查就是查明原发病灶，这是治疗的前提，必须到肿瘤医院去做。最初的这一步最可能使得隐瞒病情的计划彻底失败，我们小心细致地准备，还好，顺利。这一次取得两个重要的成果：第一，明确原发病灶是前列腺，这意味着可能整个治疗过程都不会涉及放疗、化疗过程；第二，爸爸始终都没有问为什么一定要到肿瘤医院检查，就是说，互为瞒与被瞒的双方建立了初步的默契。

接着是去山西大医院的泌尿科住院治疗,这也是爸爸最后一次的住院。离家远,时间长,但最重要的,是结果难以预期。

山西大医院条件一流,对病人的护理也体贴入微。护士们听说了隐瞒病情的情况,听说这老先生还能看懂英文,一个脸圆圆的女护士嘴巴由"o"变成了"○",轻快麻利地换掉了有英文前列腺癌字样的床头卡片。

爸爸仍然保持着惯有的从容、平静和淡然自适,不多几次的风趣的对话,很快赢得护士们的好感,那个圆圆脸的姑娘早已熟悉了,每当她上班,总会提前一点点飘来爸爸病床前,像一只快乐的雀儿:

"爷爷,扎针!今天该右手了。"

她并不需要病人回答什么,"手给我看看!"

她只是需要低头摆弄一下顺从的病人的手臂,然后,转身就飞走了。

离家远,吃饭就是个问题。早餐很重要,因为早餐时双手都是自由的,等输液一开始了,就不知道什么时间结束,午饭常常吃不好。

那一段时间父亲必须坐轮椅,早餐的选择有这样几个:一是住院部一楼的餐厅,这里有五六家早餐摊位,可以坐电梯下楼去吃;还有是在另一座楼的大食堂,那里的摊位多,早点花样也多一些。我常常是把这些摊位的早点自己组合一下,比如,大食堂的拌汤和咸菜加上一楼的饼子,每天换着花样吃。此外,我和爸爸还共同研制出一种早点主食,超市买来面包片、黄油和酸黄瓜,还找到一种很酥脆的咸饼干,面包抹黄油,夹酸黄瓜薄片,关键要把那种酥脆的咸饼干夹在酸黄瓜中间,面包的松软和饼干的酥脆混合着黄油酸黄瓜复合的味道。爸爸说:"十分特别而有趣。"

这有限的几样早餐居然让爸爸兴致勃勃，好像其丰富多样早已超出数学上组合的可能。

住院治疗按部就班地进行，输液时间渐渐减少一些了，爸爸开始索要近期寄来的书和报纸，这是他回到固有节奏的讯号。20世纪80年代，他的心脏开始有些毛病，曾一度心动过缓。据医生描述，他的心动过缓，药物刺激、运动刺激都有效果，但是很快，那心脏又固执地回到原有的节奏。心这样，他人也这样。

出院后继续着药物治疗，定期化验，定期打针，定期输液。结果却时好时不好；明显的症状是腿疼，时而严重些时而有好转。读书看报，网上浏览是他的日常活动。

天气好，身体也好的时候，他尽量出去走走，胡同里、小院子里遇到同事朋友，聊一聊他很开心。

精神好又正是节假日团聚，朋友来访时，也会谈笑一番。

餐后饭桌边的闲聊，仍然欢快有趣，陈年往事，海阔天空。

他的从容、平静和淡然自适，一如既往。

他的世界在一点点融化，随着时间淌走。

但是，他还是多了一些我未曾见过、未曾感觉过的什么，我说不清楚。他从不问吃的是什么药，其实那药名在网上一搜，就什么都知道了。他看得到自己的瘦弱，胳膊上都没什么肉了。他打针回来，艰难地上楼，对照例迎在门口的妈妈说："回来了，又受一回罪。"他和孙子谈到他自己的身体状况，说"自觉不久于人世"，结果他的孙子大哭，不是声音大，是泪水如大雨滂沱，并不擦拭，任凭泪水一直流到衣襟。他有点奇怪，说："这小子，没见过他这样哭。"他是不是想说破什么。孙子带女朋友回家来，他极其细致观察他们的言行。他说家里很久没有孩子的哭声了,他跟我妻子说,真想看到孙子的孩子。他一定还期待着什么。

他多次格外仔细地谈那些帮助过他的人和事。他说起他的爷爷留给他的那套唐诗,他把他的爷爷留下的一个扇子交我存着,他曾闲说他好奇孙子以后怎样回想爷爷。大概他确实想留住什么,可我们其实只想留住他。

结局中唯一让我们欣慰的是,那种病后期常有的可怕的疼痛终于没有出现。这么久了,爸爸一定已经安顿好身边的琐事,回到他固有的节奏了吧。在他身边,放好了他经常用的笔和眼镜,他一定用得到。

爸爸安息!

爷爷，我好想您

李今贺

八月的夜原是热的，热得让人睡不着，恍惚之间似乎听到了一声"贺儿"，那是爷爷对我独有的称谓，思绪随这一声呼唤仿佛回到了小时候。

儿时的记忆应是模糊的，但在爷爷家中随处可见的家人的照片，那些儿时玩闹的痕迹，却能帮我把时间的灰擦去。那些记忆清晰如昨日，那些铭刻在灵魂中的幸福，如今变成了最深的思念。

爷爷最喜欢的照片放在他房间的电脑桌旁，照片上我在吃苹果，他坐在沙发上扶着我，那时的我才两三岁，那时的爷爷头发还没有白，那时的我们笑得很开心，很幸福。

爷爷的厨艺很好，每次我回去总要给我做几桌丰盛的菜，鱼、排骨、红烧肉这些是固定的菜谱，每次都要吃，却怎么也吃不够，吃不腻。爷爷总是开玩笑地指着一桌饭菜说："这一桌子菜，到饭店去吃怎么也得好几百啊。"其实比饭店做得好吃多了。如今再也吃不到爷爷做的菜了。爷爷，我也开始学做菜了，多想做给你尝尝啊。

爷爷家有很多书，很多很多，客厅里、卧室里摆满了几面墙，其中大多书里都有爷爷做的书签和备注。爷爷不光看书，也写书，写出来的小说随笔散文，字如其人，一样的平和恬淡。爷爷希望我也多读书，我记得爷爷第一次送我的书是E. B. 怀特写的三部曲《夏洛的网》《天鹅的小号》和《精灵鼠小弟》，简单质朴的童话故事却感人至深。我手不释卷地看了许多遍，许多年。爷爷写的书里有时会提到我，尽管我并没有表现得多么优秀，在他的字里行间里却能看出对我有多么喜爱和骄傲。爷爷逝世前半年，那时他的手已经没什么力气，握不住笔写不了字了，他却仍坚持着在送给我的书上留下颤颤巍巍的字迹："贺贺，多读几本书总是有好处的。——爷爷。"我知道，爷爷对我有很多期盼，"天行健，君子以自强不息"，爷爷自己是这么做的，也总是这么叮嘱我。

我一天天地长大了，爷爷也一天天地变老了。我曾天真地期盼着一切美好会一直持续下去，不改变。但看着爷爷头发慢慢变白、皱纹渐渐变深、走路越来越慢、时不时闭目小憩，我知道有些事终会到来，我必须要成熟懂事起来了。我愈加珍惜每一次电话问候、每一次假日回家相聚，珍惜在一起吃的每一顿饭、说的每一句话。只是我没想到会这么快。

不知从何时起，令人闻之色变的癌症变得像感冒一样随处可见了，爷爷也没能躲过去。听着大人们商量如何瞒住他的病情，我想是瞒不住的，爷爷那么一个明白人，自己身体的事怎么会不清楚。但即便没有意义，只是形式上的瞒，心里觉得也多少有一些作用。于是我们瞒着他不让他知道，爷爷瞒着我们不让我们知道他已经知道，双方配合默契，瞒得不亦乐乎。其实都是在骗自己，但至少表面上没有了太多沉重和压力，也许这些表面功夫给了他多一些时光呢，也未可知。

爷爷病后要定时去医院打针输液，我尽力每次都赶回去陪着他。输液一输就是一上午，中间要起来活动活动，我扶着他艰难地站起来，他基本使不上劲了，要借助我的力量才能站起来，看着他虚弱的样子我很难受。刚开始的时候，他还能自己走，后来就需要扶着助步器慢慢挪着走，到最后出门就要用轮椅了。他总说身上没劲儿，是啊，他已日渐消瘦，身上没什么肌肉了，那些药物在扼制着他的病情的同时也在消耗他的生命力。我时常想，要是能像小说里那样把我的生命力分些给他就好了。他有时会说起我小时候掰手腕，两只手都掰不过他，突然有一年他就掰不过我了。我猜他是想回到那时候再跟我掰一次手腕吧。

最后一年的春节，有一天他来到我住的客厅，我坐在我的沙发床上，他坐在他常坐的高背靠椅上。爷爷看着我，我们对视许久，看着他平静的脸我突然感到一阵莫名的伤悲。他平淡地跟我说："贺儿，爷爷现在身上什么劲儿都没有，可能活不过今年冬天了。"语气平淡得像是在说别人的生死，那一刻我理解了无语凝咽的含义。也许他觉得家里大人会瞒着我吧。他对我叮嘱许久，说他的身后事，说他对之后奶奶姑姑生活的担忧，说我的工作，说我的感情生活。平静得像在说中午吃什么，但我听得出话里无尽的不舍和眷恋。我知道他有多想一直和我们在一起，就像我们有多想他永远陪伴在我们身边。

许是缘分牵引，许是命运安排，春节过后我就找到了我的爱情。感谢命运让我在茫茫人海中遇到她，连名字都充满了缘分。爷爷奶奶见到后都很高兴，夸我眼光好。他们看着我们，眼中是高兴，是欣慰，还有很多期盼。很遗憾爷爷没能等到四世同堂。

最后一次输液！之前几次爷爷都是坐车去医院的，这次却要求坐轮椅。我推着爷爷往医院走，爷爷看着路上的景色，说着当年的故事。那天天气很好，太阳高照，晒得身上暖洋洋的，爷爷已经很久没下过楼了。回来上楼走楼梯时，之前都是我在后面推着爷爷，他要从我这借很大的力才能迈上一阶台阶。这次他却让我不用推，只是扶着他，他要自己上。他换了个姿势，面朝护栏侧身上，速度也比之前我推他的时候快了很多。我扶着他一阶一阶艰难地往上走，我能感受到他的不服输和不甘心，我不愿哭出来，只能在心里落泪。周末过得很快，我又要离开了，他一次次地问我准确的开车时间是几点，我知道他想让我再待一会，再多待一会，我也想，我也好想。该走了，我在门口向他告别，他坐在沙发上嘱咐，让我注意安全。我们对视很久，也许是眼中浓郁得化不开的不舍让时间变慢了。冥冥中我感到了一丝悸动不安。

最终这一次便是诀别。2017年8月30日凌晨，我听到了电话铃声从睡梦中惊醒，看到来电显示是爸爸，一丝不安弥漫在空荡的房间里，电话那头哽咽地诉说着噩耗。我坐最早的一班高铁赶回去，爷爷安静地躺在床上，好像睡着了。爷爷，我回来了，可是您为什么不说话，我回来了，您高兴吗？多想听您再叫我一声"贺儿"，多想再跟您掰一次手腕，多想再吃一次您做的菜，我学会做菜了，这次我给您做鱼做排骨，爷爷，您醒醒啊。爷爷，还没到冬天呢，爷爷，您说话不算话。

许是爷爷平时的品行攒下的福报，爷爷得病以来没受太大的罪，没有化疗放疗,也没有剧烈的疼痛,让我们聊以自慰。只是爷爷走得太突然了,前一天吃饭还面色红润,晚上就走了,只是留下了我们无尽的思念和遗憾。

听爸爸说,爷爷走前几天突然想在我的床上休息,他从没在那张沙发床上睡过,那一次却睡得很香。爷爷,您是在想我吗?为什么不叫我回去呢?爷爷,我也想您,我好想您。

八月的夜却是凉的,凉得让人睡不着,"贺儿"那一声呼唤渐渐远去,蓦然惊醒,爷爷已经走了。爷爷您走得安详吗?爷爷您还有遗憾吗?爷爷你还有没说完的话吗?爷爷您想我吗!

爷爷,我好想您!

穿越清明的思念

舒 晴

岁岁清明，今又清明。2018年的清明对于家里人来说，显得有几分凝重。清明前夜的那场突如其来的雨雪，更加使得人的心情在四月的春天里多了一些愁绪。清明前，公公已经迁回他的家乡徐州安葬，墓地周围树木林立，草木寂静，陪伴他的是家族里故去的亲人。以前每逢清明，虽然也觉得节的氛围凝重，但终究也是轻淡闲过。唯有这个清明，才真真切切地感受到每逢清明倍思亲的滋味。唯有这个节日，也才体会到它是属于逝去亲人的节日。突然就觉得，在这个属于他们的节日里，他们是不是也会像曾经活着的时候一样……也许公公还在拿着放大镜翻看着书籍，还在电脑前安静地浏览网页，书是他的伙伴，也是他的情感流淌的对象，他的一生总与书相关。也许他还在街巷口散步，与路遇的每个人打招呼，逗弄邻居怀抱着牙牙学语的孩童。也许……也许……

岁月碾过寒冷的秋冬，迎来了绚烂的春季。生活一切如故，我还是我,你还是你,却唯有公公的身影,已不复存在。过去的这些日子里,很多时候我都在压抑着自己的情思,不敢与老公和儿子提及,不愿去触碰他们心中的那一扇记忆之门,哪怕轻轻打开一个小缝儿,我都劝自己打住,收拾起来存放在心里。那段时间,回忆总是在刻意躲避,就像公公在世时曾经刻意回避谈他的病情,以为不谈就好像没有发生一样,就好像不存在那个隐痛一样。但囚禁在心里的声音常常响起,那痛心的感觉时隐时现,刻骨的悲伤想要逃避,却依然逃不过心中的思念。也许思念久了,便能感动上天,今年的春天来得格外的早,河岸边的柳树早已垂下了嫩绿的枝条,街旁的玉兰花也绽放着花蕾。可就是在这个四月春的清明前夜,疾风狂吼,雨雪飘洒,行人断魂;这一天就是这样的凄凉,穿越清明的思念,愈加清晰,愈加凝重。因为它的节气是"清明":

杏花淌泪思故人,梧桐无语唤叶沉。
酌酒一杯唱离歌,曲终暗殇落雨痕。

聊不完的话题

在一起生活二十多年了,其实我觉得公公是个很风趣的老人,思维很缜密、很敏捷。我还是小姑娘的时候,公公就常来家里串门与父母聊天,那时因为一见面他常常随意地问我英语单词,而我常常记不住说不出,羞怯地躲到一边,以致后来我竟有些害怕见他。成家以后,慢慢融入了家庭生活,也才慢慢适应了他的谈笑风生。家里的习惯是，饭桌上是家人一天中交流最多的时候，总是有聊不完的话题。当然，生活在文化圈，聊天的对象也离不开文化人。记得最有趣的一次聊天，是作家张石山刚刚送了一壶老陈醋，由此那天的饭桌上就以"醋"和"张石山"为话题，公公笑说张石山喝醋了得，"醋"量没人比得了，久负盛名，顿顿喝，天天喝，而且每餐醋那是要拿碗来量的。此后，入乡随俗，家里人倒都爱喝点醋了，可谓每餐饭无醋不欢。老公调侃说，凭这点来说，他这个没在南方待过的南方人，就该算是真正的山西人了，反倒我这个地道的山西人在对醋的喜爱上却不像个本地人了。

家庭生活中的话题方方面面，无以概全。聊天的场合也很随意，电脑前待久了，起身喝杯茶聊几句；站在婆婆身后看她写字，端详一番聊几句；天气好的时候，到阳台晒晒太阳，望望天上的云朵，看看楼下经过的行人，也能聊几句……但更多的话题，公公更愿意与那些驰骋于文坛的作家们聊。他从他们那里了解省内外文坛发生的变化和动态，了解长期定居异地相熟的久不相见的作家近况和创作情况，这些都是他乐于倾听的。那些作家的人和事，在他来说，好像亲人一般，也是十分关切去主动询问的。很多时候，以往在一起工作的同事从外地回来，总要第一时间就来看望，呈上他们的最新作品请公公指正，他们十分尊敬他，一声"李老师"叫得亲切。而共过事的同事称呼他"老李"又显得更随意，他们与公公聊天很愉快，这个时候的公公也是愉悦的，神情专注，常常聊得忘记了时间。每年春节，家里早早收拾好客厅，公公坐在固定的高背座椅上，等待着门外响起的敲门声。那个时候公公的心里是轻松愉快的，是充满喜悦的，甚至是急切期盼着的……一边是厨房餐厅里家人在忙碌地准备着节日饭菜，一边是客厅里公公和作家们的谈笑风生,我知道,那个场面他是久盼着的,他很享受那段时光。

还记得2017年的春节,那本凝聚着公公一身心血的《编稿手记》刚刚出版,我在微信朋友圈说,"为公公编辑整理的《编稿手记》,很欣喜在春节前见到样书了。一份新年礼物送给老人家。"朋友们点赞说:"这礼物有心意!"公公看到这本样书时,虽然不喜于色,但我明白这虽然是些小文汇集成书,但却凝聚着他一生编辑生涯的心血,他的内心是欣喜的,也是欣慰的满意的。我也很庆幸,《编稿手记》在北岳文艺出版社领导和编辑的支持下,公公亲眼看到了书的顺利出版。

整理《编稿手记》期间,记得是一个周日上午,我陪伴公公婆婆照旧去办公小院散步。其实,与其说是散步,倒不如说是在院子里闲坐片刻,晒晒太阳。那个时候公公的腿已走不了太多的路,勉强站立一会也是依靠着助步器,在家里挪动脚步稍微活动一下腿部肌肉。那天天气非常好,六月份刚入夏不久,阳光暖暖的,公公提议去办公院走走,呼吸呼吸新鲜空气,而刚好网购的一辆简易推车前一天快递过来,说那就试试新的"装备"如何吧!别说,这个简易推车还很实用,折叠几下就可以装入汽车后备厢。因其小巧轻便,此后几次去医院输液打针化验,就靠它代步推着公公在山医二院的科室间来回跑,有时在家里推着公公在客厅卧室转转也很方便。那天,第一次用这个简易推车推着公公出来,邻居看着还有疑问,"咦!老李怎么坐轮椅啦?"公公笑着说:"椎管狭窄,引起的腿疼。"这是一个含糊的说法,一直是公公回答众人疑问的答词。

就是那天在作协小院散步中,我亲耳聆听了一次老人家与著名报告文学作家赵瑜的聊天过程。那天可巧赵瑜老师从小院外经过，离得很远公公似乎听到了他的声音，便以少有的大声喊住了他。这才有了赵瑜在微信朋友圈的记载，也是我亲临的一次谈话，受益匪浅。

赵瑜老师在朋友圈写道：

周日，山西作协院中。

评论老翁李国涛，山西文坛扛鼎之人。"山药蛋派"之说，源出其笔，"晋军崛起"主将，无不受惠。七旬前后，以笔名发表系列小说，京沪文坛惊呼："谁是高岸?!"当年，我一毛头小伙，与李老素不相识，他扶持后进，第一个站出来走笔长文，鼓励写实，且带领高徒谢泳，共同鞭策文体探索，推动山西涌动纪实新潮。及至年迈，仍持放大镜，读评拙著《寻找巴金的黛莉》，令我不忍。三十余年听教诲，唯告求真乃立身。院中，以六十龄推八十翁，未知得其真传乎？

当将赵瑜的微信朋友圈内容转告公公后，他竟然乐呵呵地侃侃说道："院中偶遇大作家，幸会幸会！"当听到在外地工作的谢泳留言说下个月将回太原时，他马上让回复说："等你回来聊吧！"他是多么期盼着想听到他们的消息，想和他们畅谈啊！赵瑜老师的微信好友哲宇说："他主编的《山西文学》，办得真好啊！好多年不看了，不知这本杂志现状如何。可以说，是他让我热爱文学。当时我上初中，期期买，期期看。"那个时候也是我的中学时代，我没有与公公说过，其实我也一样，也是非常喜欢翻阅那个时期的《汾水》《山西文学》，喜欢那里面的短小精悍富有语言魅力的作品点评。是的,尤其喜欢。

如今翻看这本《编稿手记》,我心痛的感觉蔓延开来。这是我帮公公整理编辑的第一本书稿,也是他在世时我唯一帮助过他的一本。想起那些日子,从住宅楼地下室翻找过去的杂志,从《山西文学》编辑部阅览室借阅合订本,一篇篇短小精悍的文章,一篇篇独到见解的评点,跃然纸上。从这里我认识了许多作家,也品读了他们风格各异的作品。整理书稿的过程中,公公也不时讲一些某位作家过去的小趣闻轶事,常常惹得我发笑不止。我常常想,公公真是个有趣的人!虽然整理书稿费了一些周折,但辛苦是值得的,并且在春节前由北岳文艺出版社正式出版,想到这些,我也是感到欣慰的。毕竟做了一件很有意义的事情!"想念您!您的离去是我们子女心中永远的痛!愿您安息!一路走好!"

绽放的光芒

公公是个平和慈祥的老人,生活中家里人都以他为中心,而他的中心是孙子。二十多年前,孙子还没有出生呢,他就早早拟好了名字,"今贺"两个字蕴含着多少期盼啊!今贺上幼儿园、上小学了,后来随我们迁到北京上学了,考上大学啦,参加工作啦,每一个环节都倾注着公公的关切。公公用无声的爱伴着孙子的成长。只要是聊起孙子,公公的目光就流露出慈爱的神色,满目爱意,脸上也总是洋溢着微笑,绽放着光芒。

2014年的深秋,公公最后一次住院。山西大医院的病房里人声嘈杂,他倚坐在靠窗的位置,仿佛是在家里的阳台上闲坐着一样,显得是那样的安详。已经是上午10点钟的样子，他依旧是手里端着茶杯，凝望着窗外，不管周围环境是多么的嘈乱，他依然是那么的平静。秋天了，天气有些寒凉，秋日的阳光从窗外射进来，落在他的身上，暖暖的；杯中茶水里也潜入了光的影子，若隐若现。我刚从北京回来，带来了一个消息，还没有和家里人说呢，急切地想与公公分享。公公听说是孙子找工作的事情，马上有了不一样的神情，目光里浮现着期盼，绽放着光芒的脸上，与落在身上的阳光一样温暖。

住院的日子是难挨的，尤其是确诊病情后，子女的心情愈加沉重。看着公公有些消瘦的脸、忍受着病痛折磨的身子，更加为自己的无能为力感到痛心。一个月后，治疗进入稳定期，公公终于出院回到家了，一上台阶就对在门口迎接的婆婆说："我回来了！"是的，他回来了。家里又能看到他悠闲的身影，饭桌上又能听到他风趣的言谈，一切都充满温馨，就让那份隐痛放在我们心中，他的生活——依旧！

孙子的事情依然是公公关注的重点。应聘成功了，被录用了，实习了，报到了……两年过去了，孙子的行踪，就是他目光注视的轨迹。在公公的关爱下，他的"贺儿"现在已经独自在异地生活工作了。孙子不在身边，他的心里更多了一分牵挂。每天电视新闻过后的天气预报节目，是他雷打不动每天必看的节目。他总要将央视与地方电视台新闻节目后的天气预报相互印证，关注孙子所在城市的天气状况。这个习惯一直延续着……直到生命的最后一天。

他似乎对自己的病情不很知晓，所以生活中泰然处之。最关切的是腿部力量的变化。经四处打问，听说有一种药效果很好很有效，一个时期，治疗采用了进口药物，他的腿部肌肉有了明显的感觉，他说："（腿上）有劲儿了！"甚至在家里走路脱离了拐杖。这让我们看到了希望，心里有了期盼。之后家里有了分工，老公每个月利用出差深圳的机会过海关去香港买药，我则从北京带着药回来，再在固定去医院输液的日子陪老人家打针输液化验，有时候让孙子特意赶回来陪爷爷去输液。那个时候是公公最开心的时候，孙子的宽厚肩膀是他的依靠，公公说"像一堵墙"。就这样过了很久一段时间，每个人心里还是轻松的。可是到后来，化验指标越来越不好，公公的腿越来越难以挪动的时候，我们明白，那种药已经不能抑制癌细胞的生长；咨询医生换药后，心里是有幻想的，希望它依然能给公公减轻些疼痛。每次输液回来，上台阶是个难题，抬脚都很困难，公公常说："要是贺儿在就好了！"心里的惦念，他想靠着那堵墙，那副厚实的肩膀，哪怕一小会儿。

  说到去医院输液的事情，公公不想去太多麻烦别人。作协老干处的安力明师傅是个热心人，与山医二院输液室的几位护士很惯熟，每次安师傅都提前与她们打好招呼，省了很多时间。就那样，公公每到周六去输液的日子，都要早早起床，赶在约定的出发时间前收拾停当，坐在沙发上等着安师傅的汽车喇叭声响起。搀扶公公下楼比上楼轻松一些，他也说："下楼没事的。"安师傅把公公扶坐在座位，汽车开出了作协巷口，往山医二院驶去，路不算长，几分钟就到了。可路边的变化不小，公公的目光专注地看着五一路景观的改变，什么时候改成明清一条街了啊，那里面要经营什么呢……他有疑问，或许想把这个想法写进一篇随笔散文呢。路上，公公也有兴致地听安师傅聊几句单位的事情，对他来说，不常出门了听什么都是新闻。

  输液室的白护士手上麻利，揉搓几下手背的皮肤，食指肚的感觉很准，试探了两下就扎进去了，调整好液体滴数，对公公说，"老爷子,好了,四十滴。"很感谢输液室护士们的配合,有一种药物是需要每个月注射一次,注射部位在腹部,公公说那是"肚皮针",说明书上就明白写着针对的病因。公公好像没有看过药盒上的说明,这也是我们极力避讳让他看见的。白护士拿起针管,对旁边的实习护士演示着,"一推一进,一弹就出来了。"公公问,这个"肚皮针"是管什么的啊!护士含糊应答说:"没事,老爷子,对你腿有好处!"公公最关心的就是他的腿了,腿好就一切都好!很庆幸,这些药物抑制了他腿部的疼痛,没有给他带来难以忍受的痛苦,实属万幸!

看着液体瓶里满满的溶液,默念着输液管的滴答次数,等着时间一分一秒地度过,这是个枯燥的过程。看书或许会让人沉静下来,时间会在不知不觉间过去,但很多时候我想和他聊天。我知道,他也不愿在这几个小时的漫长时间中,一直疲惫地等待。常常在他安定下来后,休息片刻,和他的聊天就开始了。他好像乐意与我讲述往事,一幕幕好像就在他眼前,这也是我希望了解的家史。这个时候的他,目光是柔和的,是平静的,脸上也浮现着光芒,那神情好像穿越了几十年,又回到了他的童年、少年时期,我随着他的讲述与他一起徜徉在往事的回忆中。有时候,我打开手机让他和远在北京的儿子孙子视频聊天,问问他们的工作生活情况,到中午的时候,一定会问他们吃什么,我常常笑说不会饿着他们的。很多次的输液过程,就是在这样的陪伴中度过的,我享受着这个聊天过程。我知道,他也享受着,往事如昨,亲情温心,情感上的满足,很温馨。

家里朝南的阳台,一直是他后来常常待着的地方。每天上午,他打开电脑,总要在网上浏览一下,关心着国内外发生的新闻事件。之后,他就起身移步,当然是他掌控助步器帮助他移动脚步,穿过客厅，来到阳台。春天的时候，太阳透过玻璃窗照在他的身上，感觉暖暖的。他就坐在那里，添一杯清茶，晒着太阳闭目养神。从客厅望过去，他的背影就在阳光里，太阳的光芒笼罩在他的身旁。今年的春天，太阳依旧，眼眸里幻化出的他的背影，仿佛他依然在那里……可是，阳台上再也看不到他的身影。

最后的日子

记得最后一次输液，是今贺特意赶回来陪他去的，那是2017年8月，在这个月里发生了很多事，很多事又好像是冥冥之中注定发生的一样。

12日是约定输液的日子，今贺前一天晚上就回到了太原。吃过早饭，收拾停当，他慢慢起身，扶靠着孙子的肩膀，一步步走下了二楼台阶，步伐好像显得很轻松。那天的天气非常好，阳光也好，公公说不麻烦安师傅开车去了，提出："坐轮椅去！"好在五一路附近的路面经过整修，已经平坦了许多，推着轮椅走也不是很颠簸。沿着五一路街面走，一边走一边看着街旁的新式建筑，不时聊几句。也许是今贺在后面推着轮椅，他的话语中透着一股亲切，爷孙俩就这么走着说着，不一会就到了输液室。照旧是一上午的输液时间，今贺陪着他。那天他的心情很好，爷孙俩聊得也很好。——谁能想到，这是他们爷孙俩最后一次在一起聊天啊！老天很残酷，今贺后来回忆爷爷，痛心地说为什么没有多陪爷爷几天啊！这是一生的遗憾啊！

过了一个星期，19号仍然是周六，老公从北京回来，陪着公公去医院抽血化验，还要打"肚皮针"。那天天气有些凉，预报有雨，公公还是想坐轮椅去。我们推着他，紧赶着去，没想到回来的时候，天空果然掉下来了雨滴。雨不大，老公说回去取雨伞，我和公公站在医院楼道里避雨。看着公公穿着一件衬衣，很单薄的样子。我把外衣脱下来给他披上，雨下得断断续续，老公取来雨伞了天空却放晴了。走在路上，我担心着，和老公说千万别给感冒了啊！吃过午饭，公公照例要在沙发上倚靠一会。看到沙发扶手上放着一本封面设计不错的书，我随手拿起来翻看，是作家苏华的《书边芦苇》。我正在翻看里面写公公的文章《目倦文长存》，婆婆在一边说，昨天苏华来家送他的新书，不知不觉与公公聊了两个多小时，聊得好有兴致啊！听了婆婆这样说，公公的脸上洋溢着微笑，眉眼嘴角都是喜色，仿佛还沉浸在前一天的谈话氛围中。午休起来，公公常常要到客厅椅子上坐一会，那天他在椅子上静静坐着，眼睛微微闭着，感觉还是很疲惫的样子。过了一会儿，他起身慢慢移动助步器，挪动着步子，先是坐在孙子睡觉的沙发床上，后来就慢慢歪躺下去，靠在被子上，再看他时，竟然睡着了。我和老公说，让公公躺舒服些睡，他示意不要打扰，就让那么躺着。过后才想，公公那时心里是在想今贺了，想他那宽厚的肩膀，想他那有力的手掌，尽管他刚刚走了一个星期。公公想躺在他的床上，感受一下他的气息。

第二天，20号是周日，好多年没有见面的两个叔叔要来看公公了，这是个意外惊喜。在家族里诸多兄弟们中，他们仨是亲兄弟，不常相见，却时时惦念。短暂的几天相聚，他们言谈甚欢，彼此关切地询问身体情况，脸上的光芒更加绽放，步入耄耋之年的三兄弟相见，欢喜是落在心底的。他们都关心着在北京的姐姐的生活状态，那是怎样的一份血浓于水的情谊啊！陪同叔叔们来太原的李莺说："如今父辈们大都已步入耄耋之年，分离多年后的再相聚对他们来说格外珍惜，见了面也就不会留有遗憾了。"是的，相聚是难得的，可谁能想到，仅仅过去十天，怎么就会阴阳相隔，公公怎么舍得就撒手离去啊！李莺回忆说："两次赴晋经历了由喜到悲落差式的心情，回赣后时时都能想起那段欢聚时光，翻看着手机中的照片和视频，一直叹息没有留下更多的合影照片，只能将现有的照片、视频制作了简短的小影集留作纪念，同时也转发给了父亲。晚上父亲回电话说，'你发到醴泉堂（李家公馆名号）了吗？'我说，'我发了小醴泉堂。'而此刻我知道父亲对伯父的怀念之情一点不比我们少，只有更多，这就是血浓于水的兄弟之情。"

我从内蒙古旅游回来的那天是28号，两个远方来的叔叔刚刚离开太原。那天也是个周六，公公的身体看起来很虚弱的样子，脸色也不好，勉强走到饭桌前，没有胃口吃东西。我给公公冲了一碗从内蒙古带来的奶茶，他说："好喝！"尽力喝了小半碗。下午仍然感觉不太好，请社区医生上门挂了点滴，补充些营养。29日是个星期日，公公就一直在床上倚靠着，没有再下来床。家里人商量第二天是星期一，要去医院看看，已经挂到了山西大医院米大夫的专家门诊号；我也征询了公公婆婆的意见，说得去医院，已经与二院的宋大夫联系好。似乎一切都安排好了，大家稍稍安下心来。

到了晚上，公公说话已经含糊不清了，但是又似乎特别想说些什么。婆婆也到跟前使劲辨析他想说什么，她听了又听，公公好像多次是说："我总是麻烦你们。"婆婆安慰说："没事儿，明天我们去医院。"晚饭仍然没有吃东西，问公公还想喝奶茶吗？公公微弱地点了一下头，拿些馒头蘸了奶茶给他吃。他是个爱干净的人，习惯在吃过东西后一定刷牙，他坚持自己刷牙，但似乎拿不起牙刷了，在嘴边几次没有递进去,我扶着他的手慢慢帮他上下移动。嘴里的假牙取下来,他没有力气戴上去了,我示意他我来帮,他放下手来,我慢慢地移动位置,终于戴好了,抬头看他,他的两眼泛着泪光。那目光让人不忍对视,我忍不住转过身去。心里想,快点天亮就好了,去医院就有办法了。

晚上9点多的时候,公公已经沉沉地睡去,听起来呼吸还比较均匀。我握着他的手腕,试图去摸一下脉搏,可是心里疑惑,怎么总摸不着?我看着躺在公公身边的老公,在想着要不要把我的疑惑告诉他,可是又有些不忍,这一天家里忙得团团转,还是让他多休息会儿吧,明天去医院就好了。几个小时过去了,大家都期待着明天早些到来。

大约凌晨三四点钟,老公突然惊醒。他喊道:"爸爸的呼吸急促!"大家急忙过来,一起说:"赶快叫120!"那个时候,公公的状况已经很不好,老公去楼下引导救护车进巷口,我守在病床前,在心里默念,要坚持住啊!坚持住啊!救护车的声音就在楼下了,上楼了,开门了……可是,就在开门的一刹那,公公的呼吸声音突然就没有了。我不相信,赶紧催促让救护人员打强心针,看着他们为公公做心脏按压,我为他暗暗鼓劲,心里说,醒来,醒来呀!

5点10分,救护人员说,公公再也醒不来了!我的心里像被雷击了一般,狠狠地痛了起来。怎么会!明明昨天还好好的?怎么会!不就是有点疲惫吗?难道是连日的劳累、过度的喜悦耗尽了他的精力!喊他,叫他,却终是再也得不到一<u>丝丝</u>回应。就这样,他就在睡梦中离开了我们,再也没有醒来;就这样,犹如一滴水的蒸发,他永远地离开了这个世界。

人生在世，匆匆几十载春秋，不知不觉间，儿孙已然长大，亲人逐渐年长。人生最痛苦的事情，就是身边的亲人离自己而去，一去不回，这一生便再也不得见。

又是清明，也许，窗外这场雨雪，正是我无尽伤悲的一场宣泄。每当这个日子来临，总会让人想起一些过去的事情，装载着千丝万缕的思念，不会忘记，也不能忘记。为了身边的，也为了已然离去的，我们要好好生活，各自珍重，彼此珍惜，珍爱这个世界的一切美好！

把怀念的心绪寄给天空

秋已凉，秋风渐起的时候
院里梧桐树似乎有了感应
一只叶片从树上飘落下来
慢慢地在四处在树旁找寻
枝繁叶茂的树冠遮住院落
那熟悉的地方有一片树影
叶片停留在了一个条凳上
又仿佛在等待别去的故人
阳光不停从树的间隙闪烁
捧起落叶如同捧一份心情
那飘落下的叶片脉络清晰
每一条脉络都由怀念组成
顺着脉络而去，从容自若
一路走来，别有一番风景

> 湖光山色虽好有几分寒凉
> 看那夕阳西下却也很暖心
> 漫长的岁月里，慢慢领悟
> 也总会常常怀念那片风景
> 遥望天际远处飘来一朵云
> 亘古永远，叶落总要归根
> 我把怀念的心绪寄给天空
> 为着那份美好在心中永恒
> ……

  2017年的那个秋天，是个凄凉的秋天。作协院里的梧桐树下，清风徐徐，叶落戚戚，秋渐入暮矣。树旁那张石头条凳上，一只叶片孤零零地落在上面，仿佛在等待着远去的故人，仿佛在侧耳倾听——那涛音犹存，一声声，又一声声，那是您殷切的回应！

  往年，无论春夏秋冬，只要是天气晴好的时候，办公院那棵硕大的山楂树荫下，总会摆着两把椅子，公公身体不错的时候，喜欢和婆婆相随着来院子里散步，坐在椅子上晒晒太阳。手中拿着的书报，随意地翻翻，望望周围的一切。办公楼还是原来的模样，只是在里面工作的人已经陌生，新生的一代在延续和传承着作协精神。

  日子一天天过去，转眼间到了清明。年年清明，今又清明。今年的清明显得有几分凝重，这是公公离世后的第一个清明，穿越清明的思念依然是那么真切，是那么沉重。这个纪念文集就是在这样的氛围中完成的，所编汇辑收的是李国涛先生去世以后社会各界人士、亲朋好友、文艺界文化界人士对先生的追忆缅怀文章、悼念诗词、新闻报道、挽联等。这是我参与整理的关于公公的第二部书稿，与两年前整理编汇《编稿手记》一书不同的是，这一次的心情是异常沉重的。很久不愿去触碰记忆的窗口，尽管自己明白，它就在那里存在着；很久不愿去将任何文字写在纸上，尽管自己知道，要写的东西很多。老公和儿子的心情尤其沉重，以为时间会慢慢淡化内心的伤痛，以为逃避会些许减轻心里的重负，到现在时间过去了很久了，转眼间凄凉的秋、寒冷的冬过去了，和煦的春到来了，不久炎热的夏也要来了，心里明白，应该留下一些文字，将存放在心里的忆念落在纸上……但，心依然是痛的。

整理纪念文章的过程，是一个思念的过程，心情是异常沉重的，常常止不住地泪水涟涟，模糊了双眼，洇湿了纸面。每一篇文章都饱含着深情，每一段文字都倾注着真诚，每一个人捧出的都是一份沉甸甸的爱。看着，想着，公公的音容笑貌跃然纸上，仿佛就陪伴在我们身边，不曾离去；念着，忆着，他的谈笑风生回荡在耳旁，仿佛风趣幽默的话音刚刚落下，不曾消失。他为人低调、与人为善的品行影响着我们。他在世间留下的最后的话语是："总是麻烦你们。"他没有给我们添麻烦，是我们抱憾没有更好地照顾好他！他在世时发表的最后一篇文章登载在《漳河文学》（2017年第4期）新开辟的《专家在场》栏目，向喜爱文学的人们娓娓道来——《散文怎么写》，以随笔散文的形式写出了散文的作文之道，字里行间是他对后辈学人的谆谆教诲，履行着他一辈子一贯奉行坚持着的扶持后生的奉献精神。很遗憾，2017年8月发行的《漳河文学》杂志他在世时没有看到，但他的在天之灵一定收到了，或许它就在他书桌旁放着呢。

如今，他离开我们已经很长时间了，已经长眠在家乡的山冈。清明的微风,吹过他长眠的山谷;清明的细雨,润泽他脚下的土壤;那满山的鲜花,承载着无声的祭奠,绽放季节芬芳。

"祈愿您在天国安眠!"

2018年4月,清明

第二辑
斯人旧事

> 国涛先生小文章好看,有味道,能写他那样好文章的人,东四条再无第二;国涛先生也用电脑,手写,也就一稿,不怎么做修改。我对他说"还是改改好",他说,"习惯了,就这么吧。"
>
> 我很喜欢国涛先生。
>
> ——王祥夫《国涛先生二三事》

知遇之恩
——悼念李国涛老师
成 一

作者写出作品，第一愿望就是能遇到一位好的编辑。我从文之始，就能遇到李国涛老师这样的编辑，是我数十年文学生涯中最幸运的一件事。

1976年"四人帮"垮台后，我厌倦了"文革"中那种八股式的公文写作，开始重新尝试写小说。好像是在这年冬天，利用假期，写出一篇小说样的稿子。那时多年在原平县委工作，能看到复刊后的《汾水》，但对其编辑部一无所知，也没有投稿经历。当时也没想投稿发表，只是在有文学爱好的朋友中传看一下，议论议论。在宣传部工作的杨满仓，"文革"前是写文学评论的，对省上文学界熟悉。他看过我的这篇稿子，说，还可以。并说，他认识《汾水》的一位编辑，也是写评论的，可以把稿子寄给他看看。

稿子是老杨代为寄出的。不久，就收到了退稿。这在我，也并不意外。退稿信，钢笔手书，写满了大半页。除简单说了稿子的优缺点，大多是对我的鼓励：你的基础还不错，应当继续写作，以后欢迎你多参加编辑部组织的活动，有新作品还可以寄来……署名：李国涛。这封退稿信，我也没有觉得有什么特别。有投稿经验的朋友说，退稿信常见的，就是张打印好的条条。我说，或许是看老杨的面子。杨满仓说，这位李国涛可不简单。如何不简单，那时我也一无所知。

这就是我与李老师的首次相遇。

1977年夏天，趁一次下乡的机会，又试写了一篇小说，一时想不出好的篇名，只好借了播种春小麦所用的一个农技术语：顶凌下种。也是先给有同好的身边朋友看了看。文友说，不错，比以前的强，应该再投稿。我就把这篇稿子寄给了李老师，因为我也不认识别人，也不太知道投稿的规矩。又不久，就收到李老师的回信，说这篇小说写得很好，决定刊用。又说，刊物从明年起，要恢复月刊，稿子计划放在明年第一期发表。这封信比上一封写得要简洁，却大出我的意料：对初习写作者来说，能第一次发表作品，总是意外的，连同惊喜。而对于我，第二篇习作就能发表，那时的确没有思想准备。

这年秋末，或者是冬初，我第一次应约参加了省作协组织的创作组稿会。就是在这次会议上，第一次见到了李老师。他比我想象的要平易近人得多，也简朴得多，但身上有种难以掩去的书卷气，言谈有外地口音，却也不失儒雅。我更暗自庆幸：这是位好打交道的长者。我怯于与张扬夸张者，或官场那种居高临下者，或精于自我装饰者交往。与李老师的首次见面，也挺平和的，他没怎么表扬我，我心中有感激，也不擅当面表达。他只是问了我的近况等，鼓励继续写作而已。

这次会上,我也是第一次见到马烽、西戎、孙谦、胡正等我省著名的老一代作家,第一次见到与会的几十位其他作家、作者。只是,一位都不认识。马烽老师在讲话中,还表扬我一句:据说,有一位新作者,叫成一,写了一篇不错的小说。我知道,这个据说,是据李老师说。

此后,这篇小说发表在《汾水》1978年第1期,还被放在头条。发表后受到热议,又获得了全国奖。1979年春天,赴京领奖,见到国内文学界的更多人物。这一切来得如此突然,我当时真是没有一点思想准备。

当然,这一切,也意味在我眼前,打开了一扇新的人生之门。但那时,我还没有足够的自信,敢于跨进这扇门,去走一条新路。也算是学语言文学出身,知道文学创作是靠才华才艺吃饭,一时成功容易,以之为职业,就怕很难称职了。何况还有形势使然,文学历"文革"荒废,当时复苏初兴,也容易成功。所以,从北京领奖回来,到省作协汇报的时候,当时主政的西戎老师曾问我,愿不愿意回作协来?搞创作,总归还是回来好。我当时受宠若惊,还是说:"想在下面再待几年。"那时,我的理想,只是想不再为别人写讲话稿,能换一份较为自在的工作,而将文学创作当作一份业余的雅好。专事文学写作,真还底气不足。

事实也如此。得奖后,我给《汾水》写的第二篇小说,经两次退稿,三易其稿,才发表出来,质量也平平。这中间,多受包括李国涛老师在内的几位编辑的指点帮助。

后来,创作渐渐走顺,也依然不断得到李老师的指点和鼓励。在20世纪80年代初期那几年,我发在省内外的作品,他几乎都要过目。

在他的《编稿手记》和评论文章中,多次对我的作品有认真的评点。还专就我的创作,写过几篇文章。最使我难忘的是,他曾应《延河》杂志的约请,亲自到我所在的原平县采访,写过一篇作家专访。在这次交谈中,他对我说:"要想在创作上再往上走,还是回到作协较好。县里人文视野有限,日常能做相互有益的文学交流的人,更有限。"的确是这样。那时信息通讯不发达,别的不说,想买本想读的书,就很困难。

经过几年的写作实践,不时有机会外出参加文学交流活动,又得过一些大小奖项,我对专事文学写作的信心,倒是也渐渐积累起来。这期间,从李国涛老师的信件、言谈、评论、评点等等中间所受到的启发、感悟、鼓舞,对我获得自信,起了很重要的作用。

于是,在改革开放之初,面对着诸多有可能改变自己命运的机遇,我终于还是选择了专事文学写作的职业。

1983年秋天,我调回省作协,开始专业创作。从此,与李老师同在一个单位,朝夕相见,随时能得到他的指点,现在想来是一件多么幸运的事。几十年来,他一直关注着我的写作,大多作品他都读过。我每写出新的作品,也最看重他的评价。我每有一点长进或所谓突破,他都会表示出由衷的喜悦。就这样,持续到他退休了,后来我也退休了,他先老了,后来我也老了,可他的关注,我的倚重,依然没有变。我写出《白银谷》的时候,他已视力不济,还让老伴杨老师念给他听。2009年,写出《茶道青红》,他依然连听带看,读完全书,还又写了评论文章。退休后,我随子女在外地居住时多,不过,每年回到南华门,仍然要与李老师见一见,坐一坐,聊一聊。聊得最多的,也依然是读书和写作,他依然关注着我的创作。今年5月,我有事回并,照例见了李老师,一起聊了很久。他虽已行动不便,但精神尚好,言谈间也依然可见他一向的博学和雅趣。

自1977年初识李老师,及今已整整四十年。四十年,能有这样一位博学儒雅,又对你的读书写作滋润不断的良师,一起走过来,真是太幸运了。

这份幸运,也不是我一人独有。自马烽那一代起,山西的几代作家中,由李老师发现潜力,激活才华,编辑出佳作,助力其走上文坛,功成名就者,不在少数。山药蛋派和晋军崛起,山西文学事业的这两次高潮,都有李老师的重要贡献。

都说编辑是替人做嫁妆。李老师在挥洒自如做名编的同时,并没有荒废自己的学问和才艺。他的《〈野草〉艺术谈》和关于鲁迅文体的学术专著,所显示出的功力,并不逊于专事鲁迅研究的学术专家。他以高岸笔名发表的长、中、短篇小说,虽数量不多,却都是老道的佳作,一时惊艳文坛。晚年的随笔体文化散文,更强于常见的学者散文,似随意的千字文,都由饱学支撑,更有充盈的文采,散淡中融有醇厚的意味。这非一般学者能为,也非一般作家能为。

编辑,学者,小说家,文史散文家,李老师在其中任何一项所实现的建树,都足以立身扬名于世了。可他将这许多建树散淡地集于一身,从未刻意以此将自己装饰得八面威风,或花枝招展。这是最令人敬佩的。

集这么多学问与才艺于一身的编辑,是何其难以际遇!反正我从文几十年,遇到编辑也不少了。对每一位编过我的文稿的编辑,我都是心存感激的,也都在交往中建立了友谊。只是,像李老师这样博学慈心、多才多艺、深深为其精当的文学鉴赏力所折服的编辑,很遗憾的没有再遇到过。

李老师有一篇随笔，名"学人代有，斯文未坠"。他的一生，"总与书相关"，堪称承传斯文的一生。他虽平静地离世了，他承传的斯文会常留在与他相关的书中。

愿李国涛老师安息。

2017年9月初

（《山西文学》2017年第10期）

文章千古事
——李国涛老师的一篇译文

李　锐

　　1998年，那时候李国涛老师已经退休多年。可李老师退而不休，反倒从编辑转身成了作者。除了大量的散文随笔以外，以高岸为笔名的小说各处发表，更有长篇小说《世界正年轻》《依旧多情》问世。一刀切的退休制度反倒解放了他，给了他专事写作的自由。每天，李老师满面自信地微笑着，在南华门东四条从容往返。在胡同里见了面，总要问问，"李锐，最近又想写什么啦？"

　　有一次，就是在这样的闲谈中，我告诉他马悦然教授和葛浩文教授都在翻译我的长篇小说《旧址》，葛浩文教授的英译本已经出版了，而且有一篇书评发表在《纽约时报》的《书评周刊》上。葛浩文教授寄来了文章的复印件，可我不懂英文，既不知道人家是怎么批的，也不知道人家是怎么评的。李老师的眼睛亮起来，"你拿来，我看看，我这点儿英文还凑合。"于是，我遵嘱奉稿。于是，就有了那篇终于让我看明白了的《盐的歌剧》（李锐第一部长篇小说《旧址》，李国涛先生的译文《盐的歌剧》发表在1998年第3期《当代作家评论》），而且也才知道那位批评家的名字叫菲利普·甘朋（Philip Gambone）。而且我知道，那时候的山西作协能读写英文的只有李老师一人。为了让中文读者明白原委，李老师特意加写了一段译者附言。

译者附言：

我看到李锐的长篇小说《旧址》出版了英译本，译者是著名的美国汉学家葛浩文。李锐的小说在国外译成外文出版，这已不是第一次，所以我虽为他高兴，却已不惊奇。《旧址》的英译名为《银城》。因为故事发生在一个盛产井盐的城市，所以这篇评论文章题为"盐的歌剧"（Salt Opera）。《银城》1997年底在美国出版，1998年2月1日《纽约时报·书评周刊》就发表了评论文章，这使我惊奇，并为作者高兴。（同时《洛杉矶时报》《出版周报》也先后有评介文章刊出。另外，《旧址》的瑞典文版也已经由马悦然教授翻译完毕，并将在年内出版。）《纽约时报·书评周刊》是我早已闻名的书评刊物。据董鼎山先生介绍，这是美国两大书评报刊之一。他说："《纽约时报·书评周刊》是美国最有权威性的书评杂志，是《时报》的星期日附刊。""《纽约时报·书评周刊》接到新书后，分寄全国各地（主要是高等学府）请学术界专家评介。""《纽约时报·书评周刊》地位所以高，是因为《时报》读者对象是高级知识分子之故……读者包罗全国各界最有权威的人士。"由于我知道这些，所以我为李锐高兴。李锐问我，此文到底写了些什么。我就干脆把 Philip Gambone 先生的评论译了出来。为了方便中文读者，加了一个副题，并对原文中明显的错误做了修订。英文于我久已生疏，不过大意总还差不多吧。

1998年2月11日，戊寅年正月十五，译于太原

之所以不惮烦琐把这段原文抄写如上，是想让大家再看一看李老师的音容笑貌。翻检旧文，读到最后一行，不禁热泪盈眶……"戊寅年正月十五"正是家家团圆赏花灯吃元宵的日子，李老师却为我伏案笔耕，为一个晚辈的写作而高兴。戊寅年，我四十八岁，正当壮年，满头黑发。如今再看这段文字已经两鬓苍苍，已经和李老师阴阳两隔。

"文章千古事，得失寸心知。"杜甫的这句名言流传千载，老少皆知。可人们大多不知道的这是一首很长的诗，这首长诗的最后两句是："不敢要佳句，愁来赋别离。"从此往后，再回南华门东四条再也看不见李老师了。从此往后，跟李老师不是别离，是永诀。

2017年9月2日丁酉年七月十二，悲记于北京
（《山西文学》2017年第10期）

南华门的魂魄

段崇轩

我相信,一个地方,总会有自己的魂魄的。它是由独特的地理、历史和建筑的气象氤氲汇聚而形成的,更是由一代一代的前辈先贤的精气神不断流传、继承而凝集的。太原市南华门就是一个有魂魄的地方。道路西边是赵树理的故居,一座古朴的小四合院;东四条胡同是山西作协的"大本营",一方闹中得静、别有洞天的小天地。半个世纪以来,这里历经沧桑、拆拆建建、人事更迭,但两栋百年老楼、一院树木花草,依然历久而存在。赵树理故居,则在扩展、修建。四十多年前,赵树理以一幕悲剧告别了这里。十多年来,"西李马胡孙"以及冈夫等老一代作家陆续辞世。现在,在这个初秋的季节里,李国涛老师也悄然西去。

但正如一些作家在给李老师的挽联上所写的,"斯人已去,风范永存"。李老师的去世,让人们痛切地感受到了,老一代作家道德文章、精神风范的弥足珍贵,他们的音容笑貌、一言一行在心中的倏然泛起。中国文化是肯定魂魄的存在的，所谓魂是指离开人体而存在的精神，所谓魄是指依附形体而显现的精神，道家称人身有"三魂七魄"。这并非封建迷信，而是被现代物理学证明了的自然现象。李国涛老师是山西文学的一个重大存在，他不仅是一个出色的评论家、小说家、散文家，更是一位山西文学的组织者、开拓者、引领者，同时还是东四条一位读书人、文化人、"好好先生"。如果说汪曾祺是中国最后一位士大夫，那么李国涛老师就是山西老一代作家中最后一位文化人。他的学养、人品、文风、思想等已化作一种精魂，弥散在南华门乃至山西文学界，熏染、影响着我们的读书写作以及处世为人。

我与李国涛老师的相识、交往，已有四十年时间。作为文学爱好者，他是我写作上的指路者。作为文学编辑，他是我敬仰效仿的前辈。作为评论者，他是我"虽不能至心向往之"的榜样。我是20世纪50年代生人，这代人的不幸，是在动乱、扭曲的时代喜欢上了文学、开始了写作。1972年，我还是一个回乡知识青年，就学着写小说，并在忻县地区（今忻州市）编印的《文学创作选集》上发表了处女作。1975年，我幸运地被推荐上了山西大学中文系；1976年，就在刚刚创办的《汾水》杂志第2期发表了一篇很幼稚的短篇小说。我成为一位执着的文学青年。同年春天，山西文艺工作室在侯家巷招待所召开全省短篇小说创作会议。我得知这个消息，带了一篇刚写好的短篇小说，赶到会上，先找到我熟悉的忻州作家，然后由他介绍见到了《汾水》编辑部副主任李国涛老师。当时正在开会，李老师款款地从会议室出来，与我在楼道里见面。他站在我面前，问了我一些上课、读书、写作情况。随后我把稿子拿给李老师，请他有时间审阅。他说现在就看，然后就倚着楼梯口的木栏杆看起了稿子。也就一二十分钟时间，他把稿子还给我，谈了他的意见。我当时拿了一篇什么样的稿子，后来竟然一点也想不起来了。李老师谈了些什么意见，现在也一片混沌了。但我依稀记得，他肯定了我写作的勤奋、认真；似乎还说过，写作要从真情实感出发，不要有太强的理性等等。见面的时间是短暂的，但李老师留给我的印象却是深刻的，直到今天依然记忆犹新。他当时只有四十多岁，挺拔的身材，国字形脸庞，戴一副金属框眼镜，穿一件中式衣服，脸上的神情是那样平和、庄重，说话的口吻是那样儒雅、简朴，还带有一点南方口音，但每个字都能听得明白。我觉得李老师是一位可亲可敬的前辈，但又觉得我这个农村青年距离他是何其遥远，我只有仰望，很难学习。此后我又去过几次《汾水》编辑部，开过几次文学会议，每次都能见到他，但并没有深谈，更谈不上深交。

70年代中期到80年代的南华门，一派弃旧图新、改革开放的热闹风景。"周虽旧邦，其命维新。"院子、楼房、胡同还是老样子，特别是院子里那两棵树冠如云的梧桐树、高厚如城墙般的南院墙、结实而沉重的榆木大门，昭示着历史的悠久、文化的深厚。老作家们纷纷回到了自己的岗位，创办刊物，扶植新人，重振山西的文学事业。年轻作家们一个个被抽调回省作协，潜心读书创作，参与社会变革，尽情放飞他们的社会人生梦想。但不久之后，出生于20世纪20年代前后的老一代作家，就陆续退休了。他们并不留恋权力，退休后就安心读书写作，颐养天年，使他们在晚年时期又出现了一个令人惊讶的文学高潮期。我们经常可以在南华门东四条，看到这些老汉们的身影。马烽老师常常背着手踱到门房，坐在那把破旧的沙发上，跟人们随意地聊着天；胖胖的西戎老师走路很精神，见了作家编辑就会站着谈文学谈作品;孙谦老师穿一件夹克便装,在菜摊上买菜,常被小贩当作老农民而遭到算计;最"帅气"的是李束为和胡正老师,李老师总是身披一件毛料大衣,拄一柄拐杖,脸上水波不兴,步履稳健地走进走出,胡老师同样身披一件毛呢大衣,也拄一根文明棍,但步伐轻快,见人就打哈哈;还有年龄更长、资格更老的冈夫老师,虽然身形清癯,但步履从容,脸上永远是一副纯真善良的微笑……这些老汉,看似平常,但却经历了数十年的革命,为山西乃至中国文学创作了大批精品力作,他们的人品文品已变成一种精神,汇入南华门东四条源源的文脉中。我从70年代中期就经常来往于南华门,80年代后期调入省作协,亲身领受了老一代作家的熏陶和教诲,觉得自己是幸运的。

在新时期山西文学的演变中,李国涛老师起到了承上启下的重要作用。我们知道,山西从20世纪40年代的解放区文学到建国后的"十七年"文学,都是以现实主义文学为主流的,强调反映现实变革,服务当下政治,塑造农民形象,运用大众化形式。但新时期文学中涌现出的"晋军"作家,更追求文学的精英化和现代性,着力的是对社会现实的揭示与批判,对现代表现形式的探索和汲纳。尽管老一代作家不甘落后、追赶新潮,新一代作家学习前辈、靠拢传统,但在思想观念和创作实践上,显然是存在着代沟和矛盾的。在这样一种情势中,历史选择了李国涛老师,使他成为两代人联通的"桥梁",成为山西文学变革的"引擎"。李老师是江苏徐州人,来山西无门无派,奉行"君子不党",每代作家都接受他、尊重他。李老师大家出身,有着丰厚的文化和文学修养,对现实主义文学,对现代派文学都能自然接受,且巧妙融合。李老师是30年代生人,比"山药蛋派"作家小十几岁,比"晋军"作家大十多岁,正是一个上通下接的年龄段。而且，李老师是《汾水》时期的主任，《山西文学》时期的主编，一份"老字号"刊物就是一个省文学的核心，他可以充分运用自己的权力，团结几代作家，变革山西文学，实现山西文学的重振和超越。李老师作为资深评论家，对"山药蛋派"作家和"晋军"作家，给予了密切的关注和真诚的评论。对老一代作家马烽、西戎、束为、孙谦、胡正等，都写过中肯的评论；对"晋军"作家柯云路、成一、李锐、张石山、钟道新、赵瑜、蒋韵等，都有过精辟的论说。山西文学能在80年代重振雄风，成为全国的文学大省，李国涛老师可谓劳苦功高！

在我的心目中，李国涛老师是一位真正的"君子"。"君子之交淡如水。"我虽然与他相识四十年，又是文学评论同道，但却几乎没有什么生活、经济的往来。只记得很多年前，他得了痛风病，同事祝大同说："咱们去看看老主编吧。"我俩从胡同口水果摊上买了两小箱橘子，一人搬一箱送到他家里，他说了一连串的感谢话。李老师信奉"君子之交"，从未见过他与人去吃饭、喝酒、打牌，但他的人缘却极好，每一代作家、编辑、机关职工甚至院里的家属、孩子，都很喜欢他。他有一种宽广的胸怀、无形的气场，团结了一代代的作家，调和着南华门的小气候。我同李老师交往最多的是互相送送书、谈谈文学。他每出一本书，总会签名盖章送我一本，至今已有五六本了。我每出一本书，自然也会亲自登门、呈上请教，顺便坐上一阵谈谈读书写作。90年代，我主持《山西文学》杂志社工作，李老师出门散步，常常会拐到编辑部，坐在藤椅上，与我与大家聊一会儿，所谈除了文学还会说到院里老作家们的奇闻轶事，编辑部里充满了快活的笑声。

1989年之后，李国涛老师突然以"高岸"笔名创作起小说来，仅仅三四年时间，就发表和出版了十多部（篇）长、中、短篇小说。有的发表在《上海文学》《北京文学》上,大部分发表在《山西文学》上。院里的作家们戏称他是"文学新秀"。我很喜欢李老师的小说,每见必读,感悟颇多。有一天在院子里见到他,便说:"李老师,我想给您写篇评论。"他爽朗而高兴地说:"好啊!写吧。但要实事求是。"评论写成后我送给李老师请他指教。他当天就跑到编辑部,把稿子还给我,满脸含笑地说:"挺好。挺好。就这样发吧。"我从他的神情看出,他对稿子是满意的,心里一块石头落了地。我在评论中,把他的小说称为"文化小说或文人小说",阐释了他的小说的文化特质、思想意蕴、人物塑造等艺术特点。同时还指出了他的小说人物地域特色不足,与新时代人物有点隔膜的局限。我担心自己的判断不够准确,让李老师难以接受。想不到他是那样宽厚、坦荡,完全不在意对他的批评。我的评论发表在《山西文学》1990年第12期,题目是《澄明的往事》。

近二三年来,南华门多了一副情景,那就是我们看着李国涛老师渐渐老去。若干年前,是他和老作家们看着我们从青年变成中年、从中年走向退休。现在是我们看着李老师由晚年步入衰年,由衰年走完生命的最后时光。李老师有上午10点多出门散步的生活习惯。开始是见他的步子蹒跚起来,拄一根拐杖,由他的夫人杨老师搀扶着,在胡同里走出去走回来。后来是坐在轮椅上,由他的女儿或保姆慢慢推着,在府东街转一趟。李老师是真老了,且数病缠身。但他的脸色神情,一如既往地平和、生动、乐观;他的说话声音,一如既往地爽朗、儒雅、睿智,一点不像一个老人、病人。走到作协的院门口,他就会拐进院子,或太阳下或树荫下,站着或坐着跟大家聊天。所谈大抵是陈年旧事、读书写作、作家作品等等。他说:"现在目力越来越不济了,借助放大镜也看不了几页了。读书看皮,读报看题……"他看不动书报了,但心里关心牵挂的依然是山西文学,依然是年轻作家们。他仍然有着强大的气场,把自己和山西文学和年轻的作家编辑们,融在一起。

这两年,我见到李老师,只是问问他的身体、谈谈我的读书,不敢过多地谈论文学和评论,担心分散他的精力,影响他的身体。但老先生却常常喊住我,主动地跟我讨论文学。记得去年我把刚出版的《中国当代短篇小说演变史》,亲自登门呈上一本,说:"李老师你不要看,我只是送你作为纪念的。"但他第二天在胡同里见到我,就笑眯眯地说:"写这么厚一本书,不容易啊!那要看多少作品和资料,理清多少思路和线索呀!你专门给上海的潘向黎写了一节,这是需要眼光的。她是一位很出色的年轻作家,但文坛关注不够。"看来李老师还是把书看过了。记得今年夏天,我在《山西文学》第6期发表了《李古北:被淡忘的"山药蛋派"中坚作家》。一天晚上,李老师突然打电话给我,说:"崇轩,我大致看了你写李古北的文章,想跟你谈谈我的想法。"李老师是极少给人打电话的,可见他对这篇文章的重视。我慌忙洗耳恭听。他说:"'五作家'以及'山药蛋派'研究了几十年,写进了文学史,应该说定论是准确的、到位的。我们不要随便去改变它、颠覆它。但是可以继续发掘它、丰富它。比如李古北,这是一个很重要、很杰出的作家,但由于五六十年代对他的两次批判,他后来又远离了文学界,我们回避、忽略了他,这是不应该的。你的文章写得翔实、到位,很好,今后还可继续研究下去。看来,'西李马胡孙'这个提法,应该扩展成'西李马胡孙李',就更全面了……"我静静地听着他缓慢、悠扬的声音,心里涌动着阵阵温暖和感动。这次通话，大约是在6月中旬，时间过去只有两个多月。这次通话，表现了李老师对山西文学历史的关心、反思，传达了对我的一种期待、托付。这次通话，是李老师和我的最后一次讨论文学。想不到在秋叶飘零的时节，他就匆匆离开了我们，追随由他命名的"山药蛋派"老作家去了。李老师和前辈作家一个个走了，但他们身上的魄已化为魂，依然飘散、凝聚在南华门，环绕着我们、注视着我们……

2017年9月5日，中元节
(《山西文学》2017年第10期)

学求其富　写求其严
——李国涛先生的学问与文章

蔡润田

作为名满中国文坛的文学流派"山药蛋派"的几位主将,前些年已经先后辞世。而为著名的"山药蛋派"在理论上定名的,就是李国涛先生。2017年8月30日,著名文学评论家李国涛先生在太原逝世,享年八十七岁。

李国涛先生业务上是我的老领导,学问知识层面是我钦佩的学者、师长。在作协四十年来,除工作关系之外,我们曾同住一间房,两家也曾同住一层楼,应该说是比较相知的老相识、老邻居,但却不好说是老朋友,因为虽然平时可直呼老李,私心却是目为师长的。如果勉强称"友",也是"畏友",是对知识与学问的敬畏。

对李国涛先生的学问与文章,我觉得大体可用十个字概括:博洽、开放、明哲、严谨、平实。

博洽。这是就学养,即学问根底、造诣说的。李国涛先生承续祖上家学遗脉，接受民国旧学熏陶；根底深厚，涉猎极广；文史哲艺、古今中外，多有独到的领悟。他读书很多，而且终生不辍，老而弥切，不因目力衰竭而稍减。他好读书，但不一定都抱有功利目的，尤其是退休之后，我看他读书基本率由心性，可以说是一种较为萧散的"为己之学"的阅读。所以，形诸笔端，更显得超然、丰赡。可以说，在山西作协，李国涛先生是一位引领风气、影响格局的读书种子、学者作家。

开放。这既指眼界、视域，也是一种胸襟与方法。在学科学派上，不拘执、不褊狭，能接纳融会新旧、雅俗、中外。我想到个蹩脚的句子，叫作：好古爱现懂洋不薄土。因此，晚明小品、鲁胡文章讲得津津有味，山药蛋派说得头头是道，乔姆斯基、索绪尔的学说也能拿来为我所用。尤其难得的是，他能读能译的英文水平，在作协是独一无二的，外文为其眼界和研究多开了一扇大门。他是位通人，不仅在学问上，而且在著述上，研究与创作兼擅，学者与作家一身。

明哲。是他的思维品格、学术风范。表现为学识与为文的通达、理性、圆融，不偏不倚，不急不躁，总是十分清醒、睿智。他一般都是侃谈己见，即使为他人指瑕纠谬，也既是非分明，又分寸得当。不多指摘、辞费。他的文章多和书有关，少与世相涉。这不是明哲保身，是纯学人的旨趣使然。或者说是要通过学问间接喻世、明理的（似乎陈寅恪、钱锺书一些人的治学路数也大致如此）。

严谨。是治学态度。李国涛是位饱学之士，却下笔谨慎。有一分材料，说一分话。不断章取义，不虚妄臆断，总是无过无不及。他厚积薄发，一个观点，一点心得，一篇小文章，都有大量阅读做支撑，是一本或几本书的结晶。他知识面广，记性也好，且多有会心、灼见,却胸有丘壑,笔有藏锋,常留有余地。

平实。主要指文风、文体。铅华脱尽,平和冲淡,自然老到。深入浅出,言近旨远。

以上主要就他的论文和学术随笔来谈的。关于他的小说,我在1992年《光明日报》写过一篇《子在"岸"上曰》的小文章,小说不谈了。我最喜欢他的学术随笔,简洁而深有意味,每读一篇,都有新鲜感受和收获,很耐品味。用古话说,读它们,如在山阴道上,使人应接不暇。我想,在这个浮躁的时代,读这些随笔,是能让人祛烦剔躁,沉潜安静,是安顿心神的好去处、好家园。

李国涛先生在他一篇随笔中说林以亮"学求其富,写求其少",我觉得改易一字概括李国涛的学问与文章是比较合适的,即"学求其富,写求其严"。

以上李国涛先生的长处许多都是我所缺乏的,所以体会尤为深切。

(《山西文学》2017年第10期)

李国涛先生和"郎爪子"

毕星星

李国涛先生早年以文艺评论名世,20世纪80年代初,我进入《山西文学》编辑部时,他名气已经很大了。

先生写小说,在我是很意外的事。因为像我们这号笨人,能操持好一种文体就很了不起了。转换文体,别说思考方式,你脑子里那个词库能容纳得了那些形象描写吗?!那和评论完全是两套字词语汇。

《郎爪子》写的是一个大户人家的仆人的故事。郎爪子是一个厨子,做的一手好菜。他伺候的东家,高门深院,食不厌精,脍不厌细,郎爪子当然大有用武之地。一旦来了客人,那是郎爪子露脸炫技的大好机会。郎爪子的用料、调制、席面上的美味经常迷倒一圈人。郎爪子也时不时爆冷,用很普通的材料调制出人间至味,客人满堂惊讶。有这样一身本事,郎爪子在城里自是威名远扬,大户人家过事,就请他帮忙,能借用几天郎爪子,是主家的骄傲。郎爪子出门,只身携带一把厨刀,谁家厨房里挂起这把厨刀,就知道这个城里的一号大厨来了，诸神退位，谁敢造次。

郎爪子一身本事，谁想遇到主人家道败落。一个靠窝头咸菜度日的破落户，哪里还用得着会做一手徽菜鲁菜的厨子？豆芽根要摘掉，鲤鱼要活的，切片还在抖动，竹笋要象牙色……肚子都填不饱，哪里还有这些讲究？到后来，郎爪子被辞退，兵荒马乱，谁还需要一个身怀绝技的厨子？再到后来，郎爪子卖掉了他那把宝刀，靠给厨房拉风箱度日。谁还认识当年的郎爪子？他终于流落街头，不知所终。

我那时到编辑部时间不长，不知怎么，国涛先生拿来小说，请我做责编。我看了，只是觉得新奇，有一种自己没有看过的味道。按照程序，填写稿签，当然是说好话。比如"老李果然老辣"一句，至今记得。

我正在填写，国涛先生进来了。他看我写的是《郎爪子》，夺过来就要看。我有点不好意思。毕竟一个新手，评价主编的小说，不知自己能不能说到点子上。

以我之能力，当然评说不了这篇小说。小说里那种世道变化带来的人生命运浮沉，身怀绝技穷困潦倒的窘迫，大变局之下的文化败落，都是若干年以后才回味到。一种新变局带来的彻头彻尾的悲凉，在先生的小说里早已经传达出来。至于先生对于饮食文化的体察，做菜品菜的高雅品位，像我这样的农家小子，那要吃穿略为讲究以后才明白。

《郎爪子》一炮打响。或者说先生并没有想什么，它自然而然就打响了。在《山西文学》发表以后，很快《小说选刊》选载。在当时，这是中国小说重镇接纳先生的重要标志。先生一出手，便上了《小说选刊》，足见先生的功力，不过深藏不露罢了。

《郎爪子》这样的小说现在也毫不过时。小说的文化含量，多年以后品味，还是令人思前想后，怀旧纳新，深长叹息。历史无情，失落往往身不由己。

《郎爪子》是先生新时期的第一篇小说，我有幸做了责编，见证了先生由评论到创作的转型。几年以后，先生就中篇长篇迭出，1991年，小说荣获人民文学奖。人们惊讶地打问哪里突然冒出一个"高岸"的小说家。这个高岸是谁？

高岸者，国涛也。"涛"既在国，"岸"岂能不高？！

多年和先生交往，以后逐渐明白了，郎爪子就在先生身边，郎爪子一直活在先生的生活里。

先生的李家在徐州是有名的大家。乡下田产阡陌连接，城里李家大院环水坐落，几十个庭院占据了一个半岛。至今徐州人说起当年的李家公馆，还有一份骄傲留在心头。

李家公馆雇着一个厨师，他就是郎爪子。国涛先生小的时候，就是吃着郎爪子的饭菜长大的。经常是郎爪子当当当剁案板的时候，幼小的国涛师就站在一旁看。这样的身边人，还能写不好？

先生成年以后的许多饮食习惯，都和幼年时代郎爪子的厨艺有关。

先生青少年时代，徐州那时黄河故道和山东的微山湖连着，水面很大，水产鱼虾品类多，鱼米之乡，吃喝就讲究得多。到山东以后，先生工资不算高，但先生有办法。那时不像现在，一拃长的对虾也就一元多，买得起。有一阵子，先生的早餐，总有一对对虾。待到几十年后，对虾成了大宝贝，昂贵得吓人。先生笑着说："年轻时，拿对虾当米饭吃。南京是省会，那时徐州可比南京讲究。徐州人到了南京,会非常鄙夷,看南京人吃的叫什么!"

先生谈起徐州的小吃,津津有味,情有独钟。比方徐州早餐的丸子汤、徐州的油条和豆腐脑,先生评来品去,还是喜欢几十年前的老味儿。老天津有一种煎饼果子,就是煎饼里夹了一根油条。近些年在大城市,这是一种风靡的快餐。街头小摊风风火火速成拿走,上班族经常边走边吃。先生说徐州的不是这样。前两年先生的家人来探亲,带来一些。先生赠我尝鲜。徐州的煎饼,比山西的面硬,韧劲大,卷起一张,里头夹的是馓子,撒上葱丝小菜,咬起来,要体会煎饼的韧劲和馓子的香酥脆。先生指导,我也尝了一把徐州的小吃,体会了先生的口味。

1957年先生逃过一劫,没被打成"右派"。原单位揭发先生的大字报,无非也就是说好吃好喝,公子哥儿习气。

山西贫苦,先生50年代调来山西,赶上困难时期,吃喝更加受制。小米、山药蛋、酸菜,在先生,都是实难下咽。先生曾经在闻喜县下乡,以后多次给我嘲笑晋南的酸馒头。热天蒸一锅馍馍,拾掇进一个大筐,拴在井轱辘上,吊下井口,离水面不远。利用井水降温。即使这样,馍馍还是经常有霉点点,那是要变味。入乡随俗,就是这样的山药蛋小米饭酸菜,伴随着先生度过了艰难的日子。

徐州的弟弟来看望先生,住了几天。弟弟悄悄对家人说:"大哥的味觉怎么那么粗糙,那么难吃的东西都能咽下去。"先生也是背着人讲:"我不粗糙怎么办?我饿死呀?"

不过先生到老,还是喜欢上了山西的饭食。你看先生的晚年随笔,写山西面、山西醋、山西小米、山西人生豆芽、山西杂粮,那都是兴致勃勃,欢喜不尽,看得出,先生吃得津津有味。

有条件，先生还是讲究精致。有一天我去先生家，正遇上家里做饭。儿子小伟回来了，正在碾盐，盐巴的颗粒要加上香料碾碎，不知他们做什么饭。

我问小伟："你们做饭，爸爸要指导吧？"

小伟说："他是总设计师。"

先生说："那时郎爪子做饭，我就在一边看着，他们见过什么。"

先生早年的口味，已经被山西改造得差不多了，总还残留着一些，时常要想起来。

我想起了一件轶事。先生应约给一家晚报写随笔，每天一篇，发在头版右上角。过了一段，主编说："停了吧，不要发了。"小编就问："有什么问题啊？"主编说："也没啥问题，就是觉得有一些什么味儿，说不来。"

先生说："我就是没有完全改造了，留了一些传统味儿。"

先生残留的味儿，就像是做饭时还有郎爪子留下的那么一点味儿。

我最后一次和先生攀谈，是在这年8月初。

不知怎么，就扯到了郎爪子。

小说里的郎爪子，是在孙家做工。孙家公子败家，一个大家庭呼啦啦倒塌，郎爪子因此流落街头，生活无着，一身本事，穷困潦倒。现实生活中呢？真实的郎爪子，徐州李家是败落在江山易主改天换地的剧烈变动中。

徐州解放以后，除开一部分李家居住，李家公馆的大部分房产被征收。劳动人民要翻身，家里的杂役仆人或者安置工作，或者回了乡下。郎爪子在乡下分了地，动员他回乡下去。他不愿意，最终被强制搬迁回乡。

郎爪子是一个高级大厨，离开了灶台案板，他能干什么？以前在李家，郎家是世仆，几代人住在主家做杂工。郎爪子一把好刀，挣得也多。做好了饭，下午没事了，他就穿戴整齐，挑一个鸟笼子，去遛鸟。现在回了农村，他会干什么？干农活，他啥也不会，他只会做饭。

郎爪子老婆孩子一家三口，在农村生活得艰难可想而知。

几年以后，有那么一天，李家门口突然来了一家三口，穿得破破烂烂，饿得瘦骨嶙峋，李家认出了这是郎爪子一家。郎爪子说，他想找老东家，看能不能给口饭吃。农村断了粮，吃不上了。

李家人指着大院的一处耳房说，那还不是你的屋子？自打你走了，再没人住。收拾一下，你还住那里。

李家先管郎爪子吃饭。一家三口，狼吞虎咽吃了个盘碗见底，那是饿坏了。

郎爪子一家在李家住了几个月。李家这会儿雇什么仆人？剥削阶级也都要自食其力。他们只不过是给郎爪子一个寄食的理由。

可这也不是长久之计啊。住了几个月，公社来人，把他们叫了回去。

郎爪子绝望地告别了主人，他知道自己躲不过这一劫了。

此后就是三年自然灾害。

郎爪子一家三口，再无消息。

李家公馆分崩离析，留下的一角，就是现在的徐州市人民医院。国涛先生给我讲述这些，很是沉痛。想起故乡，想起故乡的往事，无限忧思在心头。几十年的沧桑，李家郎家，主仆安然共处。这个郎爪子，带给了少年李国涛多少美好的回忆。以至于几十年后，他还要意兴盎然，写出一篇小说《郎爪子》，那是对于故人的回忆，也是对那些旧时光的无限怀恋。

这个写过《世界正年轻》的小说家，已经不再年轻。

他今年八十七岁。

我没有来得及和国涛师再攀谈。我问不出关于郎爪子的任何消息了。8月30号，国涛师走完了人生的最后一节路程，永远去了另一个世界。

"记得《相约星期二》一书说过，人人都知道必有一死，但都不相信自己会死。我觉得人也会相信自己必死，但不知道死在什么时候而已。生命的安排，妙就妙在这里。您可以一直高高兴兴地生活着，只在说不定的某一天某一刻，您眼前一黑，或舌一麻，或腿一软，或心一痛，或一阵气短，那就是了，一点都不复杂。"

一个勘破生死，这样旷达的人，走得想必十分自在。

这个世界上，李家公馆没了，郎爪子走了，国涛师也走了。

在另一个世界，他们主仆会相逢再做伴吗？

世上只留下一部精美的小说《郎爪子》，诉说着往事前尘。

(《山西文学》2017年第10期)

悼念李国涛老师

王子硕

2017年8月30日下午，打开微信朋友圈，看见好友鲁顺民发来一个不幸的消息，李国涛先生于今天早晨5时10分去世。我不敢相信这个消息，立刻赶到李国涛先生的家中探望。来到李老师的家门前，看见家门的正中间贴上了白纸，我的眼泪不由得滴落了下来。

自从在北京常住之后，我每次回到太原都要去看望李国涛老师。前不久，也就是在8月7日那一天，因为我第二天要到北京，习惯性地去向李老师告别。李老师笑着对我说："腿脚不方便，下不了楼了。"我说："下不了楼，在屋子里面走走也行。"李老师又笑着对我说："秀才不出门，愿听天下闻。"说完之后就向我打听雄安新区的情况，不以房地产市场为主，房子怎么盖？有哪些央企和科技部门会迁移过去？会不会成为首都副中心？新型的城市模式又会是什么样子？我对这些问题也不太了解，只能把一些道听途说简单地介绍了一下。我和李老师聊起《山西文学》的一些旧事，说起我和张石山在编辑部里面下棋，让李老师碰见了，李老师龙颜大怒，当下就把纸棋盘给撕了个粉碎。又说起女编辑鲁薇把退稿信搞丢了，李老师很生气，召集编辑部全体开会批评，把鲁薇批得泪流满面。李老师笑着说："我有那么厉害吗？"我说："要不是您的严格要求，张石山能够成为全国的著名作家吗？鲁薇能够成为香港（《广角镜》）杂志社的社长吗？"那天晚上聊得很尽兴，却没有想到这是和李老师的最后一面。

8月8日我到了北京，8月10日我陪伴家人出了一趟远门，本来不打算在近日再回太原的，结果出了一点儿意外，需要我回来处理。没有想到，这个意外竟然又让我遇到了一个更大的意外，李国涛老师永远地离开了我们。也许在冥冥之间老天给我安排了这么一个意外，让我能够为我敬爱的李国涛老师送上一程。

李国涛老师千古，您永远活在我们心中。

2017年8月30日
（《山西文学》2017年第10期）

高山仰止　景行行止

张小苏

李国涛老师去世的消息，不到三小时就传到我这儿了。从那天上午8点至今，我恸不能抑，不知如何。很快，就在微信上看到《李国涛老师二三事》等同事急就的文字。当晚，看张石山、王子硕、东黎的文章，还看了陈为人、王祥夫过去写的李老师。有理有情，动我心魄，历历旧事悉数涌来，完全彻底占据了我，引发了一系列压制许久的悲伤。偏偏小马又在外地，无处诉说，伤心难过的情绪无处可去，只能早早熄灯，在黑暗中任悲痛翻江倒海绞然于内。

我觉得我不能像前几位朋友那样写文章纪念李老师，因为不配。我对李老师是一种单向的仰视，并无太多交往。我就是敬佩他，仰慕他，任何时候都没有表现出来。看到东黎文章中说，最后看到李老师坐在办公院休息，她从闭目养神的李老师身边走过去，没说什么。真觉得此中有真意，欲辩已忘言。

我清清楚楚记得最后一次见李老师，是二十多年前一个清晨。我从家往外走，李老师从外往回走，胡同是东西向的，李老师迎着初升的阳光，我则背光而走。他见我这么早出来，甚异之，问："这么早？"我则因惭愧而无言解释，心想，遇上谁也别遇上李老师才好。不知说了什么，走过去了。

从此，我再没见到李老师。二十来年了，我一直为此耿耿于怀。即使他肯定不会以为然，我一直觉得有向他好好解释一番的必要，到昨天，是再没这机会了！

我那次早早出奔，原没有包藏祸心，是为了赶早班飞机到北京，赴华艺出版社之邀，去谈书稿，但我知道大半还有其他事可谈。事实上，当时我有些抑郁，很大程度是想着李老师的气度，才对一堆烦心事淡然处之。那次一去，我果真大逆不道，有如叛出，与所有老朋友不辞而别，离开文坛，做了点儿古怪的事，之后生了大病，至今陷于北京，有家难回。

前数年，几位在京的作协同事曾通知我，计划在北京给李老师祝寿，我便巴望着这一天，预先想了许多要跟李老师说的话。但一年一年，也是到昨天，再无此机会了。

我 1985 年到《山西文学》工作，李老师已不直接管编辑部的庶务，所以没有太多直接受他领导的机会，但一向爱读他的文章。他时不时到编辑部来，但来就有匡正大家思路的作用。我们那茬编辑，刚好遇上了大量新思潮涌入，人人恐落后于时代。如星星所说，全都在恶补，不免多少有些迷糊，被不明所以的名词炸晕，彼此这样，对作者也这样，严重到和威虎山黑话一般，言必称弗洛伊德、维特根斯坦，装腔作势，弄得自己都缺少真诚了。李老师每进门，就直接问我们："又在讨论什么？"我们的汇报也是一通名词轰炸。他回回都接过这些炸弹，一一拆解，化掉，用最平实的方法给我们讲授一番。他的拆解并不费力，心有灵犀者，立刻就能会意。我们办公桌上堆放着许多时髦书，既吓自己也吓别人。他看到每人桌上都放着《钱锺书研究》，随便说句："已经是半人半神了嘛！"如我者，便立即了悟，这些书可以慢慢看，但不要用来吓唬人。他在办公室和大家聊半小时或一刻钟，大家都有明心见性之感，仿佛找回了主心骨。

与此同时，李老师也赞赏编辑部的学习风气，并常劝我们要利用业余时间写作，以便更加理解创作，理解作者。自己也写，才能更好地干编辑。他曾组织我们上一茬的编辑写同题散文，发表在刊物上，对成天埋头看稿的编辑很有益处。李老师的这一主张，与另外一些领导不同。那些主张是，编辑就应该看稿子，而不要自己也写作。二者是矛盾的，对立的，甚至发现编辑收到稿费单，还上报党组告状。

李老师则让我们别闲着，要多写，说："每年写十篇，废掉一半是寻常事，有两三篇好的就不错，其中也许有一篇就可以发表。"我当时很惊讶！中签率竟这样低？漫说写十篇，我一年连一篇都不写，可见努力太不够。于是开写，偶然的，我在一些刊物发些文章，他看到了，发文章并加以称赞。在一篇谈散文的文章中，说我那些文章，就是很好的散文。如是，我才对那种文章体裁大感兴趣。以致后来写了一篇或者也可以叫小说的故事，发表时我坚持说是散文。此后，李老师与我多次谈到散文创作，主要讲，散文如何"散"，散不起来的文章不好看，但散起来又不仅是技巧问题。希望我看晚明和日本近代散文，比如夏目漱石、川端康成等人的散文。所谓谈，其实是他在指教。那时的李老师比当年教训上一茬编辑，脾气要和缓多了，教授我于无形，不仅教我为文之道，还教我为师之道，使我终身受益甚深。

1989年早春，我在北大作家班上学，寒假没完，李老师拉我去为深圳海天出版社写一本书，我多少有些惶恐。李老师说："又不是什么深奥的学术，你就当几篇散文写吧！"他还拉了毛守仁，守仁不知有什么事牵绊，人来不了，我和李老师便一同去临汾考察。

　　在单位不敢多攀谈，出门旅行就放松了，而且就我们两人。那时，从太原到临汾坐火车需要五六小时，我们一路聊天。我早知道李老师是可以用英文读莎剧的。我不问，他也不说；我问了，他便给我讲古英语的难读。当然，难读却有古奥的意味。他说："研究，哪怕是爱好，都有个破壳的过程，不然，隔一层硬壳，终是难了其然。"我们的话题随意变化，轻轻松松。记得最清楚的是，李老师非常认真地强调独立思考能力的建立，许多人一生人云亦云，没有本真，非常可怕。一辈子要学要看的东西很多，看来看去，目的是建立自己的独立思考能力。一路之上，这是他最认真的话题，其他皆似闲谈。李老师简直无事不通，竟然谈起了税制。他给我讲商品税、所得税、税种、征税方法，还举例讲了中外税制之不同。这是我第一次听到有关税制方面的知识。

　　临汾文联主席谢俊杰来接我们。见面之下，谢主席说："宾馆房间紧张，只能委屈李老师住差点儿。"李老师说："安静为上吧。"于是到了一家几乎没住人的小旅店。一个很旧的小院子，正中有个大房间，横七竖八放着五六张床，但只有我和李老师两人住。屋里没有卫生间，李老师说没关系，但必须要有个小便壶。老谢便将房里的痰盂放在李老师床下。自此，李老师天天早起，从容淡定先到院里处理便壶。在这个长满荒草的院子里，李老师气定神闲，随遇而安，愈发有高人大士之态。

接下来几天，我们就在临汾转悠，怎么写书，我们根本就没议，提都不提，全在聊天，说山说水，谈天说地，从南到北，内容多多，今日已不能胜记。

晚上吃饭，多半有酒。李老师说，他的啤酒酒量赶不上我白酒酒量的一半，我和老谢都不敢劝，他便用喝白酒的小盅倒少半杯啤酒，也不喝，微笑地陪着我们。我们举杯，他也举杯。几天下来，我感觉与神交已久的李老师建立了一种关系，我能够放胆问了，有时也放肆地开开玩笑，李老师也很开心。但有时白天跑得累，再喝一顿酒，晚上睡觉就影响了李老师。李老师早上会笑着抗议："你昨天可是鼾声如雷呀！"那几天，我们就彼此磊落着，好像什么都能谈。

某日，来到山中一僧院，我俩几乎一同叹道，不如一来就住在这儿嘛！移居之心甚切，还专门谋划了一阵，后来一想，这还得麻烦老谢，而且也住不了几天，遂放弃。

回到太原，到家时，他认真叮嘱，可要按时把稿子交我啊！我哪敢放松，按时交稿后，就到学校去了，一应杂事都是李老师办，我只是后来收到印出来的书。

只要不在行旅中，就又不敢造次了。尽管那一段我保持了好久李老师的影响，不喝酒了，也感觉从容了许多。但毕竟不敢去叼扰他老人家。

几个月后，北大严家炎先生的"中国现代小说流派史"课程结业，严先生说，如有哪位同学上台讲一节课，当场打分，如及格，可以免考。我很动心，不乐意拖到秋后，复习、准备再上考场。想到我与李老师的前几个月的交往、交谈，包括李老师对山药蛋派的阐述，有那么多一手的材料，我越想越有信心，于是大胆报名以讲课方式结业。我的讲课被安排在一间很大的阶梯教室，这门课是研究生院的必修课，听讲者甚多。我讲的是山药蛋派，说了什么忘记了，但竟是侃侃而谈，放胆而言，结果赢得了满堂彩，台下居然响起掌声，严家炎先生坐在前排，也在点头鼓掌。如果没有半年前与李国涛老师那番相处，这次成功的讲课是完全不可能的。

李老师是最为编辑做主撑腰的作协领导。编辑部同事都有这样的认识。李老师会天天来看我们，他每天按时到传达室取邮件，遇上也会简单聊几句。即使几句，和李老师聊聊，都有脱俗正气之益。

我没见到过更老的李老师，我见到的李老师一向都利利落落，亲切儒雅，令人尊敬。因为一度聊过很多，我视李老师为高人，高雅、高贵、高洁，高到平实。"若轻云之蔽月，若流风之回雪"，其气度难以言传，到他那地步，至少需要百年修炼。张石山说得恰当，这样的文人能历经磨砺留存下来，算得上奇迹。能在作协执掌刊物，是刊物的幸运。

多少年来，一直想念李老师，往后离开编辑部的周景芳和张改荣，但来我处，话题总是李老师，另有魏疆、潞潞等常在北京相聚的几位，每每哀叹，自入京再没有能谈得上交情的朋友。我们数落着作协，想着作协，忽而悲叹出局，忽而又自我赦免，但凡听说老同事到了，总想能有一聚。期间听说李老师也曾住在北京，大概都因为惭愧，而未及时前往拜见。

而今，我的年龄大概已超过了我最后见到的李老师。他那天清晨，穿一件灰色的短袖，翩然走来；今天的我，已经坐了十多年轮椅，也早下不了楼，出不得门了。平素总怀着某种愧悔，此生只要放不下文字，这种愧悔总在，当然也就忘不了愧悔的起点，李老师面对阳光朝我走来，我背着阳光往胡同外走去。在交叉点，他诧然问："这么早？"我则像个试图混过去的小学生！

直到昨天，我切实入骨地知道，什么事都混不过去。心存着李老师那样的人，必会坦然把万事参悟明白。他的离世，让我凛然心惊，我必会把应该向李老师说的话想想清楚，让我对他深切的怀念，照亮我的老年生活。

感谢《山西文学》编辑的来电，嘱我写篇文字，以表达对李老师的哀悼。不然这场大痛，郁结在心，何处何时才有出口？

（《山西文学》2017年第10期）

斯人旧事
潞 潞

在微信上看到李国涛老师去世的消息,明知道是真的,却依然不敢相信。今年春天还看到李老师在作协小院里晒太阳,转眼人就走了。

第一次见到李老师的情景,恍如昨日。1980年,当时《汾水》(《山西文学》前身)杂志的诗歌编辑、诗人文武斌带我去见李老师,他话不多,问了我哪里人,说山西写你这样诗的不多。印象中李老师是个挺威严的人。

大概是1983年,李老师在《诗刊》杂志发表了一篇文章,题目叫《后起的山西诗群》。我看到后非常振奋,文中李老师特别提到我的诗歌创作,字里行间的鼓励和提携,如同暖流注入胸中。李老师是研究山西小说的大家,"山药蛋派"就是他命名的。他在这篇文章中首次提出"山西诗群"的概念,作为一个大评论家在国家级刊物发文,在当年对山西诗歌的创作和影响是很给力的。2014年5月,纪念李老师从事文学活动六十年研讨会上,我想重温这件事,并当面向李老师表达沉淀多年的感激之情,因为那天人多没轮上我发言。此后竟再没有表达的机会了。

调入作协后,和李老师见面多了,渐渐觉得李老师没那么威严了,实际上是个很和蔼可亲的长者。我的"无题诗"写出后,打印出一些给他看。他很认真地看了,把他认为好的句子下面画了线,有疑义的地方画个问号。我有一句"大雪覆盖了整个旷野时／北方的井却那样黑",李老师说有个打油诗"天地一笼统,井上黑窟窿,黑狗身上白,白狗身上肿",说完,我们都开心地笑了。

20世纪80年代前后,我会收到国外一些刊物和来信,因为不懂英语,有时候我会找李老师帮我看看。言谈间得知,他在徐州上中学时,数学老师都是用英语授课,他说就是那时候打下的底子。有一次我让他看一本美国寄来的刊物,他问我:"你知道这是什么杂志吗?"我说不知道。他说这是波士顿大学的评论刊物,这上面能发你的东西很不容易。

后来,在胡同里碰到,我说我也退休了,李老师好是惊讶,连连跟老伴说:"潞潞都退休了。"

秋风再起,秋雨绵绵。斯人已去,不胜唏嘘。

2017年9月1日
(《山西文学》2017年第10期)

缅怀李国涛先生

赵 瑜

20世纪80年代上半期,我还是二十多岁的文学青年,自己的创作没有方向,诗歌、散文、小说、报告文学、影视剧本都写过,到底适合写什么,该发掘哪种潜力,路往哪里走,心里没数,有些茫然。其时,我在晋东南一个文学刊物《热流》1986年2月号上,发表了报告文学《中国的要害》,内容是说山西南部交通堵塞的深层原因。文章虽然发表了,但我的这种写法行不行,心里没底。万万没有想到,素不相识的李国涛先生在当年3月6日的《山西日报》上发表了他的大块评论文章《高角度近距离扫描生活——评赵瑜〈中国的要害〉》。文中,他对纪实写作探索给予充分肯定,说这种写作山西不多,他很支持。这是上党盆地之外对我的文章的第一个评论,我受到很大的鼓励。

接下来,4月份,《新华文摘》就全文转发了我这篇三四万字的《中国的要害》。我觉得转载和李老师的评论影响有一定的关系。李老师在评论文章中说："我不会走眼，看不错的。"他轻易不使用激愤语句，但这篇评论中，他用了情绪激愤的排比句，直至今天，我仍然能背下来。他写道："修公路搞建设克服技术上的困难当然是重要的，不过文章没有写这些，而是着眼于种种人为的困难，着眼于官僚主义造成的困难。这是更为巨大的困难，它们比岩层，比地基，比原料等等困难要大得多，也使人愤慨得多，愤怒得多。"这篇评论使我非常感动。当时我不到三十岁，是个文学青年，而李国涛先生已经是文学权威，且与我素不相识，他能评论、肯定一个小青年的文章，我的内心非常震动。我很快给李老师回了信，表达感激之情，表示在文学语言上还要下功夫。

同年10月，李国涛老师又在一本杂志上发表公开信《答赵瑜——谈文学语言》，除了给我鼓励外，说我的语言适合写纪实文学，有粗有细，他强调报告文学的文学性。因为当时存在一种文学潮流，说"思想大于形象，理念大于文学"。这封公开信里李老师写道："高层次的文学殿堂是收门票的，语言的等级就标在票上，有志气的小伙子，弄一张门票走进这个殿堂吧。"这些话我都记得。后来，我就坚持写报告文学。

一晃之间，三十多年过去，《寻找巴金的黛莉》出版后，李老师在目力不好的情况下，在香港《大公报》上发表文章，再一次表扬我的新作。他写道："这个文章读得我眼疼，还要读下去。"平时在院子里、胡同里碰上李老师，他都要问问我的工作进展、写作打算，对我很关心。我这么多年坚持纪实写作，坚持锤炼、磨炼文学语言，坚持文体探索，都与李老师的教诲、鞭策分不开。

多少年来，我和李老师一直是君子清水之交，无拘无束。他非常民主,是具有民主之风的学者、长者。我们都非常尊敬他。深切地怀念他。只可叹,山西文坛很难再有这样平凡而又了不起的前辈了。

(《山西文学2017年第10期》)

怀想李国涛老师

吕　新

几年前，南华门一带施工，不能说天翻地覆，但是路面全部开了口，有的还是很深很宽的壕沟，原来的通途大多变成阻隔。至少有两三次，我到达那一带的时候，看见李国涛老师正在瓦砾与土堆之间仅剩的一条窄道上散步。有一次，我还没有看见他，他先看见了我，在一个小山丘般的土堆后面向我招手。

每次与李国涛老师见面，不管事情多少，一定要说一会儿话，多是他问我，各种情况、身体、家事、孩子、写作。得知我的手续已到了文学院，他说，那我们以后就可以常见面，常在一起聊天了。我也关心他的身体，询问他的阅读情况。他说原来买大号字的书，后来主要靠放大镜，可是那个东西也很不好，看不了一会儿，就会觉得很累。他在一篇文章里说，读书的痛苦已经远胜于读书的愉悦。

人不到一定的年龄，有些事情不能体会，也无法体会，但是还有一些事情是可以提前实习或见识一下的。我也曾试着用放大镜看过一页书，想体会一下那种感觉，确实比较麻烦又难受，就那么一个小圆片，面积有限，一次只能看见三五个字，最多十几个字。

那样的一种读法，更像是在干一种体力活儿。眼前还很晕，还不如某些体力活痛快。一个人到了只能用放大镜看书的时候，还在看，还想看，那是什么人？那就是一个真正的读书人。

每次见到李国涛老师，我都会想起三十多年前第一次与他见面时的情景。

1985年冬天，在寒冷的雁北，我写了第一篇小说《那是个幽幽的湖》，写完后装进一个信封，寄给了《山西文学》编辑部。当时尚属借调工作的责任编辑祝大同老师在大量的自然来稿中发现了它。很快，我收到了他的一封信。又过了不久，我带着一支钢笔，坐了一夜的火车，去编辑部修改那个小说。在夜行的火车上，心里既麻烦又忐忑，因为完全不知道小说应该怎么修改，更何况，改完了也并不代表一定就能发表。

我到达编辑部的上午，他们几乎都在，张石山、李锐、燕治国、周景芳、毕星星、张小苏、马永宏，还有搞编务的阎姗姗。并不知道此前他们都已传阅过那篇小说。

后来不知谁说了一句："带他去见见老李。"

于是就从编辑部出来，祝大同老师带着我去见老李。我不知道老李是谁，直到走到胡同里的时候，才知道老李就是李国涛老师，《山西文学》主编。

第一次见面，觉得李国涛老师在温和慈祥之外，还有一种威严和严厉，甚至还有一种冷。现在已完全想不起在李国涛老师的家里说过什么话，也不记得他们俩说过什么。只记得李国涛老师告诉祝大同老师,说他家里今天中午吃包子,顿时觉得轻松,放松了不少。啊,李国涛老师竟然也吃包子!那不是很多人都吃的一种饭嘛。正是这个普通的具有民间色彩的意象使我逐渐轻松了下来。

临走的时候,李国涛老师嘱咐祝大同老师,让他带我去附近的五一路新华书店挑选几本书,以编辑部的名义赠送给我。

关于那个小说本身,李国涛老师好像什么也没说。

小说并没有修改,我就用带来的那支笔,在两个黑龙江人的嗡嗡声中,在原有的基础上又增加了几千字。他们在招待所的地上一遍一遍地乱走,不影响我;甚至不断地挤过来,看我在写什么,也不影响我。

第二天,我把变厚了的稿子交给祝大同老师。我临走的时候,他说:"能不能发表并不一定,也许能发,也许不能。"

我说:"噢。"

只能噢,不然还能说什么。很多人在那样的时候也都只能噢。

回去后忐忑了几天,后来就忘了。

因为母亲去世,我们过了一个凄凉而黑暗的年。过年后不久,收到了当年第二期的样刊。那种心情,以后再没有过。有些东西,人一生中只有一次,只能有一次,比如某种心情、某种体验、某种时刻。

在素有"现实主义重镇"之称的山西,像我那个浅陋的小说,包括我本人,多像是一个什么也不懂的胡蹦乱跳的野孩子,在那道不无森严厚重的现实主义的红门前,李国涛老师拉开一道缝,向我招手,招呼我进去看看。

好像就在那之后又过了不久,李老师就退休了。

从未见过他伏案工作的情景,也没有见过他手不释卷的样子,却见过诗人潞潞的一份打印的诗稿,他一首诗里有一个词"斧斤"。李国涛老师在"斧斤"那个词上画了一个圈,然后旁批道:可否改为"斧声"?

好像也是他第一个提出"山药蛋派"理论。他读伍尔夫,读罗素,是国内最早研究文体的批评家之一。他著有关于鲁迅研究的专著,对于散文随笔的写作一直未曾中断,文章质朴,自然,因为背后是一个旷达洞明的心灵,所以永远不可能急功近利。晚年,有过一个时期的小说写作,长、中、短篇小说,叙述的多为已逝的旧人旧事。

任何作者,遇到这样的一个人,都无疑是有幸的。多年前,他就在一篇文章里说,他每天晚上九十点钟就上床就寝,不看电视,不管里面爱得如何热烈、恨得怎样深沉。

他早睡早起。

昨天早上,天还没亮,他就又早早地起来,一个人走了。不过,你要是去那附近等他,永远不会再等到他,因为这一回他是彻底走远了,远到无以计算。

(《山西文学》2017年第10期)

曾记得

东 黎

认识李国涛老师是1980年的事。

当时我上大二，兴趣所致，简单地认为，一行行写出的字是诗，一段段写出的字是小说，于是就写了一些文字，其中一篇一段段写成的字给了《汾水》编辑部（《山西文学》前身）。不久，它在6月发表了，题目是《鸡的故事》。它是我平生发表的第一篇小说，讲了一个孩子和一群鸡的种种事。我收到两本泛着油墨味的刊物和一张六十六元汇款单。有了这样的收获，我又写，把小说《彩色的梦》装在信封里寄了去，邮资八分钱。暑假时，我收到编辑部来信，信的内容很简单，要求我去改稿，同时住在省作协招待所里读读书。

我所在的地方离太原五十多里，只能坐火车去。

从火车站出来一路走得很顺，穿过侯家巷，拐到五一路，再走一大段路，然后拐进一条叫南华门的小街，再走走，进了一条叫东四条的胡同。胡同里有一个院落，普通街门，门两侧挂着几块木质牌匾，最大的牌子长条形，上面写着"山西省作家协会"，另外几个是长方形的小牌子，其中一个写着"《汾水》编辑部"。进了院，院里有两棵很大的梧桐树，迎面是两幢西式灰砖小楼，楼体上挂满了墨绿色的爬墙虎，一道月亮门将两座小楼分在东西。《汾水》编辑部在其中的一幢楼里。看门人说："二楼。"编辑部在东边的二楼。

　　进了楼，楼道里没有窗户，没有人，绛紫色的木地板，绛紫色半人高的木墙裙，绛紫色的木楼梯扶手，一扇扇关着的绛紫色的门，我不由自主地放慢放轻了脚步，但地板仍是发出吱吱嘎嘎的响声。上了二楼，我听到有人在说话，寻声过去，看到一扇半开的门，看到门里是间大屋子，屋里摆着几张桌子，桌上都堆积着一摞摞报刊和稿件。有几个人分别坐在桌前，在看书，在看稿子。他们抬头或不抬头地说着话。我几乎像个影子一样出现在门外，没什么声响，所以好一阵儿没被他们发现。想到信里的内容，老这样子不是事，我鼓起勇气假装咳嗽了一声。有人抬起头，并扭头看到了我。他说："你找谁？"我说："不是……你们让我来的吗？"他说："你是谁？"我说了我是谁。有人站起身，说："没想到你这么小！"后来我才知道，那几个人是编辑部主任冯池，小说编辑张石山、李锐、燕治国，诗歌编辑文武斌，评论编辑王中干。燕治国是我的责编，个子极高，站着，我得仰视他。我管他们一律称老师。燕老师说："稿子没有太大的问题，所以改稿子是次要的事，主编李国涛主要是想让你来这里读读书。"正说着话，从门外走进一个头发花白的老头儿，他穿着浅色的衣服，面庞白净，温和地笑着，说："噢，这就是作者？比我想象的还年轻，完全就是个孩子嘛！"

　　花白头发的老头儿就是李国涛老师。

之后，我被安顿在小楼对面另一座小楼的二楼住了下来。

李国涛老师并没有与我说稿子的事。他说："你还是个孩子，不要乱跑。要去什么地方，要告知燕治国和吕文幸。"

吕文幸老师不在大屋子里办公，具体做什么工作我不清楚。她三十多岁，戴一副白框眼镜，人很温和，带着一个十来岁的女儿住在我的隔壁。

一个多月，我没乱跑，就在对面楼的一楼图书馆和阅览室看书。那是个书籍缺乏的年代，图书馆里有很多我不知道也没看过的书。

不定什么时候，我会在院子里碰到李国涛老师。他踱着步，不紧不慢。他微笑着，停下脚步，说："又看什么书了？"

有两套书我是彻夜看完的，一套是罗曼·罗兰的《约翰·克利斯朵夫》，一套是肖洛霍夫的《静静的顿河》。我说了看书的状态。李老师说："有的书可以速读，有的书要慢读。"对于这句话的理解，我多年后才有所悟。

那段日子，碰到李国涛老师最多的地方是"灶上"。

"灶上"就是作协的机关食堂，也在胡同里，出院门往胡同里走十几米，一侧墙边有间小屋。屋里有个小灶台，有个铺了塑料布的圆桌。只有一个做饭的小张师傅和四五个人就餐。"灶上"中午吃饭的人最多，常来吃饭的有张石山、文武斌、王中干。李锐老师有时来"灶上"，拿着餐具，买了面条或馒头，然后就走了。"灶上"的饭很简单：面条，馒头，稀粥，咸菜。这样的饭花钱少，我一日三餐也就三四毛钱。吃面时，小张师傅只负责和面擀面煮面切面，然后在案板上切一撮葱花。面盛在了碗里，人们就凑在圆桌前，拿起放在桌上的盐、酱油、醋往面里添加。张石山老师吃面给我留下了深刻的印象，他往碗里倒很多的醋，醋把面都浸泡了。然后开始稀里哗啦地吃。文武斌老师微胖，吃饭时总爱流汗，吃着吃着，就停下来用手绢擦汗，然后爽朗大笑。王中干老师是南方人，看着桌上的调味品，总是犹犹豫豫的样子。于是，隔一两天，在吃饭时，他会像变魔术一样从什么地方拿一个青椒在手，然后用南方口音对小张师傅说："小张，给我一点点油。一点点油就行，我把这个青椒焙一焙。"小张师傅噘着嘴，在炒瓢里倒了一点点油。那油真是一点点，晃一晃炒瓢，锅底就像湿了一小片水渍。王中干老师把青椒洗了，仔细地去除了里面的籽，把椒肉撕成片，放进锅里，用灶里的余火开始烘烤。火小，油少，慢慢焙，几片青椒变软了，表皮微黄。这时，王中干老师撒一点儿盐在青椒上，属于他的一道菜就做好了，放在他的面上，感觉那面香了许多。王中干老师曾让我尝过一片青椒，有点儿小，没怎么嚼，我就咽了。李国涛老师虽不在"灶上"吃饭，但他有时下班路过会进来，看看，又转身走了。那时，他对我说得最多的一句话是："要吃饱。"一次，他尝了块王中干老师的青椒。王中干老师说："老李，你是美食家，说说我这虎皮青椒味道怎样？"李国涛老师嘴里含着那片青椒走了，我隐约听到他说："咸了。"

我曾多年思考过一个问题：自己佩服什么样的人。渐渐觉得，《天龙八部》里那个扫地僧是我佩服的人，他没有世俗赋予的荣誉，却功力无边。由此，想到了李国涛老师。

我读过李国涛老师的一些文章，以为那样的文章若非知识渊博，为人善良谦和，性情淡然笃定，是万万写不出的；其美好，与很多大家之文不分伯仲。李国涛老师有一篇《纸上谈吃：舌尖上的故乡》的文章，我读得动容，感悟到什么是美食家的境界。

我觉得李国涛老师对我寄予了很大的希望，像一个父亲对于自己的女儿。经李国涛老师签发的《鸡的故事》在几年后获得山西省首届赵树理文学奖。

但是，我是个很没出息的人，多年不再认真写作，只偶尔写些散文，随便发在什么地方，被李国涛老师看到。再后来，连散文也写得很少，完全退出了文坛。

多年后的一天，在南华门东四条碰到了李国涛老师。他头发全白了，依然穿着浅色的衣服，微笑的容颜很慈祥，语气很温和。李老师说："东黎，我很喜欢你的散文，它像清澈河底的小石子！你要多写。"我羞愧地低着头，不知该说什么。

最后一次见李国涛老师，仍然是在作协院里。他坐在轮椅上，在梧桐树下，周围的植物姹紫嫣红；天并不冷，但他穿着棉服。他在一片半阴半阳的树荫里，闭着眼，静静地悄无声息。我没打扰他，悄悄地走过，走了。

秋天老是下雨。

连续下了几天，天阴得像块巨大的灰幕。

那日晨起，正忙一些家务。

我先生说："李国涛老师去世了。"

我先生知道文坛的事比我多，也早。

我愣了一下，虽在屋里，看不到外面的天，却感到它又暗了一下。

唉，世上从此少了一位让我钦佩的长者！

有哀恸在心里。

(《山西文学》2017年第10期)

国涛先生二三事

王祥夫

国涛先生口音很重,当然是徐州的口音,他的口音,也就是我们常说的特别侉。但你不会听不懂。我开始写小说的时候,他已不再做主编,感觉他那阵子很闲适,见面只说说散文,说说某某的文章。他那一阵子力荐余秋雨的《文化苦旅》,说你没有我给你一本。我说有。

有一次,他忽然给我寄来一张照片,他本人的半身照,他站在他家的阳台上,有一只鸽子落在他的手上,信的内容大致是说:"无意中有只鸽子飞到我的手上,挥之不去。"他在信中还对我说,要我把这张像给某某看一下,我当即明白,他心里是不愉快的,他其实对他那个人是不屑的。

国涛先生是个文化人,东四条唯一有文化气息的老人,及至他后来用高岸的名字发表小说,长篇中篇短篇一起来,真是吓我一跳。当时我很吃惊,我对他说:"你这是老树开花。"他就呵呵笑,就是那次他请我给他治印,印文为"高岸"二字,我当然答应,并且多给他刻了一方，七字白文，"老树著花无丑枝"。他看了喜欢，说："要钤在书上是不是有点不谦虚？"我说："你不是老树吗？你那些新写的小说不是花吗？"他瘪了嘴哈哈笑，很开心。没过多长时间，他要我再给他刻一方七字印，"抛却心力做诗人"。亦是白文，我那时只刻白文，嫌刻朱文麻烦。

国涛先生送我书，书上的两方印，一方就是"高岸"，另一方是"抛却心力做诗人"。一方正方略小，另一方也是正方而略小。

我去国涛先生家去看他，带一点新绿茶，他马上沏了喝，他一杯我一杯，且说些散文事。我让他给《羊城晚报》写点随笔，他说那边没认识的编辑，我说你给唐朝人，我对他说一声。国涛先生便写起，而且一发不可收拾。

那次，我们还说到鲁迅的日记，我说："鲁迅其实在'老虎尾巴'居住时期和他原配夫人朱安一直有性生活，查鲁迅先生那个时期的日记，大约每过七八天或十多天就会有一次'濯足'的记载，一个人是不会隔这么久才洗一次脚的，那还不臭死。"我这么一说，国涛先生马上说："你读书读得好，好，好。"

再一次，他要我送他画，我自然乐意，便画三尺山水送他，他看过我送他的画，一高兴，去了里边的屋，很快拿出一卷东西打开让我看，说是他父亲画的山水，是四条屏，尺寸是四尺对开，不能说小，用笔是仿四王且一笔不苟。我当时就吃一惊，再细看，笔笔相接处法度亦严谨，而且四条均没设色，我说"好"。国涛先生说"我的父亲"，只四字，再没下文，是登时顿住。我想他是怀念他家大人了。

再有一次，坐着闲聊，他问我现在写字作画研不研墨，我说要研，松烟漆烟是不一样的。他问我用什么砚？我说我家的砚很多，但我一直用我父亲生前常用的那个锅底砚,是老端,猪肝紫,很好用。国涛先生看着我,当即沉吟起来,说现在用砚的人不多了,过去,我家,砚真多。我想知道国涛先生家到底有多少砚,我问他:"多,什么是多?有多少?"他说了一句话,又吓我一跳,他说,过去他家的砚如果垒起来就是一堵小墙。他这么一说,我当下痴在那里。

  国涛先生小文章好看,有味道,能写他那样好文章的人,东四条再无第二;国涛先生也用电脑,手写,也就一稿,不怎么做修改。我对他说还是改改好,他说,"习惯了,就这么吧。"

  我很喜欢国涛先生。

(《山西文学》2017年第10期)

走在南华门巷子里的李国涛先生

续小强

国涛先生走了竟已快三年了。

这三年间,我自己已是很少再去南华门的省作协了,只很近的一次,站在空空的院子里,对着那棵不知是谁种下的小柿树,颇发了一顿"旧雨飘零,柿余不多"的感慨。我那时想的"柿",不是事事如意的"柿",而只是如先生这般的士。

南华门确是一个奇妙的所在。自高考失利、遁入并州国立山西大学,我不知去那里有多少次。也许这个破梦一般的旧时庭院,还能给自己一点点幽远的慰藉。与先生初识,即在大学频繁往来南华门的那个时代。我和春林去访李锐、蒋韵,在巷子的中段撞见了他。先生那个时候很健硕,脸大方正,眉宇间写满了慢条斯理的文句,宽袍大袖,依然掩盖不住斯文的琳琅满目。后来再见他,也是奇怪了,总是在这道巷子里,或迎面而来,或背身东行,他的身影我是一望便知的。

直到2009年编辑《名作欣赏》杂志，才第一次去过他的家里。我工作的地方，与他的住所，只相隔了一圈不那么大也不那么圆的文瀛湖。访前一周，我兴师动众，还费了邮政的同志给他送去了几页自以为是的八行笺。之后我们就以电邮来密致地通信息了。他发他的文稿，我读后回复，总要附上几段颇为年少轻狂的牢骚话。彼时先生目力已衰，文章之外，他的信句极短。短到不能再短，短到时时让我手足无措。以为，自己颓唐的抒情是否已惊搅到了他一向雅静的怀抱。

　　我原以为在《名作欣赏》时，是发了他不少的文稿的。前些日子翻检电脑的记录，也仅四篇而已。先生对我的鞭策，却远非这四篇文字可以容纳。某次邮件，想他是故意发了他写"纽约时报书评周刊"的一篇旧文，并云杂志编辑大约即应如此这般。因他的这篇小文，我不知惶恐了多少日子。如今重读他的《编稿手记》，我依然是惴惴不安无言以对矣。

　　老家的柿树年年丰盛。今之士，如先生，却是日见垂落而稀之又稀了。坐在二十七楼上听晋阳初雪，纷纷扬扬，如时光之凭空失落，内心不免寂寞。我想自己，如此的喜欢老先生，大约是自己文气的贫弱吧，大约是及于世事的迷惑吧。他们淡然如雪如此，又怎能冲融自己的狂狷之气呢？在南华门里，先生的特异人多有言。人人言之一，先生之精神面相却并未清晰有多少。2017年的春天，我和怀老去看他，我们三人开心得很，咬着水灵灵的美国车厘子，那才是谈笑风生啊。从他的蜗居出来，站在公寓楼的台阶上，我说怀老你看，那一排小二楼住的，可都是革命的文艺家啊。怀老只笑了笑。也许彼时先生并没有听到我说的这些话吧。

　　俱往矣。他的文字太干净！他的风格，即是他智拙的天性。想他一介世家子弟，自徐州北上飘摇入晋，歧路何其多也；堪堪步履，谁又唏嘘？没了多半个徐州城的家业，他却意外地经营起了一门名曰文字的生意。而且，是如此的轰轰烈烈！我想，南华门内，赵树理后，除了他，谁又能当得起一个新文体家的名号呢？

不过虚名如此。先生大约已是毫不在意的了。想他给我写的唯一的一幅字，抄了聂翁绀弩的一句诗，内容是：脚在羊城冬怕冷，天无狗监老当孤。

此夜高楼，横风扑面，我是特别地想问先生，缘何写了这么一副对联，送我……

2019年12月1日—12月7日

初稿写于双塔西街巡庐

12月23日午间大改

12月24日晨誊改

午间录于并州二营盘

怀念密斯特李

　　白　琳

　　李国涛先生问我的第一句有关文学的话是:"Do you know Washington Irving?（知道华盛顿·欧文吗?）"

　　我的回答是:"Yes, I know.（知道）"

　　那是十三年前的傍晚,他上楼来找年轻人帮他在网上买书,我那时候刚刚到编辑部,很多人都还认不住。我恭恭敬敬站在老先生面前自报学历,回他说我不是中文系毕业,但是我知道华盛顿·欧文,因为英美文学史里有讲到。他说:"很好,那我以后见到你都要讲英文。"

　　那天傍晚,我记得很深。

　　夏末秋初的样子,天还没有凉下来,太阳落得也晚,楼里人都走光了,只剩我一个在校对《徐志摩全集》的一部分。晚霞里衬着一点灰黑,把天光搅成黄褐色,从编辑部的桌子边缘往下溜。我正打算把桌上的书稿整理好回家,就听到仄仄的楼梯叫喊从下往上传过来。

那时候我们这栋楼还没有重新装修过，脚下踩的都是磨出一片一片灰白色骨头的木地板，走得急了，地还会有轻微的震荡。旧楼里到了傍晚，没人的时候会有一点阴森。我竖着耳朵听脚步一点点近了，起身往办公室门口走的时候，老先生已经上完了楼梯台阶，站在了门口。他很从容，淡然自若，一点也不喘。和此后我见到他的每一次一样。

我就这样和李国涛先生打了照面。

那天我没有帮他买书。他那时候有个比较固定的买书委托人，就是陈二。陈二的当当和卓越，已经挂着许多单——老先生购买的书籍了。先生买书买很多，读的速度也很快，后来我才知道，他会拣选自己最想看的内容去读，若有不错的新书出版，他会第一时间买到，翻一翻，不费目力。

我们那时候多糙啊，校稿校对得多了，就只会说："我眼睛快看瞎了。"

而老先生则会说："我目力不佳。"或是："我目力渐弱。"

很糙的我们就觉得很文雅。

后来，有阵子陈二的当当出了一点问题，买书的任务我担当了一些。老先生来电话报要买的书，通常都是三四本的样子，我拿支笔在便签上慌忙乱记。人名书名总是会写错几个，但好在输入法比我聪明，搜索栏推荐得也更准确，再加上老先生基本上都会把出版信息附上来，准确说明第几版哪个出版社，所以竟然也没有买错过。帮他买书的那段日子，我在当当攒了好几颗钻，一下子就到了可以有不少折扣的VIP行列。另一个好处就是，很多时候看到他买的书，也跟着了解一下书的基本信息，有时候会跟着买一些回来。后来陈二的当当能用了，老先生也没有再固定回去，他的委托人指标也并没有固定在我们两个中间。我想，大概作协熟悉他的年轻人，都帮他在网上订过书，因为常常也看到他从楼下拿新书回家。

老先生虽然不将我当作固定的委托人，但他始终实行着和我讲英文的约定。很早以前，在我自称是密斯白之前，他见到我，同我打招呼时会用英文说："你好，密斯白。"我咧开大嘴，笑着回他说："你好，密斯特李。"

2010年，《山西文学》创刊六十周年，编辑部的年轻人分工，对在《山西文学》工作过的老前辈做访谈。我和陈二一组，第一次正式拜访了先生。在访谈之前，我做了一点功课，读了他的两本书，都是随笔集。先生的文章都不长，淡，又有余韵。我不喝茶，可是读起来那些文章真像是在品茗。书中有一个我很喜欢的文章，忍不住朗诵给先生听。过了许多天之后，先生到编辑部来，问我说："密斯白，你的朗诵有没有录音，给我拷一份吧。"

大概从这时起，我与先生的接触真正多起来。不久之后，我们为先生出版全五册的《李国涛文存》，前前后后整理了两年；因为做最后的校对工作，那五册书我大概看了至少四遍。所以现在如果有人看出来错的话，那么全赖我。在整理书籍的过程里，我萌生了为先生做个小传的念头。毕竟作品已经熟悉，与传主也很亲近，好似看起来没有什么问题，但是我那时节还在复习，要考到自己想要念的学校想要研究的专业去，念头萌生一下，和先生聊天时也带过一笔，但终究还是忙别的事情去了。

那两年先生时常会问问我的专业内容，与我讨论一些中国画的话题，也讲一些少年时期的旧事。他生在大家族，年幼时见过不少好东西。他讲他祖父拎着他到一众友人面前表演背诵古文以及现场写字的旧事，讲家中堂前挂过的字画，讲垫桌脚的古书等等。讲着讲着，先生说，很好，你要认真做。至少要和扬之水一样。

那几年，先生爱买扬之水的书，好些都是我帮他在网上买的。我没怎么读过扬之水的文章，但我明白，他一定对我寄予了过高的期望。现在想起来都备感惭愧。

说起来，我当年要报考的地方，与先生还有一些关联。那年我赶考之前，先生打电话问我要不要他去一信，也算是对我的推荐。我没有让他这样做。先生是个洁净之人，他从来不喜麻烦他人为自己做事，我喜欢他，也因为我时常也看似"自闭冷漠"地活着。南京之行失利后，灰溜溜到先生家坐坐。没什么话。大家都很沉默。

后来，我开始写作。发了两篇散文之后，给先生写传的念头又冒起来。我写了一封信给他，问这是否可行？他说："好。"他用英文回我说："此乃我之荣幸。"

我一共采访过先生五次，每次两小时，将先生的生平整理到1950年5月5日参加工作之时。那年是2014年冬天，距离我和先生相识，整整十个年头。

先生讲了他英文好的缘由。他曾在天主教、基督教的教会中学都念过书，仍能记得在昕昕中学时的加拿大人罗伯特神父。1946年在省立徐州中学念书时，外文老师毕业于北京交通大学，满族人，后来在中央广播电台教俄语。语文老师来自武汉大学，生物老师是西南联大的助教，化学老师解放后在山东大学执教。那时候的教材全英文，化学实验得用英文写，不然老师不看，拿不到成绩。

徐州中学当时的教导主任是北大英文系毕业的高才生，大概是因此,校图书馆才有了许多英文原版书。先生泡在图书馆里,每天就这样看着英文书籍。他说:"就是这么不知不觉好起来的。"

我所写的这些,都只是记录在采访本子上的只言片语。现在只有这些留存了下来。

录音整理在编辑部的电脑上,我习惯不佳,直接放在了桌面。恰逢出差,回来时同事说我的电脑中毒,已让林伟重装系统。我急慌慌开机,一看桌面,果然原始状态,搜了半天,哪还见一丝半点文字与录音的影子。

整理过录音的人都知道,过程是难熬的,想到要重新采访再次整理,就两眼发黑,外加一些杂事,我做小传的劲头,像是瞬间泄了气。

去了先生家,如实相告。先生说:"不当紧,你先忙你的。"

真的就此放下了,一转眼又两年。没有做成小传,几乎成了我的心病,也成了永远的遗憾。先生虽然不说,但我知道他心中有所期待,只是他仍旧体贴又鼓励地说,要我认真努力,做个有识之士。我此后见他,每次都满腔预知的后悔,我知道迟早有一天,我会后悔得要死。他也知道我后悔得要死,却只叫我专注自己的事情,不再提做传一事。

后来,为了弥补一些愧疚,我断断续续花了一年时间为先生做了创作年谱。他将之前发表过的文章从旧物里翻出来,我慢慢地按时间排了序列。他翻出来两捆,我先做着,之后送回去,再拎两捆回来。做得很缓慢。但是这次,我存了好几份文档。有不少文章他保存得很好,被剪辑下来,贴在稿纸上,旁边注明某年某月某日某刊。20世纪八九十年代在报刊上有许多他的随笔杂文,都不长,很工整很仔细地被剪下来保存着。在这些剪报上,常常可以看到一些铅笔标注的数字,大大的,在文章的中央站立:3,5,7,8,12等等。有天我忍不住好奇,问他说:"究竟这些数字是什么意思?"他想了一想,忽然笑了:"稿费。"

稿费来了做什么啊?当然是吃。先生是美食家,他爱吃,会吃,也善于写吃。有时候我在家里坐过了时间,师母锅里的饭菜就香得引人。我觉得他贪馋,也嘴刁,必定不好对付,果然请教几个菜,都是麻烦。先生写过不少吃的,有一个他常吃的却没写过,就是猪蹄。不知道是不是年纪的原因,这几年先生很爱吃软烂的猪蹄。师母炖的猪蹄很香,我也喜欢软烂的猪蹄。两周之前,我下班碰到师母买菜,我问:"今天吃什么?"师母答:"炖猪蹄。"

今年春天,浇完阳台上的花草,我和陈二站着,往下看。

院子里的椅子上,坐着一个老人。他背对着我们,沐浴在阳光之下。他前面是一团阴影,阳光在他的脚前开始围上他,看着很暖。那时候他好像离我们有点遥远,宁静得像在静止。

陈二说:"这才是南华门。"

这些年,春夏秋冬,太阳好的时候,人事处前面都会摆着两把椅子,先生身体不错的时候喜欢在院子里散步,坐在椅子上晒晒太阳,手中总拿着书报。他生活的一切,总与书相关。

他很喜欢院子里的小孩,时常问我何时才能看到我抱孩子来。我说,遥遥无期。他劝两句,但不多言。然而他总会加上这样的一个尾巴:"小孩子多可爱啊。"

不过,大部分时间,他说另一番话给我。

"密斯白,"他仍旧这么叫我,他说:"你去做你想做的。'Travel

around the world'（环游世界），也很好。"

他曾送我一本英文书，名曰"*Bed-bood and Night-light*"，是一本英文随笔集。我没有读完，只看了前几篇。其中有一篇叫《三重甲》，原词是拉丁文，大意就是三层黄铜做的盔甲。用典出自古罗马诗人贺拉修。用黄铜做成的铠甲护住心脏而可使人大胆出没于惊涛骇浪之中，对生命的热爱即是战胜对死亡之恐惧的最有力的手段。

那篇文章我早忘光了，隐隐记得大约是在议论生死之事。我只记得这个词。先生这一生，一定带着三重甲。我打算照办。

只是，密斯特李，往后还会有谁问我："密斯白，你最近有没有出门'travel'？"

还有几句话：密斯特李辞世，似乎并不显得十分突然，他走得也安详。这两年，我眼见着他慢慢老去，慢慢慢慢。但是他的离开，还是让我万分难过。这些天，发了怀念先生的文章，手边也有许多前辈发来的忆念文章。很多人有很多话要说。很多人说了很多我所不知道的先生的面貌。先生存在于许多人之中，他在我这里，是这个模样。

我写这些字，想要草草了结悲伤。可其实更悲伤。

I owe him too much.（我欠他太多。）

（《山西文学》2017年第10期）

未及题签的《编稿手记》

苏 华

2017年8月最后一天,我到南华门东四条山西省作家协会家属院吊唁于前一天凌晨逝世的李国涛老师。一进门,师母就对我说:"你是最后一个和他聊天的。你走了之后,他还很兴奋,滔滔不绝地说着你以及你们所聊天的事。因为聊得太高兴,他说,都忘了给你签名送你爱看的《编稿手记》(北岳文艺出版社,2017年1月)。"师母接着说:"他说等你下次来聊天时,再签名送你。现在他走了,你就收下这本没有签名的他的书吧……"双手捧着这本未及题签的《编稿手记》,我的眼睛顿时模糊成一片。

8月14日,一家晚报刊出韩石山致我的两通书札(经韩先生同意,该书札作为拙著读书随笔《书边芦苇》三集的"代序")。中午时分,我刚回到家,还没看报,就接到李老师的电话,说看到韩石山为我新出的书写的序了,非常好;又问我这两本书是不是计划中的灵石何家系列等等。据实一一回答后,我说:"听您说话声音还是这么响亮,在朋友微信圈也看到过您在作协院里晒太阳,和晚辈嬉笑说话的照片,身体还健朗吧?"李老师说:"近来不行了,楼也下不了了,只能在家活动活动。"听到此,我赶紧说:"过两天我去看您。"

8月18日,我去看望李老师。一进家门,就有些伤感:他老人家何止是不能下楼,即使是在家里也坐上了轮椅,走动还要靠助行器。落座床边,与坐在轮椅上的李老师几可促膝后,开始了过去惯有的直接开谈。我先呈上书皮比内容好的两本小书。《书边芦苇》第三集篇首收入了状写李老师的《目倦文长存》。他边翻看边说:"这书做得好,真是漂亮——哎,你这篇文章里写了很喜欢看我的《编稿手记》,有一段时间,还是先看我的这些小感想小文章,然后才看所记的作家作品。"我连声说:"是呢是呢。您那《编稿手记》,我不但爱看,有些被您'手记'了的作家,后来还和我成了烂熟的朋友。"接下来李老师问了我近期的写作情况,听了之后,他突然严肃起来,说:"你该早写李方桂!昔阳已经有了一个很出名的红色的陈永贵,再让世人知道一个世界级的学术大师李方桂,岂不是两全其美?李方桂这样的大师,山西没有,全国少见,那是真正世界意义上的学人、大师。他母亲不是你写的何家的何兆英吗?你写最合适了。"这金针度人的点拨,如果不是因为挨得太近,怕起身碰着李老师,我就差点站起来踱步了——当时我真是感慨和惊诧:他老目已倦,腿脚也不能自由走动,但关心文化走向的心却一直有着青春般的律动,一如他那杰出的长篇小说《世界正年轻》。只不过,他不想让年轻人经历《世界正年轻》描写的那些事。我与李老师愉快地聊起了各自所了解的李方桂,以及其父李光宇、其祖李希莲进士的种种情事。我说:"对语言学我可是一窍不通,也不明白李方桂怎么能精通一百种以上的语言?"李老师说:"他是天才级的人物,别说你不懂,就是我也不见得懂,这个世界上也没有几个人能懂。你若写《李方桂传》,可以简述一下他学语言和研究的方法,只一章就可以了,读者对这些纯学术的东西也不感兴趣,主要还是看他为何成功的事略。"谈完李方桂,我与李老师还就目下所见的人物传记进行了臧否。

一周后,我从北京回来,本打算再到李老师家聊天,送上前次未备好的《清代两渡何家》,并请李老师看李方桂的一些史料。30日早晨醒来,一刷微信朋友圈,《山西文学》主编鲁顺民的一条消息把我惊住了:"今晨,我们敬爱的师长,《山西文学》原主编、著名文艺理论家、作家李国涛(高岸)先生辞世,终年八十七岁。"聊天时还精神矍铄,谈锋无限呢,怎么这么快就走了?我有些不相信!看到其他友人也陆续发出悼念李老师仙逝的文字,我才相信李老师真的走了。一位友人给我回信说:"李老师悄然而去,尤其在这个喧嚣的时期,其实是告诉了我们很多,一点也不打扰别人,也给自己留下了安宁的时间;生不容选择,死有时候倒是可以的;李老师临走还给你留下了一个功课,真是前辈师长。"看到友人这个回复,我伤悲的心情暂时有所缓解。

我不是李老师的亲授弟子,也没在他手下受过如何做一个正直本分的人的严威训练,但李老师在他的晚年,对我似乎偏爱有加。记忆中,自从他在2014年"恰到好处"地宣布不再写文章了之前,只分别给谢泳的《清华三才子》、赵瑜的《寻找巴金的黛莉》、刘绪源的《今文渊源》和潘向黎的《看诗不分明》写过文评。而当我和张济先生合著的长篇人物传记《何澄》出版后,从来不写应酬文章的李老师竟然接连写下三篇文章:《〈何澄〉有发掘历史之功》《网师园的最后主人》《一位被遗忘的历史人物》。后来我见到李老师，他还说："我自己也奇怪，一般看着好的书，要写也就写一篇，而你和张济的书我也不知道中了什么魔，一写就写了三篇。"虽然我和张济都不是热衷出名的人，也没有一出书就找人"好评"一番的爱好，但一想起这件事，仍然感到难以忘怀。

　　从李老师家出来后，我没有乘车，而是步履有些迟缓地边回忆与李老师交游的往事边往回走。回到家后，我一时拿不定主意该把李老师这本未及给我题签的书存放在何处——因我有一间书房是专存文友送我的书的，这些书全都有题签。犹豫了一阵，我把这本未及题签却比题签本更加难忘的《编稿手记》放在了床头，心里默想：就随李老师那有品格和精致的文魂，念想着他老人家对我的好，随心而读，以浸我那半生半熟的缀文，以期我那半通不通的文德有所改善。

（《山西文学》2017年第11期）

《山西文学》编者按

《山西文学》编辑部

谈起李国涛先生，在南华门，几近传奇。出身、学养自不必提，单是先做文学评论，命名"山药蛋派"，在鲁迅研究领域卓有建树，就足够惊艳。年过花甲，却又舞弄小说，长篇中篇短篇，遍地开花结果。都以为他要在虚构王国开疆拓土，谁知他坦然放下诱惑，写开了随笔。冲淡自然的文风，开放博大的见识，一时赞誉者众。如果假以时日，大家觉得他会不会专心写诗歌？曾经跟李老开过这样的玩笑，李老哈哈大笑后，正色道：说不定！给人感觉，他这样的人，只要想好，做什么都能出成绩。这话，仍有敷衍的嫌疑。旁观者只看到他表面收获的荣耀，对背后的努力和自觉却无从知晓。事实上，先生本人低调谦和。他是文学的鉴赏家，也是美和爱的耕耘者、播种者。他对山西文学事业的栽培，功莫大焉。本期刊发的纪念小辑，可以窥见先生的影响和格局。他对后来者的意义，在于躬身垂范，立起了一根为人作文的标杆。

《山西文学》2017年第10期

六十年的记忆
董大中

我在南国女儿居室阳台上静对台风如何肆虐的时候,传来了老友李国涛逝世的消息,我既感到悲痛和难过,又有点震惊。李国涛坐上轮椅,是知道的,常见的,我几次在院子里跟坐在轮椅上的这位老友谈话,有时也到李府,像过去一样,谈学界动态、学人行踪,谈双方读书感想。国涛告我他是因为腿上血液流通不畅才坐轮椅的,我以为这样的病没有什么要紧。不料,他竟突然走了,我所以震惊者,即在此。这也是一场台风,是打击我心灵的台风,比自然界的台风更猛烈,更震撼心灵。我当即写了一首悼诗,现在可以回顾我俩将近六十年的友谊了。

我跟李国涛相识,是在1957年到1958年之间,最迟在1958年"大跃进"开始以后。

1955年冬天我在山西省文联主办的《太原画报》上发表了第一篇

作品，此后不几天，我被分配到太原市教师进修学校教书，学校在精营中街四十四号，不久改为五一路一百五十几号，现在农业银行那儿，跟刚刚由精营东边街搬到南华门东四条的山西省文联只有一步之遥。我自己也以写诗为主了，作品大都在《建设报》（《太原日报》前身）发表。由于生性狷介，我从不到文联走动，但文联关注到我了。他们有些会给我发来了通知，我也就到文联去开会。那个时候，在山西写批评文章的，一是赵廷鹏，当时在太原一中教书，20世纪80年代调到太原师专；再就是李国涛和李秋桐，后一个李在两三年时间里发表文章比较多，以后不见了。1957年在省文联的会议上是否见到李国涛，印象不深。1958年"大跃进"开始以后，太原市委为了适应"大跃进"形势发展的需要，专门设立了一个机构叫"文艺放卫星办公室"，由从二四七厂调来的画家靳及群负责。"大跃进"中，山西省建筑四公司用三天三夜建成一座电机厂，是现在山西电机厂的雏形。这一事件被当作"大跃进"的典型，轰轰烈烈宣传了一阵。领导要求把这一事件拍成电影。也许那时候搞文艺的人太少，此前我参加过一次全国性的电影剧本征奖活动，靳及群要我承担这一任务。我到省建四公司"深入生活"一个多月，写出剧本提纲，拿到会上讨论。李国涛和赵廷鹏都参加了讨论会，并且都发了言，这是记得比较清楚的。因为我们三人都是教书匠，有亲近感，在会外谈得比较多。从此成了朋友。

1958年"大跃进"，文艺自然不能落后。赵树理不在山西，但他的"虎威"仍然发生作用，写出《"锻炼锻炼"》，先在《火花》发表，也是《火花》约写的。马烽等人像比赛似的，你追我赶，佳作不断，轮流刊登在《火花》头条位置。加上新出现的义夫等人的作品，虽然短小，却像洪钟一样，响声远播，从而有了山西存在着一个文学流派的说法，有的叫山西派，有的叫《火花》派。这个说法是从《文艺报》传出来的，时间在1959年秋天。我和李国涛听说后，曾有过议论，却又不敢写到文章里，因为在1956年初的社会主义教育运动（这个教育运动引发了后来的"反右"）中，反对宗派主义是其内容之一，说"派"，是人们都很忌讳的。李国涛后来写《且说"山药蛋派"》，根子就在这个时候。

我是由写诗起步的。1958年文艺放卫星，《山西日报》开辟《笔谈最新最美的文艺》专栏，我"解放思想，畅所欲言"，说"两结合"不能做"文艺放卫星"的标准，革命现实主义作品也可以成为好作品，主要应该从表现内容看，只要"最新最美"就行了。我以赵树理为例说，如果按"两结合"要求，那么，赵树理和马烽等人的作品恐怕就都要落选了。因此我说"最新最美——文艺献礼的标准"（我文章题目）。"两结合"是伟大领袖这年初在四川会议上提出来的，我一个小民当然不知道，我这样说，自然是不妥当的，《山西日报》连续发文跟我"商榷"。那些文章都用笔名发表，不像后来的"批判"那样凶恶，只不过说"不妥"而已。不久见面，李国涛和赵廷鹏都说到跟我"商榷"的文章。我想申辩，第一次闯进山西日报社大门，找到副刊组，见到韩钟昆、王文绪、朱鸣、郭春塘等人。韩钟昆好像是副刊组的头头，他负责接待，跟我说话也主要是他。他不说那桩"商榷"的事，反而称赞我的文章和诗，又约我写杂文，并要我跟编杂文的朱鸣经常联系。他们说现在没人写杂文，你来吧。随后我写了《愚公不愚》《有限和无限》《斗牛的尾巴》《画家的眼睛》等篇，寄去后很快发表。当时在《山西日报》发表杂文的，主要是一个笔名为郑奋的写作小组，后来出版了一本郑奋署名的杂文集《灯下谈心录》，收了我一篇。从此以后，我诗歌、评论、杂文三箭齐发，李国涛只写批评文章。

1958年后半年，省委宣传部在省文联开办了一个文艺理论培训班，培养理论批评人才，有二十多个学员，我记得有蔡肇发、张福玉、阎安广、鲁克义、薛麦喜、李近义等人。蔡肇发是我中学同班同学，山西师范学院中文系两年（本科是四年）毕业后，分配到省委宣传部工作。这个培训班对发展山西文艺批评起了很大作用，特别是各门艺术的批评，像戏剧批评、电影批评，都有了专门的批评家，他们写得很多。1958年《火花》编辑部一下子来了三个大学毕业生，即刘金笙、侯桂柱、赵士元，他们也写批评。山西批评界突然热闹了起来，一时成为山西文艺界最红火的一个部门，对我们这些非科班出身的人，形成了一种压力。但李国涛、赵廷鹏和我几个并没有因此怯阵，依然写我们的，并且没有跟培训班那些人发生交往。

在"文艺大跃进"的鼓舞下，1958年以后，太原涌现出一批工人诗人。有牛占桂、张桂根、马晋乾、蓝光斗等。那几个人大都学历不高，都在工厂，如太行仪表厂、太原印刷厂等。他们所作大都是"快板诗"，或者叫顺口溜。有人出版过一本《划着琴船下歌海》的小册子，都是快板诗。在学校教书而又爱好写诗的，有一个马作楫，但在大学教书，资格相差很远，我未能视作同侪。在中学教书的，我即使不能说唯一的一个，却始终没有找到伙伴。我已经知道中国历史上的诗歌有豪放和婉约的区分。我是喜欢婉约派的。我写诗，免不了受当时主流形式的影响，也写些快板诗之类，但是大部分是写五四以来人们称为"新格律体"的那种，四行一节，押大体相近的韵，所写景物大都为小桥流水、春耕秋收之类。同为"小资"的李国涛，跟我有相近的艺术趣味，我的诗作发表，见面后他都要说。赵廷鹏也很喜欢我的诗，他把我的诗称为"女郎诗"。

1959年以后，我跟李国涛之间多了一条联系渠道。1958年8月，太原市搞职权下放，中学全部归区领导，我们学校也一分为三，划归各区。我跟一个姓张的老教师到南城区职工学校，跟我们原来的培养对象成了同事，张先生跟我分别担任教研组负责人。"大跃进"中，我们编了一套自用教材，受到省教育厅的高度赞扬，在1959年全省劳模会上授予头等奖。接着教育厅成立全省职工教材编写组，地址设于我们学校——南城区红专学校。成员是从全省抽调来的，共十多人，其中有西山矿务局中学教师戴少庭，他是李国涛的同事。他无形中做了我跟李国涛的中介。我跟李国涛的关系和各自的写作活动成了我跟戴少庭的主要话题，李国涛需要什么书，也都由戴少庭转达，我到当时名为"中苏友好协会图书馆"（可能是现太原市图书馆前身，至少是其一部分）去借，他看完后再由我还给图书馆。最初几年，通信不多，但联系紧密，李国涛的教学情况，甚至他的生活状况、身体状况，我都及时了解。戴少庭多年来一直跟我和李国涛保持联系，前几年每过春节，他不是亲自来拜年，就是打电话问候。李国涛逝世，他看到消息，格外悲伤，打电话问我，要我转达悼念之意。

李国涛对我，亦师亦友。他长我五岁，生于书香之家，幼承庭训，学历又高，有很好的艺术体验，谈对我诗的意见，对我很有启发。

1960年5月，太原市职权下放纠正，我们原来"下放"到各区的教师回到一起，改为太原师专进修部，1959年初成立的职工教材编写组早已完成任务，宣告结束，戴少庭这个联系渠道中断。我们进修部成立以后，仍然像过去一样负责全市中小学教师（含职工学校教师）的业余培训，开设了专科和师范两级的语文、数学、物理、化学等课程以及函授等教学形式，1960年9月以后又由我主持，在山西人民广播电台举办中师语文广播教学，连续三年。李国涛在1962年3月25日信上说："《世载堂杂忆》可否带到你学校去，我爱人杨玉英在师专学数学分析，每周星期五去听课，可以由她带来。"就是说，原来戴少庭担负的传递信息和物品的任务由李的夫人接替了。当然，我和李国涛偶尔会在会上相遇。

我们两人何时通信，想不起来。可能我首先写信向李请教。我保存李写于1962年、1963年的几封信，是我们友谊的见证，也成了李国涛对我亦师亦友情谊的真实记录。李国涛可能是在1962年后半年调到山西省哲学社会科学研究所（地址在山西省委党校内）编辑《学术通讯》的，这些信便写于西山和省委党校两地。前引1962年3月25日信说："来信收到。我那天没有进城，因为校内开了一次会议，必须参加。市文联那天的会我没有参加，因为没接到通知。市内的一些会有时我不易参加，进城一次太困难，如果是上午开会，必须赶6点的车去，迟至7点以后，车站上就是怕人的长蛇阵了，要等两三个小时。"信中所写，说明他这时在西山。现在我们交通十分方便，可在那个时候，人们等车用的时间往往比走路还要长。读这段话，可以对那时交通状况有个实际体会。

李国涛接着说：

那首诗，我看编辑部改得不大好。应当怎么改呢？我也没想好，或者说是想不好。第六句有两种改法，一是把"柳絮"干脆改为"柳条"，那就没有你说的毛病了；一是改成"……也来池上漂"或"……也到池上逍遥"。第八句改得也不太好，"瞧"不如"吃掉"更有动态，我想，不如复原，或者改为"把人影儿咬"，似乎较为俏些。

这里说的是我自己最喜欢的《池边》。《火花》在发表前，把他们的修改方案寄我，要我再提意见。我对他们的修改不太满意，于是写信给李。李和我的意见相近。这首诗只有两节八行：

> 池里放上了鱼苗，
> 池边栽上了欢笑，
> 人的笑语，鱼的跳跃，
> 满池的春水装不下了。
>
> 凑着热闹，
> 多情的柳絮也来水面舞蹈，
> 小鲤儿只不理它，径自
> 摇着尾巴，赶着把人影儿吃掉。

可以看出，这首诗保留了我原来的文字。李说"'瞧'不如'吃掉'更有动态，我想，不如复原"，极大地支持了我的想法。说"吃掉"，是冲散了影子，不是真"吃"下去。我认为，"吃掉"与"瞧"

的不同，犹如"僧敲月下门"和"僧推月下门"之不可比拟一样。这也是我当时的想法。

以下说到借阅《世载堂杂忆》，这是清末刘成禺（又叫刘禺生，1876—1952）著，谈科举制度、文界动态、士子轶事，史料相当丰富。他还借阅过《昭昧詹言》，是20世纪50年代出版的系列《诗话》著作之一；当时出版的《诗话》，我都买下了；是在一次谈话中我说有这几种书，他提出要看的。最后是："《火花》现在又开始给我每月寄了，以前大概在名单上漏掉了。"

5月2日信说：

> 你的《麦收三首》，给我很美的享受。《青石桥畔》超过了《池边》。《场上》差些。为了写起来方便，我就在诗稿旁边写出一些意见，想你不会见怪，这样，你看起来也方便。
>
> 我的意见只是一时的感觉，参考价值不大。匆匆把这点意见写上，你看了以后，还赶得上到编辑部去谈。公刘写作经验多，听听他的。
>
> 我在4月初写了一篇《三个老农形象》，已送《火花》。4月号的《山东文学》上有我一首旧体诗，带去请你看看。我自知毫无诗的气质，所以从来不弄这些。这是寒假中一个旧友的来信勾引出来的几句，原以为不过给编辑部的废纸篓增一点财富，不料编者一花眼竟把它发出来了，走运！

我的《青石桥畔》是在《池边》之后在《火花》发表的，也是我之所喜。信中说到公刘，那是50年代我最喜欢的一位诗人，原来好像在军队，反右运动中挨整，以后摘掉帽子，被安排到山西省文联，在《火花》编辑部工作。他一首写西藏的诗中"因为安静，狗在睡眠"给我印象极深，多年不忘。但他似乎不大管事，因为戴过帽子，为人十分低调。那时编诗歌的是青稞（王樟生）。我还是那种性格，虽然《火花》编辑部就在附近，走几步路就到，我参加《火花》或省文联召开的诗歌座谈会次数不少（诗人李季、李冰和闻捷来太原，都分别开过会，我都参加了），也在会上见到过公刘，但我自始至终没有跟公刘说过话，没有建立私交。

正如信中所说，国涛把他发表在《山东文学》上的那首诗给了我一份。我保存了好长时间，"文革"中怕红卫兵抄家，我把一部分跟鲁迅无关的书运回老家保存，结果反被老家的造反派逮个正着，全部抄走，不知下落，那本《山东文学》可能遭此劫运。80年代中期我在省图书馆查阅资料，顺便找过这本刊物，没有找到。我把此情况告诉了国涛；这可能成了他《文集》以外的一篇重要作品，代表着一种形式。他的《三个老农形象》一文，我没有印象。

这封信写完后加"又及"："借来书二本今奉还。《杂忆》很好，有趣，能从中得到很多知识，值得一读。《昭昧詹言》没细看。"

这封信可能是杨玉英女士带来的。

同年10月3日的信，是对我那一时期所写诗作的全面总体评价，全文抄录：

大中：

　　我把你抄下的诗粗粗读了一遍。很明显，这五个年头以来你写得很勤奋，因此，进步不小。如果以这种速度前进，那么，再有一个五年，你的诗将要在更广大的范围内受到注意了。

《行星》虽然是五七年的小诗，却不坏，它表现出一些哲理意味，虽然不是十分深刻的。这方面，很值得多加一些思考。五八年和五九年的作品多流于空泛，缺少诗的情趣，从艺术上看，很少可取的。好像六〇年以后你的诗进入一个新的阶段（只是比较着说）。《秋天》二首较有诗意了，《十人桥》我很喜欢。好像在选材上你渐渐熟手了。《说明员》不够精练。

六一年，《山村集市》以后的几首都很好。《一只小船》很有意思，可是连一个人也没有，似乎它太孤单了，它要把一船的梦载向哪儿去呢？——能不能再给它添一点热闹？《小河流水》挺好，我以前没有注意到。《金苹果》虽然在《火花》上发表了，可是我当时读的时候就觉得不深刻，不够味儿。《柿子》比《苹果》的味道好。

六二年里，《矿区之春》怕是没有生活底子吧？嗅不出矿山的气息。《春雨》好，有"润物细无声"的神态。这一首和《来到饲养场》还可以整理一下寄出去。六二年的这一些中，都是不坏的。《青石桥畔》还是较好的，以前谈过。《月光下》前八行的烘染可以全删（太粗暴了），后八行是很好的。

你在抒情诗中安排一定的情节，很吸引人。总的看来，你善于做细致的刻画。以清新取胜。好像你的想象的翅膀没有完全张开。你看公刘诗里的想象多么强。当然，各人有各人的气质，各人有各人的艺术特色，不必强求一致。

我没有经过很仔细的思考，差不多是顺手写来，这些意见的参考价值不大。好在你胸中自有成竹，当会有恰当的取舍。

愿你在六二年中能突破目前的水平。猛进一步。

问好!

国涛 10月3日晚

信中说"在抒情诗中安排一定的情节,很吸引人",对我影响较大。我的许多写景的诗几乎都有情节。我在《悼老友李国涛》中说"我作小诗请君读,融进情节简又赅","融进情节"就是"在抒情诗中安排一定的情节",它来自国涛兄的提醒。我是先这样写的,得到他的肯定后,便成为我的自觉。

另外几封信也都是谈我作品的。他是我那些小诗的第一个读者,也是第一个批评家。这封信中所说一些作品,如《柿子》《矿区之春》《月光下》《来到饲养场》《春雨》等,也是我自己不太满意的,可能在年底整理该年的作品时扔掉了,现在要看,都不能看到。他所称赞的《小河流水》,我称它为小叙事诗,也是我题目以"小"开头的诗之一。

他在信中还谈到义夫的作品,因为他知道义夫是我中学同学。

李国涛这几封信非常宝贵,它是一种特殊形式的批评,亲切、随意、诚恳、坦率。我将把它们整理出来,公之于众。

就在1962年,还有两个人谈到我的诗。一个是杨韶华,一个是郭根。在山西师范学院(今山西大学)中文系,他们一个是学生,一个是有名的教授。杨韶华是忻州人,很有才能,读书期间写了许多诗在《山西日报》发表。他从《山西日报》看到我用笔名发表的《小渡口》《小会计》和《小河流水》几首诗,写了一篇题为《小溪淙淙……——读烨子的三"小"诗》的评论稿,送给《山西日报》副刊组编辑、也是诗人的王文绪。我已给韩钟昆、王文绪说过，最好不要发表对我的评论。王文绪说了我的意见，又告了我的姓名和地址，杨韶华就拿着稿子找我，从此相识。不久他大学毕业，想找个好单位，又来找我。当时我们学校要求的新人，必须是本科毕业拔尖的，我们挑选以后，才轮到中学。我跟校长商量，同意接受杨来工作。我到山西大学找他，他却"被留校"了。"文革"期间，他是一派头头，在武斗最激烈时，遭人绑架，扔进枯井，死得极惨，家中留下一个老母。我已发表《韶华不再》的短文，表示纪念。

  郭根曾是我校请来的兼职教授，1956年我到这个学校工作就知道这个人。师专进修部成立后，在教导处工作的一位年轻人，是他哥哥郭挺乙的儿子，我们在谈话中多次说到。至于我们两人是如何成了忘年交的，我想不起来，总之，1961年以后我们来往很多，他每次进城，都要来看我。我发表了诗歌，他差不多都读过。1962年秋天他要到北京看望老朋友、诗人臧克家，他提出带我的诗给臧克家看看。我挑出十来首。他从北京回来没有回家就来到我处，说臧克家看得很高兴，只是太少，不能成书，要我再整理十几首，给他寄去，由他作序，设法出版。可是后来我写得不多，自1964年元旦起就到农村搞"四清"运动，接着是文革，这一好梦就破碎了。

  从学术研究说，1956年对我是一个重要的年份。这年10月19日，是鲁迅逝世二十周年纪念日，国内主要媒体和几家重要的文艺杂志、社会科学杂志从年初就不断发表各种文章。我到我所在学校工作之日，也是鲁迅纪念开始之时。我所在学校，由于是业余性质，又没有辅导学生的职责，教师每星期除了两个下午给学员讲课以外，所有的时间都由自己支配，可以说是十分"清闲"的。我主要用于自学大学中文系所设置的课程，首先是古典文学。我先读《诗经》，读后写了一篇《论〈诗经〉中的爱情主题》的长篇论文。正是这篇论文，市政府推荐我参加了当年11月举行的全省知识青年向科学进军积极分子大会。除了自学外，我的主要爱好是收集有关鲁迅的资料和文章。我每星期都要到新华书店去，古旧书店也常去，看到有关鲁迅的著作，全部购存。1956年版的《鲁迅全集》是一卷一卷逐渐推出的，我向书店预订，每卷到来，书店通知我去取。那时报纸的广告栏，除了当地电影和戏剧演出时刻外，就只有刊物目录，主要刊物的目录《山西日报》都有。凡我看到的文章或报道，我都剪存下来，自己看不到的，也就是从广告的目录中看到的，则邮购而来。为了搜集有关鲁迅的资料，我自费订阅《光明日报》和《文汇报》两种报纸。那时还没有提高到学术研究上看待此事，我也没有师承，不懂得如何做学问，只是爱好而已。1957年反右，报上常有"右派真面目"的揭发文章，我买了一个笔记本，写上《笔名录》几个字，凡看到有关内容，都要摘录，像字典那样，按照字的笔画多少排列。这也是出于爱好。在跟李国涛谈话时我说到《笔名录》，他感兴趣，托人带去看过。我搜集鲁迅研究资料，他更清楚。他约我写有关鲁迅的文章，是对我的看重。我自觉对鲁迅研究太少，理论修养不足，有自知之明，对他的约稿没有答应，倒是他自己写了鲁迅小说中知识分子形象那一篇。

此前我写过两篇有关鲁迅的文章，一篇是《鲁迅"自嘲"诗小释》，是1959年鲁迅诞辰之日在《山西日报》发表的，80年代有多本著作谈到。另一篇是跟一位朋友的"论争"。1962年夏，文艺界的思想比较活跃了一些，《文艺报》发表《题材问题》的专论，批驳"题材决定论"。《山西日报》紧接着开辟《题材问题笔谈》的专栏,第一篇是刘金笙写的《如何是好》,署名"左家军"。他引用鲁迅的话,把"熟悉什么就写什么"当作作家在题材问题上的突破口。可能我那时比"左家军"还"左",就写《能写什么与该写什么——谈鲁迅在题材问题上的两个观点》,跟那位作者辩论。刘金笙是我已经认识的《火花》编辑,由于他用了笔名而我不知,造成了一场笔仗。这篇文章是跟《小河流水》在《山西日报》同一块版上发表的,但署名不同。这两篇有关鲁迅的文章,我都给李国涛看过。后一篇文章发表之时,可能就是他工作调动之时,因此他一担任《学术通讯》的编辑就约我写鲁迅。

我从1956年开始收集鲁迅研究资料,凡六七年,到我参加农村"四清"运动之前,仅剪贴的资料簿,十六开大小,就有厚厚十六七册。后来还剪贴了一些,合起来在二十册以上。其中有些资料,是很宝贵的,鲁迅有些重要谈话或生平事迹,新时期以来一些著作本来应该谈到而没有谈到,乃是因为作者没有看到那些资料。

1963年,我跟国涛曾就鲁迅研究有过一次讨论。他在3月1日信上说:

> 25日信收到。不久几天以前,《火花》也有信给我,约我写关于震复的《柳长初当队长的时候》,我已写好寄去,不知如何。鲁迅的作品实在是写不完的题目,纵然有那么多的研究者写过了那么多的文章,我们依然可以再找到新的东西。《学术通讯》1963年第1期即将出刊,内有我的一篇关于鲁迅小说的文章,你读了以后给我提些意见吧。

上次谈到鲁迅引用过的书目，确是有意思的东西，但我没有兴趣，也没有信心去搞，你要想编点资料性的东西，不妨搞一搞。

鲁迅引用书目，可能是我提出来的。我曾搞过一段时间。就像建立《笔名录》那样，买了一个比较像样的笔记本，按照笔画多少，把鲁迅引用过的古旧著作一一登记。李国涛在给我的一封信上，曾就如何制作《引用书目》，提过具体设想，画过一个表格。这个工作搞了不长时间，因为我搞农村"四清"而停止。我那时还搞了一个《星座录》，把《天文学爱好者手册》等书和自己订阅的《天文爱好者》有关星座资料摘记下来。这个《星座录》一直保存下来，前年孙儿向我要星座知识，我复印了一份给他。我搞这些东西，都出于兴趣。

"文革"期间，我被上级调来调去，都在市革委。搞过拥军优属，搞过教材教法改革，以搞知识青年上山下乡的时间为长，从发出"知识青年到农村去"的号召起，我就搞这个工作。后来"借调"到太原报社当了近三年的编辑，到北京大学国际政治系进修了一年，回到太原市教育局，安排到办公室待分配。我不喜欢搞行政，更没有往上爬的想法。在政府部门工作，乃是不得已。业余时间我做两件事，一是自制天文望远镜，二是搞鲁迅研究。鲁迅是那时唯一可以进行研究的，我写过一部《鲁迅在教育战线上》的小册子，由四十多个可以独立的篇章构成，一些篇章在《教育革命》一类杂志上发表。李国涛"文革"期间下放闻喜，我不知道，是后来从他书中看到的。粉碎"四人帮"以后，我要求到文艺部门工作。这时，李国涛已经到了省文艺工作室，就是后来的省文联，现在的省作协。1979年初我也来到省文联（作协），跟李国涛成了同事。

粉碎"四人帮"以后，当我还在太原市的时候，我就对研究方向做了调整。我想，国内研究鲁迅的人不说成千上万，也是搞现代文学的人人人有份，个个不缺，而在山西这个地方，又根本没有资料可挖，我们只能在理论上进行发掘，即使下大功夫搞，也不会有多大成果。我是从来不跟随他人的，总想走不同的路子，写他人不写或写不出来的东西。于是决定把主要精力放在山西作家研究上，首先是赵树理，其次是高长虹和狂飙社山西其他作家。赵树理那时还没有平反，我搞赵树理研究，是像战争年代搞地下工作一样，不敢对人说，不过慢慢人们都知道了。1980年1月的一天，李国涛跟我闲谈，他说想不到一个好题目，不知道该搞什么。我想到鲁迅的《野草》。《野草》是鲁迅著作中最难懂的一本，有很高的研究价值。当时，大概只有李何林写过一本有关《野草》的书，整个《野草》研究处在初始阶段。我说，我放弃了鲁迅，咱们山西总应该有人研究鲁迅，你不是写过鲁迅小说中的知识分子形象吗？何不继续写下去，成为一本书。我特别指出他艺术感觉灵敏和在理论上有深厚修养，文笔也好，适于写专门著作。李国涛说，对，就搞《野草》。谈话没有完，他就起身走了，可能产生了灵感。他很快开始在报刊上发表《野草》系列研究论文，后来结集成《〈野草〉艺术谈》，由陕西人民社出版。

在50年代的批评中，李国涛注意到作家的文体风格。70年代末到80年代初，李国涛主持《汾水》和《山西文学》的编辑工作，更加注意作家的文体风格。他特别欣赏汪曾祺的作品，就在于汪曾祺有独特的文体风格。鲁迅也是有独特的文体风格的，《野草》就是其具体表现。可能在《野草》研究中，李国涛发现了"STYLIST"（文体）这一新的领域，于是接着写了《STYLIST——鲁迅研究的新课题》。这个题目的发现和确定,完全是李国涛个人的。他给我说过,有些观点也跟我交流过,我从未参加过意见。李国涛这两本书都具有开创价值,在鲁迅研究史上是不应该忽略的。这我在《李国涛的两本书》中做过评价,此处不赘。

我们同在一起编辑刊物的时候,李国涛经常跟我在一起闲谈,许多大题目都是在闲谈中聊出来的。除了《野草》研究以外,就是刊物如何编。这有两事可记,一是《编稿手记》的创造,二是《我的第一篇小说》的编辑,都是我跟李国涛闲聊时酝酿出来的,前者李国涛运用得最好,可称一绝,《编稿手记》已成为《山西文学》的符号。后者当时分工由我来搞。我们两人商定以后,我拟了编辑办法和征稿信,以后,我出外组稿,先后在《山西文学》上发表二十多篇。这两个题目出来后,许多刊物紧跟而上,后来我编《我的第一篇小说》专集,就收录了《新港》(后改名《天津文学》)和《文汇报》发表的几篇同样性质的文章。

80年代初,我搞赵树理研究,李国涛给予很大帮助,许多事不为人知。

查《日记》,1980年2月12日:"上午与国涛赴省图找赵树理《邪不压正》有关资料,省图没有,又到《山西日报》资料室,总算找到了。"同月28日:"上午,同国涛到省市图书馆查阅《说说唱唱》,都没有找到。"这两次查阅资料,我已忘得干干净净,要不是《日记》白纸黑字留在那里,真不敢想象会有这件事。查《万年历》,那两天分别是星期二和星期四,都不是公休天。我想不起我是怎样把李国涛拉去的。

《邪不压正》是赵树理一部很重要的作品，以我的艺术感觉说，也许是赵树理作品中最具有艺术性和艺术最完整、民俗色彩最重的一部。这部小说以土地改革为题材，却没有正面写土改过程，而是着重写人物软英的婚事。这部作品出版后不久遭到一些人严厉的批评，以致后来从未再版过。我是在这部小说出版后的1950年上了中学以后读这部小说的，后来要读，都未找到。这里说"找赵树理《邪不压正》有关资料"，不是指小说本身，小说已经收在工人出版社的《文集》里了，而是找那些批评文章。对这部小说的批评文章，都发表在《人民日报》上。最早是党自强《〈邪不压正〉读后感》和韩北生《读〈邪不压正〉的感想和建议》，一正一反，看法不同。1949年1月16日、1月25日，1950年1月15日《人民日报》都有文章发表，有时整版发表多篇文章，有支持的，多数是指斥，有的实际上说小说存在政治问题。我很想把这部小说受到的批评作为个案，研究一下当时的舆论环境，探讨它的命运。当时没有复印这一说，我找到资料后，只有一笔一画地照抄。

《说说唱唱》是赵树理进城以后用全副精力编辑的一份杂志。他发表过一些后来受到批评的作品，也做过检讨，为自己的作品，也为他人的作品。只有一期不漏地全部翻阅这个刊物，才能弄清他那一时期的工作和写作情况。这个杂志不久找到了。

翻阅《李国涛文存》，原来他也写有一篇《重读〈邪不压正〉》的文章，时间正是在这次查阅资料之后。他是完全为我才去的，还是两人为着各自的目的共同去查，并不要紧，重要的是我抄回了所有的资料。想着我在那里抄资料，李国涛坐在一旁，不知道他是什么滋味。这是一种无私的奉献，是对朋友的热心帮助。回想那几年查阅资料，陪同我的就只有这偶尔才有的几次，为他人把时间花在陪同上几乎找不到第二个例子。如果说"找赵树理《邪不压正》有关资料"，李国涛也写了文章，那么，"到省市图书馆查阅《说说唱唱》"，就完全是为了我。想到这里，我对李国涛这种精神更感到可敬，也为我们两人深厚友情感到骄傲。

在赵树理研究上李国涛给我最大的支持，是在发现了《盘龙峪》第一章之后。根据史纪言和王中青等人的回忆，赵树理分章写出长篇小说《盘龙峪》之后，由他们拿到《山西党讯·副刊》去发表。我在省图调出《中国文化建设协会山西分会月刊》，仅仅出于这是山西的刊物，无论有没有赵树理作品都得仔细检查一遍的预定方针，事前心中无数，哪知，当翻开这本杂志，在第二期第一页看到《盘龙峪》的题目和题目下边"野小"的署名时，真是从未有过的喜悦和兴奋。我急忙翻下去，这篇小说连载三期，接着有署名"常哉"的杂文《"雅"的末运》《文化与小伙子》。那是星期天，我一口气把新发现抄完，回到家里，去找国涛。国涛没看就说："在《山西文学》上发表。"我把抄本留在他那里。他写了一篇《赵树理艺术成熟的标志》，也安排在《山西文学》上，好像是同期发表的。

过了几个月，李国涛说："吕某某来信说，只看到一章，就说赵树理艺术成熟，是不是太简单了呢？"那个吕某某，是他中学同学，在山东一所大学任教授，名字我一时想不起来。吕所提出的问题值得考虑，但也不尽然。一滴水可以照出一个事物的全貌，一章小说即使不能看出全书的内容、情节，却可以透露出全书的艺术风貌；再说，成熟是跟后来的艺术风格相比较而言，只要这一章跟后来展现出来的艺术风格相同，就可以说成熟。我把这个意思说了，李国涛点点头。

可能他还跟他那位朋友继续讨论过。

李国涛发表《且说"山药蛋派"》在文艺界、学术界引起的反响是人们都知道的。在山西，也兴起了讨论流派的热潮。此前，潘保安发表《老二黑离婚》，引起山西作家、批评家很大兴趣，开展了讨论。李国涛的文章使这一讨论有了新的内容，提高到新的境界。这些讨论文章，后来编成一个小册子。在李国涛文章发表后，河北文学界的朋友议论说，他们那里存在着一个由孙犁影响和培养的文学流派，他们称为"荷花淀派"，包括了韩映山和刘绍棠、丛维熙等当时已经"复出"的一批作家。他们定于9月17日到20日在石家庄召开"荷花淀派讨论会"，向李国涛发来了通知。但李国涛不去，他让我去。这是我第一次出外参加学术讨论会。我于9月19日上午发言，介绍了山西讨论文学流派的情况。开会期间，我跟刘绍棠同住一室，这是我跟刘绍棠订交之始，以后我们一直有密切联系，刘绍棠每有著作出版，都赠我一册。在那个时候参加学术讨论会，既能交流学术、增长知识，又能展开广泛的联系，是人们争着要去的，可是他却让给了我。这件事说明李国涛有广阔的胸怀和义气。

我在高长虹研究上，同样得到李国涛的帮助和支持。这主要表现在他对我研究成果的肯定和宣传。

由我主持编辑的三卷本《高长虹文集》出版后，盂县政协跟北京鲁迅博物馆商定在那里开一次高层次的座谈会。这次会于1990年2月19日举行，参加的都是有名的学者和作家，如郑效洵、唐弢、洁泯、严家炎、马烽、贺敬之、侯唯动、林非、樊骏等，在六十人以上。当时李国涛是山西省作家协会副主席，座谈会由他主持。他热情洋溢地讲了这部书出版的经过和意义。

1999年9月，我的《鲁迅与高长虹》出版，我将第一本书送给李国涛，他很快写了一篇随笔，在好几种报上发表。总的意思是，过去对高长虹这个人印象很不好，狂妄自大，攻击鲁迅，读了这本书，印象一下子改变了，原来高长虹身上有许多可爱之处，后人误解了他，确实存在冤枉。2007年我的《高鲁冲突》出版，李国涛又写《〈高鲁冲突〉结束一种误读》，说："如果有读者对鲁迅与高长虹的关系有兴趣，而且知道与此有关的种种传言、'绯闻'，或正儿八经的论证、考据、资料，那么读一读这本书，你会心明，心悦，心服，叹一声'原来这么回事！'……老董的考证细致，细到不容你辩驳（或者说，很难辩驳），下一语必经深思，必照顾到各方面的不同意见……"他以"结束一种误读"为这本书做了结论。

同年10月28日，阳泉高长虹研究会开成立大会，李国涛受邀出席，他有长篇讲话。这个讲话只有原始记录，没有整理成文，收入作者的文集。其实，这是李国涛一篇重要佚文，应该整理出来。我现在摘录一些：

刚才董大中说到的事情，使我回忆起了20世纪七八十年代，我们在《山西文学》编辑部一起工作的时候，我曾请他去找过高沐鸿，写的就是一些有关高长虹的事情。高沐鸿在当时是德高望重的人，也曾受到过不公正的待遇，他和高长虹有一些关系，是"狂飙社"里的一员，后来在政治上很不得意，曾当过我们宣传部的副部长，刚解放时曾任山西文联主席。像现在写的这些文章，在当时是不能发表的，为什么不能发表呢？就是因为当时的文化气氛是不允许发表的。现在我们能够坐到这里研究高长虹、讨论高长虹，在当时是不可能的。在过去政治运动浓厚的气氛下，有一点说得不好不对就不行啊……

后来董大中进行高长虹的研究，他确实是孤身奋斗，虽不算高度保密，但也是要倍加小心的啊。要不是他的那种精神，怎么会有今天的成就？怎么能研究出这些成果呢？要知道如果作为一个作家、学者，你的研究闹出一点问题，闹不好十几年的光阴就白白浪费了。但董大中克服了种种困难，还继续坚持高长虹的研究，并研究出一些成果。可以说，在当前中国，到现在，董大中称得上是高长虹研究的领军人物。这次来，听说要开高长虹研究成立大会，我都为他激动啊。

……

几十年来高长虹默默无闻，不但他的文集不能出，还有人想批判他，现在董大中的著作解决了这个问题。还解决了一个最重要的问题，那就是别人认为鲁迅一直讨厌高长虹，总是讽刺他，两个人似乎势不两立。实际上他的书里有一点解释，是很有说服力的，那就是到鲁迅晚年，大约1934年到1935年，鲁迅编了一本书，写了一个重要的、约有一万字的序言，里面有几百字讲到了高长虹，说高长虹年轻时怎样的意气风发，后来怎样的太狂妄，做了一些不太好的事情等类似批评的话。但也表扬了高长虹在开始创办"狂飙社"的革命热情。在序言中偏偏提到了高，而对于收入本书的其他小说作者却没有说到这么多的话。因此鲁迅对高长虹的评价有批评的地方，但也有肯定的地方。董大中在这里面就提出了问题，那就是说鲁迅到晚年的时候已经对高长虹有了另一番评价，那就是并不是一概否定高长虹、批评高长虹。正因为有了鲁迅在序言中一番话，我们才找到了根据。另有人说鲁迅去世前写了一篇文章中有一句是这样说的"凡恨我的人让他们恨吧，我恨的人一个也不原谅……"可是那个不原谅的人里面没有高长虹。鲁迅去世于1936年，但在他编那本小说集的时候已经对高长虹有了另一种看法。

……

这里所说访问高沐鸿是这么一回事。那是1979年，当时《汾水》的主编是西戎，副主编是郑笃，李国涛担任编辑部主任。我早就有访问高沐鸿的想法，是弄清"狂飙社"一些问题，曾跟李国涛说过，他知道我计划研究高长虹和"狂飙社"。大约四、五月间，西戎、郑笃他们老一代作家商量，为了纪念建国三十周年，将在九月号、十月号编辑一组文章，请老作家撰写，这其中就有高沐鸿。李国涛把约稿的任务交给我，我拉了蔡润田一起拜访。请写纪念建国三十周年的稿子两句话说完，我着重提出一些有关高长虹和"狂飙社"的问题，高沐鸿都做了回答。就在这次谈话中，高沐鸿说到高长虹跟石评梅的关系，说到高长虹到延安以后的故事，还说高长虹从国外回到重庆，曾带一个外国女子，结果跟他二弟高歌闹吹。这次访问，谈话在两个小时以上。高沐鸿写出稿子以后，是我一个人去取的。两位主编看过稿子后不敢发，因为高沐鸿的稿子都是发牢骚。高沐鸿听说他的稿子遭"枪毙"，大为不满，打电话说："叫你们那个董大中来！"弄得我十分为难，以后再也不敢造访高沐鸿了。

在平时，李国涛是跟我交往最多的一个人。常常是他来我陋室。上了楼梯还没有到门口，就大声问："董大中，在干什么？"他知道我耳聋，说话声音特大。坐下后，总是先说各自写什么，读什么；这是最主要的经常性的节目，几乎每一回都由此开场。然后由近及远，谈论学界动态和一些名人名作。不是正式的评价，所说，偏重于细节、故事，也就是文坛掌故吧。议论是很随便的。我对李国涛的口音已经习惯，他的话大部分能够听懂。

谈得最多的是鲁迅。我在梳理鲁迅和高长虹的关系时，对鲁迅跟许广平第一次通信中一些不合常规的举动，一直存有疑虑，认为事前必有人做过撮合，不然鲁迅的复信不会那么胸有成竹，也不会一开始就称对方为"兄"。许广平的信也不是交邮寄出的，可能有人投送，因为她上午写信，鲁迅很快就见到了，中间缺了邮局由各邮筒收回、在局分拣再投送出去的一系列环节。这一情节，其他人从未说过，还有人竟说中间经过了三天的时间。我说到这件事时，李国涛大都点头同意，我俩还议论过那个牵线人是谁，一致指向许某某。我从鲁迅研究刊物上看到有关《野草》和鲁迅文体的研究文章，都向李国涛通报过，有时还会把那些论述寻找出来给他看。不过，李国涛对那些新的说法不感兴趣，往往连看也不看。我在高长虹研究上有新的想法，也会跟李国涛交流。

谈到现代名人，有余秋雨、钱锺书、季羡林等人。我读余秋雨的《文化苦旅》不像一般人那么入迷，几乎没有读过完整一篇的。我说了我的意见，李国涛不太同意，他似乎是喜欢余秋雨的。我没有读过钱锺书的《管锥编》，读过《围城》，所谈也就是钱的创作。李国涛多次说到钱锺书知识如何广博，《管锥编》如何深厚、博大。钱锺书可能是他最喜欢、最佩服的一位学者、作家。季羡林，我俩一致认为季是我国少有的印度学大师，国内没有人能及得上他的，对把季说成国学大师，觉得不能反映实际情况。

机关事务、熟人朋友，一概不谈，以致我对近在身边的事都是盲人、聋子。我几次说，我是生活在真空世界的人，对周围的一切，都感到隔膜。《汾水》改为《山西文学》后，在副主编的名单里有阎安广。有一次我问国涛，阎安广怎么不来上班，他一直请创作假吗？李国涛听后，哈哈大笑，几乎把手里拿的杯子掉到地上。笑毕，他说，阎安广调走都一年多了，你不知道？

山西学人中，我俩最佩服、最敬重的是张颔先生。当年十卷本《鲁迅全集》（1956年版）出版，李国涛没有买到，他后来要用时才想办法，恰巧张颔先生把自己的一套出手，解了李国涛之急，他们俩从此相识。这是李国涛后来撰文说起，我才知道的。我对张颔先生在考古学和晋国史研究上的成就早已知悉，由于研究兴趣不同，没有交往。1999年5月，我在医院输液，偶见住院名牌上有张老名字，就在我隔壁。这个时候，我的研究兴趣虽然没有改变，但由于收藏了不少宝卷，而张老写过有关宝卷的文章，我正在收集我老家著名学者卫聚贤的资料。而他们两人又都是考古大家，这两个话题使我感到有拜访张老的必要，便不揣冒昧，推开他病房的门。报了名字，张老立即坐起身，热情招待。这次谈到卫聚贤，谈到宝卷，谈到考古。第二天我带了卫聚贤的几本旧版书和几本手抄宝卷，似乎唤回了张老青年时代研究宝卷的激情。他坐起来，一边输液一边看，看得很有兴趣。在翻阅卫聚贤的《历史统计学》时，张老说其中《九九消寒图》的图画得不对。第二天带来一张卡片，是他画的。这以后，我们二人几乎每天都要谈论一阵，我听力不好，我们就用笔谈。在一次谈话中，张老问："你和李国涛熟悉吗？"我说："再熟悉不过"。见了国涛，我说了这事，李说："走，去看看张颔！"大约从2000年春节起，我和李国涛几乎每年都要给张老拜年，那也是我们唯一前往拜年的老人。我俩都认为，如果要在山西学人中举出一个真正在全国数得上的人，恐怕只有张老能够举得出来。胡适曾说，考证出一个古文字，就像天文学家发现了一颗彗星一样。其实，在现在科技手段高度发展的情况下，发现彗星容易，考证出一个古文字——特别是甲骨文，不知困难多少倍，现在甲骨文就有三分之一左右没有释读出来。张颔先生考证出来的古文字和古器物不是个位数，至少有几十个。张老的书都由中华书局出版，足以说明他的价值。这是我和李国涛的共同认识，曾经多次谈到。

　　我和李国涛拜访张老，一般都是他们二人说话，我坐在一旁听，戴着助听器，也只能听三分之一不到，有时候，一些重要词语听不清，整个谈话也就等于白听了，不过谈话的主题是心中有数的。李国涛说到他徐州老家的情形，张老听得很仔细。文人见面，有无穷的话题，即使说到别的，转来转去，也会重新回到文人身上。我跟李国涛几乎年年去给张老拜年，就在于我们有说不完的文事。有一次我和国涛看望张老，我带了从老家带来的一副旧画请张老鉴定，张老一看，说是"画匠画的"，我回来就扔掉了。由于我后来研究范围扩大，我跟张老之间能够交集的题目越来越多。一次我说到《二十四孝》的成书经过，张老顺手从他的书架上抽出一叠资料给我，有他收集的《二十四孝》现代版本，有他抄来的卡片，还有《考古》杂志，我写《二十四孝考述》都用上了。张老送给我的宝卷至少有两种，一是产自他故乡介休的《空王宝卷》，一是《老鼠告狸猫宝卷》。我从未向张老索字，但他将好几种文稿和手稿复印件给了我，李国涛也有一份。

2009年2月28日，我和李国涛又一次去看望张老。这次，我做了谈话主角。我问张老抗战以前在什么地方，张老说在智力展办的民族革命同志会。我已经听人说过张老在民族革命同志会搞宣传工作，我拿出预先复印的《戏剧日报》，问张老知道这报的详细情况否？这个报是个孤本，山西省和太原市方志部门编写的有关史书都没有谈到这个报纸。张老看了看说："我没有印象。"由此开始，张老说了当时太原新闻界的不少情况。说到我们县，张老念口诀道："万泉县，稀巴烂，三家门面两家店……"这个口诀在我们县是人人知道的，不过县城早已改变，解放以后出生的人不会再听那个可笑的口诀了。

李国涛走了，我感到格外悲伤。我失去了相知最深、脾性相近的伙伴，心里感到空虚，失落。回想过去六十年来交往情形，要说的话很多。无论捡起哪一件，抖出来的都是亲切、友好，令人永远难忘。我曾几次提出，给老友写一部简单的传记，李国涛摇头，我只有作罢，好像已有人做这个工作了。我说把他给我的几封信还他，他也摇头。我在深圳听到老友猝逝的消息，真的惊呆了，因为事前没有想到他会走得这么匆忙。我写了一首小诗，寄托了我的哀思。这几天翻寻出有关记载，凑成这篇文章。这只是我们交往情形的很小一部分，现在写出，仍然是表示哀悼，表示怀念。在我心里，老友李国涛的形象是永远清晰而且不朽的。

2017年9月26—28日

痛悼老师朋友同事邻居李国涛先生

周宗奇

今年3月17日时近中午,我购物回来,见国涛先生在楼前晒太阳,原没计划停留,但他有意要拉呱,就喊住我聊起来了。好一会儿,可巧董大中先生也过来了,就成了三人聊。国涛先生的女儿如玉看着稀罕,摸出相机便拍照。现在再看,老珍贵了!

今早上,惊闻噩耗,我即刻下到二楼李宅,已与国涛先生阴阳两隔,要见只能梦中!如玉含泪递给我这本《编稿手记》,说今天就要签名送你,竟成遗憾。抚书思人,心中酸楚。

最早,国涛先生是中共山西省委党校哲学研究所(后与山西大学政治系合并)老师,我是该校在读大学生,虽然没给我们上过课,但确实是我的老师。后来成了作家协会的同事,同时就任《山西文学》编辑部副主任、副主编、主编(双主编制),后又同时成了作协副主席,关系就在师友之间注定。有缘的是,成为同事朋友的同时,又成了邻居,先是十年对门邻居,迁居后他在二楼,我在四楼,一住又快二十年了。所以我说他是老师、朋友、同事、邻居,一点没错吧!两个人一生有这样的缘分多见吗?

他是一个好老师,人品学问俱佳,使我受益匪浅,也难于细表。只说最近一例。他知道我决意要写《秦淮遗恨》,一见面就必问必谈,不见面也多次叫我去谈,肯定价值,给我鼓劲,说你得做个万荣大黄牛;指出难点,道明弯路,怕我入了世俗写法那一套;千翻万找,把他收藏的相关资料送我,最难得把他祖父撰稿的一种珍稀家藏也送给了我,原来他祖父与我的书中人万寿祺是朋友。于我真是求之不得呀!

他是一个好同事。同事多少年,从来交流顺畅,配合默契,半点摩擦都没有,主要是他真心爱护我这个年轻人。有次组织部考察干部,叫他去谈话,说有人反映周宗奇不好处,老跟丁某某合不来。他当场说:"胡说八道!我们处了二十多年了!谁说周宗奇不好处,就是谁的问题!"这情况可不是国涛先生告我的,是一个知情人告我的,此人是我大学一个同学,参与了谈话的。你说国涛先生够朋友吗?是个好朋友、好同事吗?

至于说他是好邻居,也是难于细表。两家有通家之好也许不好说,但两家互通信息的程度,绝对超出一般,谁家那本难念的经,对方都心知肚明,努力帮助对方渡过难关。最有意思的是,国涛先生年轻时不大在意细碎的人情世事,到老却一反常态,温暖温柔得判若两人。举一细事,有几年老妻在北京看孙子,我一人留守。国涛先生和夫人杨老师,常常打发如玉给送吃送喝,有几次国涛先生居然亲自出马,跑上四楼送红烧肉、饺子、水果、茶叶之类,说:"红烧肉是我亲手做的,务必尝尝!"……

唉，说话间这些往事皆成绝唱，斯人西去，鹤声悲哀，叫人怎得消解！唯愿来世再结奇缘，再做师友、同道、好邻居！

当代君子

张石山

作为名满中国文坛的文学流派"山药蛋派"的几位主将，前些年已经先后辞世。马烽的严正，西戎的笃诚，胡正的潇洒，孙谦的亲和，冈夫的温厚，师长们种种高贵的品格，成为留给人间留给后人留给我们南华门的最可宝贵的精神财富。更不消说山药蛋派的祖师爷赵树理大师，他的人格更是高峰中的高峰，他几乎就是一个伟大的传奇。

众所周知，为著名的"山药蛋派"在理论上定名的，是我们尊敬的李国涛先生。

李国涛先生，出身于世代书香的巨室名门。与前面提到的几位从革命队伍中成长起来的师长相比，李老师的文化养成和气质修为毫无疑问别具一格。斗胆言说，我认为李老师身上凸显出的，是温柔敦厚的君子人格和特立独行的儒雅风骨。

这样的人格，如此的风骨，我们在生活中多见吗？那可真是：

"君子多乎哉？不多也。"几十年不间断的革命，黄钟毁弃，瓦釜雷鸣，以破坏为能事，以残贼为乐趣，以下贱为光彩，以丑恶为荣名。那种乖戾的恶意、那种奸邪的刻毒，革掉的本民族人文精英和文化瑰宝实在是太多了。好在历史悠久从来不曾断裂的华夏文明无比强韧，读书种子竟然劫后余生存而不灭、仁人志士竟然潜伏隐忍毁而不绝，李国涛先生的存在就是一个了不起的明证。李国涛先生的存在，之于南华门里的文化气息，之于氤氲在这道巷子里的堂堂正气，绝对是一个不可忽略的巨大因素。

西戎老师去世时，马烽老师尚还健在。在西老师的一个追思会上，马老师满怀深情地说："在我们山西省作协，西戎是第一个有功之臣。"这话说得一点不错。不过，就改革开放之后《山西文学》编辑部的工作来说，西戎老师确立大政方针而后全权委托，真正操控整个编辑部工作的灵魂人物，是我们尊敬的李国涛老师。

比方，刊物草创恢复之初，像李锐、王子硕、燕治国还有我，大家都是刚刚学习写作，以工代干调入编辑部的。几个毛头小子，初中高中学历，乍然当了山西文坛最高级别刊物的编辑，究竟该怎样看稿？如何改稿？怎样联系作者？如何编辑刊物？毫不夸张地说，我们都是李国涛老师亲自训练出来的。当年《山西文学》编辑部的年轻编辑们，后来几乎个个都担任过主编副主编，大家终能成为称职的编辑，李老师的言传身教功不可没。我特别想说的是，如何统领整个编辑部，倡导并形成团结、和谐、严谨、高效、廉洁、敬业的良好风气，李老师身教言教，同样功不可没。

做编辑，能够提高文学艺术的审美境界，有助于我们几个编辑的业余写作功力的极大提高，这毋庸置疑；编辑们，自身具备了日渐提高的写作功力，反过来则强化了我们的审稿能力，这同样毋庸置疑。对于我们几个年轻编辑奋力投入业余创作，马烽老师曾经担心：你在那儿看稿子，这不假，可是说不定你心里在构思自己的小说，这难道不会影响编辑工作吗？李国涛老师对于我们的业余创作，绝对没有任何不健康或亚健康反应。只要写得好，他就慨然拿来发头条。他真诚地希望我们进步，乐观其成，像是看见自己的孩子在进步。过往种种，想来令人感慨。仁者的心胸，长者的风度，有如春风化雨。

李老师当主编，是我们的直接领导，同时他还是一位令我们由衷敬仰的学者。他当然也在利用不多的业余时间来写东西。当时，我们知道他是一个评论家，是一个鲁迅研究家，还差不多是一个红学家。他的大作，寻常见诸种种理论研究名刊。而我们经常不断能够看到的，是他在《山西文学》刊物上所写的精短的《编稿手记》。编稿手记这种新颖编刊举措，是李老师的独创。后来，我当主编的时候，也延续了这一编稿传统。主编与作者的互动，编辑对创作的评价引导，有了一种最快捷高效的方式。李老师那时经常参加机关领导层会议，一边开着会，一边在会上就开写那些精短文字。李老师的钢笔字，龙飞凤舞的，真叫好看；那样的写作过程，举重若轻，真叫潇洒。李老师的文字功底、艺术感觉如何？编稿手记白纸黑字俱在，那叫漂亮，那叫精美。

我当主编时写编稿手记，也学李老师的风范。这儿开着会，或者谈着话，手底文不加点就那么写下来。那些文字，自己如今看来也还满意。我的文字当中或有机智幽默简捷入木，但仅止如此而已，要论淳厚隽永波俏泓涵，难以望老师项背。如今我的年龄日增，又在反复拜读我们的国学经典，希望在文字功底上，往后能多少接近些李老师，区区此心，也是希冀日新日进之意。

记得在三十年前一篇谈论编辑眼界的文字中，我阐述过一点切身体会。我归纳，编辑有几种审稿的眼光。一种，就叫编辑眼。不会骑马，偏能相马，具备高明的审美眼界。一种，是为评论眼。指点文苑江山，目光犀利如刀。一种，则是创作眼。审读稿件有一种更为内在的同情，有如名老中医，甫一搭脉，一切症状了然于胸。

私下曾经划分，我自个自然属于创作眼无疑，对李国涛先生则认为他属于评论眼。但后来的事实，证明我此番却是看走眼了。李老师在离任主编岗位之后，迎来了他的写作繁荣期。他一如既往地依然在各种理论名刊重镇发表大块的评论文章。评说现代派，指点意识流，解说"有意味的形式"，厘清看似无序的文坛写作走向。同时，他在各地多家报刊上，开辟独家专栏，贡献各式精美散文和随笔短章。讲文坛掌故，谈史海一得。文笔隽秀，见地颖锐。最是让人惊叹，李老师开始发表小说了！多年当编辑看稿件，不会消磨人的创作灵性吗？长期搞理论写评论，不会格式化人的思维状况吗？事实证明，任何担心和怀疑统统变成多余。李老师不仅在写小说，而且写得非常好。不是非常好，那叫"相当好"。

李老师的小说创作，读书底蕴厚，文笔磨炼多，理论上的自我引导如驱轻车而就熟路，早年生活的沉淀早已曲蘖化为佳酿。李老师的语言文字尤为值得称道。带点书生气，有点书卷气，或曰学者气，总括而言是文人气。气息气场气韵气势气派气概，文气流布，充斥弥漫。

回过头来看，李老师主管刊物的年代，内在格局全然具备小说家的创作才能和潜质。他只是没有写小说而已，有如潜龙勿用。那么，由他来主管一个刊物，全权主审稿件，他的眼界之高，还要谁来多嘴饶舌予以确认吗？既有编辑眼，还有评论眼，更有创作眼，由这样的眼光来审阅稿件，谁还能不认可呢？

在李国涛老师主管《山西文学》的年代里，众多初学者投来的稿件遇到这样一位主编大人，是作者们的幸运。经李老师之手，发现提携培养出来的作家，我们可以列出一个长长的名单。从西戎老师，到李国涛老师，他们自然从来都不曾以谁人的恩师自居。幼稚的谦卑的初学者，最终成长为器宇轩昂的知名作家，那是他原本就有这样的天赋和潜质。编辑部职责所在，理应扶持培植，没有压制人才，不曾埋没英俊，分所应为。但我相信，每个在《山西文学》旗帜下成长起来的作家，不会忘记老师们的无私栽培。拳拳此心，尽在衷肠。

改革开放之后，新生代作家群体的成分发生了巨大的变化。大家的生活储备各有千秋，文化背景各有不同，写作手法也各具个性特色。清醒地全面看到这一情况的，首先是李国涛老师，予以理性把控做出针对性办刊举措的，也是李国涛老师。我们不能不为山西文坛感到幸运。老作家们坚定不移地选择了李国涛，这简直就是历史的选择。

比如率先成名的成一、韩石山、李锐、蒋韵等几位作家，略后些成名的钟道新、潞潞、赵瑜、王祥夫、吕新等作家，涉猎题材五花八门，创作手法花样翻新，李老师领导的编辑部一视同仁，踢开门户之见，山西文坛从此敞开了更为开阔博大的艺术包容胸襟。

晋军就这样在不期然间崛起了！

晋军崛起的呼声曾经震动整个中国文坛。山西号称文学大省，凭什么？凭的是前头的"山药蛋派"与后来的晋军。客观评判，晋军的文学成就足以与"山药蛋派"抗衡而毫不逊色。曾经评价并且为"山药蛋派"在理论上定名的，是李国涛老师；更曾经为培养晋军多数主将做出了无与伦比的贡献的，还是李国涛老师。君子怀德，修己安人。李老师做了那样多的工作，有那样多的贡献，付出了那样多的心血，他却总是谦逊有加。便是说到对学生们的批评，无论对人对事还是对作品，他的批评也总是显得那样温柔敦厚，与人为善，长者情怀。这就不能不谈到李老师的为人。温良恭俭让的李老师，总是那么一个样儿。泰然自若，庄敬自重；不疾不徐，无狂无狷。《论语·述而》篇第三十八章所言："子温而厉，威而不猛，恭而安。"我觉得这句话用在这儿形容李国涛老师，非常适恰，几乎就是他的传神写照。

三年前，山西出版集团隆重出版了五卷本的《李国涛文存》。这是山西作协的一件大事，也是出版界的一件大事。为这部作品的出版，《山西文学》编辑部的晚生后辈们积极踊跃，出了不小的力气。那么，这部书的推出，就更其是一件值得称道的好事。对我们尊敬的先生长者，有一点反哺回报，首先感动了我们自己。

古人有言，仁人志士追求的所谓"三不朽"，是为"太上立德，其次立功，其次立言"。那是中国读书士子的宗教般的情怀。

李国涛先生一生笔耕不辍，著述等身。他的评论文字，见识高拔、器量宏阔；他的散文随笔，隽永超逸、雅致从容；他的小说，文化意味浓重，艺术化地再现了被时光遗弃的过往，更艰苦卓绝地发掘出了蒙尘过厚的某种传统精神。

李国涛先生担任我省作协机关刊物主编多年，建造晋军多级梯队，托举文学大省辉煌，大有功绩。

李国涛老师谦谦君子，风骨儒雅。立身处世，言语举动，堪称行为世范，是我心目中由衷敬仰的师长。

立言立功立德，李老师在几个方面都无愧是我们的先生。

我们南华门东四条，是一条著名的巷子，也是老太原大规模拆迁新建的进程中得以留存的一条普通巷子。大家工作在这里，生活在这里，这里氤氲着某种宝贵的文化气息。

李老师寻常出门散步，和他的老伴杨老师相随了，踽踽而行，成了我们巷子里的一道风景。有时坐在作协机关大院的正房树荫下，或向阳或乘凉，白发皤然，或者给年轻人们说点什么或者没说什么。

对了，除了作家协会的人员之外，南华门还保全有一家独门独户的四合院。那个院落，属于私产，不归作协机关。院子的主家开办了一所幼儿园，名堂响亮，叫作"阳光幼儿园"。每日早晚，上下班时光，家长们迤逦前来接送孩子。巷道里于是显得很乱，但也充满了活泼泼的生机。孩子们注意到那位老爷爷了吗？他们感觉到这条巷子里的文化气息了吗？

文明自有其遗传密码，以我们无法尽知的方式传播。黄发垂髫，并怡然自乐。华夏文明，生生不已。

李老师的一部长篇小说，题目是"世界正年轻"。

这个题目真好。

南华门巷子里，文气氤氲中，阳光正灿烂。

(2017年8月31日微信平台《老家山西》)

文笔练达多面手

杨占平

8月30日晨,我省著名编辑家、评论家、小说家、散文家李国涛先生不幸逝世,享年八十七岁。谨以此文回顾先生的从文经历,总结先生的文学成就,感受先生的道德风范——

太原市南华门东四条,山西省作家协会办公和多数作家、编辑居住地。这是一条无出口的巷子,古老而幽静,是太原市作为历史文化名城的标志之一。这条看上去并不起眼的平平常常的巷子,却记载着许多历史、文化事件和人物,与山西现当代社会史、文化史紧密联系着。巷子中部,有两栋小别墅建筑,现在门口挂着两块太原市人民政府重点文物保护的牌子:"阎氏故居"和"阎氏家宅"。据说,这是20世纪20年代山西督军阎锡山下令建造的,以西北实业公司名义建设,却主要是阎氏族人居住。经过近百年的风风雨雨,别墅如故,青砖红木,进口大理石,不显陈旧;房屋设计实用合理,冬暖夏凉。可见当年建筑师是下了一番功夫的。

中华人民共和国成立后,山西省委省政府进驻督军府,而太原市委就进驻了这座小别墅作为办公地方。到了50年代中期,市委有了新址办公,搬迁走了。当时的省文联、作协领导都是大文化名人,像马烽、西戎、李束为、高沐鸿、力群、苏光、贾克、胡正等。这些文化人去找省委领导,希望省文联和作协能到这里办公。省委领导特别重视文艺工作者,于是决定,省文联及其各文艺家协会到南华门东四条"阎氏故居"办公,其他单位一概不考虑。很快,省文联和各文艺家协会搬了进来,文人墨客们同样把这里当作中心。一晃,时间过去了半个多世纪,这里仍然是山西省作家协会的办公地方。

半个世纪,南华门东四条成为山西省文艺工作者的核心聚集地和山西文艺创作的代名词,一大批人从这里起步,走向全国,作家、艺术家数不胜数;这里,产生过无数在广大读者中口口相传的经典作品;这里更记载着许多山西文艺界的大事件、大活动。在众多名人中,有一位让全省文艺界许多人尊重、敬仰的文坛老人,他就是在这里居住了四十多年的编辑家、评论家、小说家、散文家李国涛先生。

出生于1930年的李国涛,是江苏徐州人,1957年8月奉调来山西工作,先做煤炭企业学校教师,1962年进入山西省社会科学研究所当编辑,"文革"后不久调入省作家协会当编辑,1982年至1985年任《山西文学》主编,1988年当选为山西省作家协会副主席,1994年退休。李国涛看似简单的人生历程,却是伴随着中国现当代社会史和文化史上诸多大变革、大事件一路走过来的。他见证了几十年中国政治、经济、社会、文化的风风雨雨,尤其是中国当代文学曲曲折折的发展过程。

李国涛出生于古城徐州最著名的李家公馆,他曾经说过:"我家前两代都是读书人。那时候他们有闲钱有闲时间又有闲房间，三闲，所以也就买书，买书之外又买字画、碑帖，想当收藏家。在我印象里，好像主要财力都花在砚石上，藏砚。日本人入侵后，我家收藏损失大半。后来人事沧桑，几经变故，到解放后，几乎什么都没有了。"一个人的出身不一定决定一生的命运走向；但是，肯定会影响他的文化选择。李国涛后来有过不少从事其他行业的机会，但他坚决选择文化行业，包括做教师、搞研究、当编辑、写文学评论和小说、散文，跟他从小接受的广博厚实的家学是有很大关系的。徐州城里的名门大户，让李国涛终生受用的是那种温良恭俭让、读书为至上、谦逊做真人、保持高尚品格、永远有悲悯情怀的性格。

李国涛的学生时代是在徐州度过的。那是一个新旧体制转换的时期，同时也是中国教育思想转换的时代。传统教育与西方文明教育相互渗透，这对初出茅庐的李国涛来讲，是一个机遇选择。他的态度是既不放弃传统教育的精华，也不排斥西方文明教育的长处，用一个成语"兼容并蓄"来形容那个时候的学生李国涛，是比较贴切的。

从徐州第一中学毕业后的李国涛，没有现在学生毕业可以双向选择职业的自由，那个时候叫作分配工作，根本不管你愿意不愿意，组织上让你去哪里工作，你只能服从，不能有任何不满意或不想去的想法。按说，优等生李国涛留在徐州工作是正常的；但是，不知道什么原因，他就被分配到了山东省泰安的一所煤炭干部学校当教师了。

于是，1952年夏天，二十岁出头的李国涛，告别古城徐州，告别李家公馆，只身去了山东省泰安煤炭干部学校任教。在这所职工学校教书，工作对于李国涛来说，特别容易应对。工作之余，他迷上了文学伊甸园，把大量时间都花在阅读古今中外文学作品上。读着读着，自然就产生了写作的想法。由于从小读过不少文学方面的著作,逻辑思维清晰,富有理论概括能力,他感觉到自己的写作最适合的是文艺评论。有深厚的功底和充分的准备,1955年,李国涛写出文艺评论稿子《诗爱好者的意见》之后,就投寄到北京最权威的文化类报纸《光明日报》,很快就发表出来了。像李国涛这样不在名牌大学也不在研究机构,只是一家职工干部学校的教师写的稿子能够在《光明日报》这样的全国文化类权威报纸上发表,没有一点真才实学,是绝无可能的。

1957年8月,李国涛被调到山西省西山煤矿学校,继续任教师。他坚持了读书的习惯,写作更是没有放弃。那个时候,山西以赵树理为首,马烽、西戎、李束为、孙谦、胡正等为骨干的作家群,刚刚进入写作黄金时期,优秀作品不断问世。李国涛认真阅读山西作家的作品,选择有艺术特色有思想深度的作品发表评论,当时在山西省文联主办的文学刊物《火花》上,就经常可以看到他的评论文章。

"文革"后期,山西省文艺工作室(原山西省文联)成立,同时创办文学杂志《汾水》,这是20世纪50年代《火花》杂志的延续。主政的马烽、西戎等,在选调编辑人员时,首先想到50年代活跃的评论家李国涛,很快,就把他调到《汾水》编辑部做编辑。这也是李国涛文学事业的一个转折点。不久,他被任命为编辑部副主任,当时主编是"山药蛋派"骨干作家西戎先生,副主编兼编辑部主任是同样从根据地成长起来的评论家郑笃先生,编辑人员都是当时省内有经验的作家和评论家。

进入新时期,文学迎来黄金时代,全国人民都在阅读文学作品,写作小说、诗歌、散文、剧本的更是不计其数,不少作者靠一部作品能够改变人生命运。同时，文学刊物大受欢迎，来稿量很多，订阅者也很多，编辑工作非常繁重。但是，李国涛以一种特别负责任的态度对待工作，他深知每一位写作者对用心写出的作品都抱有很大期待，自己原来也是作者，明白文学编辑的重要性。因此，他认真读每一篇来稿，认真回复，发现有好稿件会主动联系作者，并推荐给主编。当时的许多山西年轻作家，都对李国涛老师尊重和感谢，因为是他促进了这些年轻作家的成长。

在做好编辑工作的同时，李国涛的研究与写作也进入辉煌时代，发表了大量文学评论文章与专著，对国内重要作家作品都有涉猎，对山西的老中青作家作品更有研究。其中影响最大的是1979年12月28日在《光明日报》发表的《且说"山药蛋派"》一文，引起了全国文学界和广大读者的关注，《山西日报》曾开辟了《关于社会主义文学流派的讨论》专栏，延续了长达近五个月，刊登各类文章四十多篇。讨论主要围绕以赵树理为旗帜的"山药蛋派"形成、发展过程与艺术风格、特色等问题展开的。此后，"山药蛋派"得到了全国文学界和广大读者的认可，成了文学史上一个有影响的流派。可以说，李国涛为这个流派定了名，定了特色，定了风格，其贡献功不可没。

1982年1月，《汾水》杂志更名为《山西文学》，李国涛被任命为主编。在他担任主编的几年里，扶植年轻作者，培养文学新人，抓重点作家的创作，尤其是在培养山西青年作家方面，发挥了特殊作用。他以编辑部为平台，经常组织中青年作家培训班、笔会、改稿会、采风活动等，对一些重点作家更是全力扶持，帮助他们选择题材，跟踪写作进度，配发评论文章，撰写编稿手记等。许多后来在山西文坛及至全国文坛影响很大的作家，当年都曾受到李国涛及其《山西文学》

编辑部的帮助，应当说，山西文学创作能够有"晋军崛起"，李国涛和他领导下的《山西文学》功不可没。

做好《山西文学》编辑工作的同时，李国涛也没有放弃自己的写作。到了80年代中后期，他一方面结合多年的编稿工作，撰写大量关于山西老作家和中青年作家的作品评论文章，像马烽、孙谦、田东照、成一、张石山、李锐、钟道新等人的创作和有影响的作品，他都有中肯、准确的评论；另一方面，他把研究视角放到作品的文体上，写出了一系列有深度、有影响的文章，在国内文坛成为文体研究专家。他结集出版的有：文艺论文集《〈野草〉艺术谈》，收集了关于鲁迅作品等方面的研究文章；《文坛边鼓集》，收集了他关于一些当代作家作品的评论文章；《STYLIST——鲁迅研究的新课题》是一部研究专著，"STYLIST"是英文文体的意思，从文体的角度研究鲁迅，是对鲁迅研究的一种拓展。李国涛的这些评论和研究，都是很有见地很有深度的，不少文章曾经在文学界甚至于整个社会科学界都引起过反响，比如他关于汪曾祺作品文体的研究等，在全国学术界都受到好评。

1989年下半年，李国涛开始以"高岸"的笔名发表小说，几年过来，他就写出了十多部中篇小说、短篇小说和两部长篇小说《世界正年轻》《依旧多情》。他虽然过去一直是写评论，但多年当文学杂志主编，并潜心研究小说的文体，所以，写起小说来非常轻松，出手不凡，文笔练达，内涵深刻，让不少多年写小说的作家赞叹不已。他的中短篇小说，多数是以"古城旧事"为主题，表现他的家乡古城徐州的往事。他凭着自己的亲身经历和独到感受，凭着对故乡的深深眷恋，凭着多年积蓄的艺术素养，写出了古城徐州的文化氛围，写出了旧人旧事的独到风采，把20世纪40年代徐州特有的风情民俗、人情世态渲染得淋漓尽致，构成了一幅浓淡相宜的古城风俗画。

《世界正年轻》以20世纪50年代初期为大背景，描写了位于东岳泰山脚下的一所学校从筹建、开学到第一学期结束的过程，无非是一些学校如何管理、教师如何教课、学生如何学习等日常琐事，但是，却让读者感到了作品中寓含着的关于历史、关于社会、关于人生的厚重；读出了年轻的世界与沉重的心灵之间的悖论与反差。《依旧多情》则是以独到的艺术表现力直接切入了现实生活，叙述的是一所区级老年大学的办学过程，跟《世界正年轻》的视角差不多，也是写一些琐事，却刻画出了不同人物的复杂心理以及人与人之间的微妙关系，思考人生的变幻莫测和普通人命运的起伏，具有强烈的现实启迪意义。

写完《依旧多情》之后，随着年龄的增长，李国涛先生就再不写小说了，转而写起了文化类随笔文章来。他读书很多，但是绝对不乱读，都是读一些文化韵味浓厚的学术著作、文学作品、古典名篇和外国作家经典著作，不少名家名作中的重要思想，他都能讲述得清清楚楚。他以一种平和、恬淡的心态，把自己的读书感想、生活感受，用充满文化气息的笔触写出来，让读者读得轻松有味，还能学到许多知识。前些年，他把这些文章结集成随笔集《世味如茶》出版，后又有随笔集《目倦集》问世。

李国涛先生到了八十多岁高龄，依然精神矍铄，每天非常规律地吃饭、散步、聊天、读书、看报，许多中青年作家、评论家、编辑和文学爱好者，碰到他，都会特别尊敬地问候问候，他也会微笑地回应，话题随意，情感浓厚。

然而8月30日晨，惊闻李国涛先生仙逝，内心无比悲痛。回顾李国涛先生八十七年的人生与写作经历,心中充满了崇敬与怀念之情。李国涛先生用自己的人品和文品,影响着一代一代文学家。山西文坛因为有李国涛而丰富。

李国涛先生一路走好!

(《太原日报》作品版2017年9月1日)

为李国涛先生正名

陈为人

八十岁成了"人物"

2010年是李国涛先生八十岁寿诞,我从加拿大女儿家探亲返回南华门大院,在那两棵梧桐树下散步时,碰上李国涛先生。徐州的故旧乡亲刚为他祝贺了八十大寿。李国涛先生对我说,他的老朋友老同学看到了《人物》杂志上我写他的那篇文章:《夜半钟声到客船——李国涛先生印象记》。大家说:"你李国涛现在也成个人物了。"说着,李国涛先生笑了。

李国涛先生笑,我却笑不起来。我说:"你本来就是个人物,在山西文学史上,在中国文学史上。"我心中涌起一丝淡淡的苦涩

李国涛先生一向为人低调……有人问起李国涛先生退休后的心境,他这样回答:"近来有朋友问我,于老年情怀有何言说,我想了

半天,一下子也说不清。如果用简单的话来概括,或者有一句古诗同我的感受倒是相近。那句诗就是:'夜半钟声到客船'。"李国涛先生说:"我不知道用这句诗来说明我个人的感觉有什么明显的道理,至少在心情上,在情绪上是一个很不错的概括。它澄澈、冷静而且肃穆。"

他的眼睛很毒

现在人们都津津乐道成一的成名作抑或处女作《顶凌下种》,正是这篇小说使成一一举获得全国第一届优秀短篇小说奖,由此高起点开始了成一在中国文坛的征程。然而有谁知道,这篇小说几乎"胎死腹中"的背后花絮。在成一崛起的形象中,有着李国涛先生的身影。

现在人们都赞不绝口,钟道新为山西文坛带来一股别开生面的清新之气。然而有谁知道,要不是李国涛的慧眼识珠,也许钟道新就去从事了其他行当。当我赞叹说"是金子在哪也会闪光"时,钟道新毫不客气地反驳说:"物弃物用,其实全在人的一念之间。只能说你碰得人对。韩非子讲过一个和氏璧的故事。同一块玉,怎么一会儿是一钱不值的石头,一会儿成价值连城的宝贝?那深山老林里埋藏的金子多了去。"为此,钟道新说:"李国涛那双眼睛很'毒'。"以此表达对李国涛的感激之情。

现在人们都清楚,作为文学后进或晚辈,心念李国涛提携举荐之恩,请李国涛为其新书写序作评,倒也不足为怪。然而,可称之为一代小说宗师的汪曾祺请李国涛为自己的小说集《矮纸集》作序,恐怕令人颇费猜度。为什么小说大家汪曾祺会把李国涛引为"知音"。

现在我们都知道,马烽与李国涛的情义非同寻常,一般都认为这是因为几十年来作家与评论家之间的交道所致。然而有谁知道，马烽怎么就会把李国涛作为"真正能倾心交谈"的人……在我与李国涛先生四十年的交往中，留下了众多刻骨铭心的印象。这是我写作《夜半钟声到客船——李国涛先生印象记》最初的创作冲动。

"山药蛋派"由他定义

说起山西的老一辈作家，人们自然会联想到"山药蛋派"。据西戎夫人李英介绍，"山药蛋派"这一名号由来已久："早在反右的时候，范彪、张晓禹、陈仁友（山西文学界的几位右派文人），几个人在一起议论的时候说，他们都是一些土里土气的土豹子，能写出什么大气洋气的东西？也就是一些土得掉渣渣的'山药蛋'。'山药蛋派'是个贬词。"在山西文学圈还有这样一种贬低的说法：说"山药蛋派"的笔下，土豆丝、土豆块，在锅里炒来炒去，还不是一盘土豆土豆一盘，再变，连碗土豆烧牛肉也端不出来，更别说"土豆沙拉"了。

是李国涛先生"化腐朽为神奇"，赋予了"山药蛋派"全新的含义。李国涛先生于1979年11月28日的《光明日报》上，发表文章《且说"山药蛋派"》；此后又在1982年的《山西文学》上发表《再说"山药蛋派"》；把一种文学现象提炼升华为一个高度凝练概括的名词，这是创造的一种境界。

三十年后，李国涛先生回忆起这段经历时说："本来，只要有文学，就会有文学风格文学流派，但当年正处于那样一个非常时期，由于过去几十年来我们政治生活中某些不正常因素的影响，人们有点谈'派'色变，不愿触及'派'这个字眼。宗派、右派、反动派、走资派,只要跟'派'沾上,几乎都没有好下场。文学流派也沾上'派'字,就忌讳让人与宗派小圈圈挂起钩来。建国三十年来,我们的理论文章虽然也常把文学风格与文学流派相提并论,但具体分析某位作家的文学风格有之,而具体谈一个文学流派的却非常罕见。也正是借十一届三中全会拨乱反正的春风,才敢把流派名正言顺地提出,这也正是百花争艳的一个体现。"李国涛先生为"山药蛋派"正名。

必也正名乎

李国涛写过两篇文章:《无情的文学史》《名单尚可添几人》。李国涛先生说:"一个人,至于在文学史上,能否被提到一句两句,三行两行,那就由不得自己,也不必去念叨。杜甫说:'千秋万岁名,寂寞身后事。'后事,谁人料到?"

中国传统文化历来有"立德""立功""立言"之说。文人皓首穷经,"上穷碧落下黄泉",谁人在内心深处不存有"赢得生前死后名"的心理潜意识。莎士比亚有名言,延续生命的途径有两种,一是留下后代,一是留下文章。

李国涛先生在前几天与我的交谈中,无意中或者是脱口而出说,"这个会前几年开就好了。"这句话对我内心很是触动。我们已经开过无数次的各类发布会座谈会研讨会,甚至有些人还是多次。我们说过了"西李马胡孙",我们说过了"晋军崛起",也说过了"后赵树理写作"的诸位后起之秀,还说过了十几个地市的"各路诸侯","把吴钩看了,栏杆拍遍",我们长久以来却忽略了一个真正在支撑山西文坛的身影。我们不能因为国涛先生的低调淡泊,"有眼不识金镶玉"。我们不能只认识睁眼的金刚不认识闭眼的佛。

在我的印象中,为李国涛先生开这样一个会还是"破天荒"。也许迟了点,但"迟饭是好饭",开了总比不开强。这次,五卷本的《李国涛文存》出版了,李国涛先生的专题片也问世了,座谈会也在各种限制下"隆重"召开了。《山西文学》还开辟专栏刊登了一组组评论文章……我为李国涛先生感到由衷的高兴。

在《山西文学》1982年第2期上,李国涛在为徐学波的一篇小说写的编稿手记上,写下这样的文字:"以后写到队长和科长的大名和小名,你以为是顺笔举例吗?不是,是很有用的伏笔,在结尾时才显出作用。写袁师傅是重点。先写'聋子'的小名广泛使用,以致使他的大名无人知道,他自己也不知道自己是'袁师傅'。这是很好的铺垫。于是,结尾的一场"正名"之争,就显得很有声势,使读者受到震动。"

我们理应为在山西文坛默默耕耘数十年的李国涛先生正名!

补一点花絮:

> 李国涛先生出生于徐州一个大世家。据李国涛先生讲,他们家的公馆几乎占据了徐州市一个"半岛"的"半壁江山"。当年分为前公馆后公馆,前公馆是包括他家大房在内的九家住,后公馆则住了四家。这个"李家公馆"的规模,这样说也许更为明确:日本人占领徐州后,把李家后公馆辟为"兵营",因为它原本建筑就像一座城堡,而那四座高耸的角楼,成了兵营警戒的瞭望哨。

(2017年8月31日微信平台《老家山西》)

李国涛先生琐记

毕星星

我1983年进入《山西文学》编辑部,主编就是国涛师。刚来,回老家运城,看到两个年轻人的小说,觉得好,就带回来,给宗奇看,他也说好,当期就发了。

一天上班刚开门,同事说:"你去一下主编家,他叫你。"我进去站着,国涛师开口就说得我摸不着头脑:"以后你回运城,有人让你带稿子,你拿回来,就放到门房收稿子那里。"

停一下,他又说:"你也可以不带。"

他摆摆手说:"就这。你去吧。"

我才是大清早挨了一闷棍,实在不明就里。事后才知道,分管运城片的责编提了意见。

国涛师晚年,一日较一日慈祥可亲。人们也往往以为他柔若无骨。其实若论20世纪80年代管理刊物,他是非常严厉的。

那时,我是多么不晓事甚至顽劣。

一天，不知从哪里看到一个消息，柳宗元故地整修景点。我对先生说："听说永济县已经发现了当年柳宗元《永州八记》的八个景点，正在重修，再去旅游可以看。"

永济，永州，我纯属望文生义，胡拉乱扯。

先生惊讶地看着我，责问：

"永州在湖南呀？怎么能扯上永济。"

我已经出乖露丑，收场最好。偏偏我还要狡辩：

"人家就说在永济发现了。"

先生斜了我一眼。没有批评，那眼神不凶，却满是轻蔑鄙视，还有一点怒气。那意思是，都错到这个分上，你还要死扛吗？

和先生稍一对视，我哆嗦了一下。

先生的眼神，我记了半辈子，我会记一辈子。

说柳宗元永济人，是说祖籍。他没到过永济。

我实在才疏学浅，出错难免。从此以后，一旦出错，牢记立刻坦白认错，不再狡辩，免得错上加错，留下更大的笑话。

80年代开放啊，学界大量引入国外的新思潮，我们如饥似渴，恶补十年空白。也有不好的学风，叫作名词轰炸。囫囵吞枣，不求甚解，甚至有人只顾背人名书名借以自炫，根本不去了解那人那书说了什么。

先生对于西风东渐，学而不厌，孜孜不倦。给我们讲索绪尔语言学，如数家珍。后来我们才知道，先生读的是英文原版。

有那么一位号称文艺理论家的人，写了大块文章论述汤因比的历史观，却在全文多处把汤因比的名字误作汤比因。这个冒牌的理论家，连人家的名字都没弄清就夸夸其谈，可笑复可鄙。

先生对于这种装模作样的丑态十分厌恶。

一日我们几人和先生谈天,不经意又扯到了那个冒牌专家的汤因比汤比因,先生忽然插话进来:

"他来,讲一下他的思克马主义如何?"

先生难得地呵呵笑起来。

抿住嘴,先生嘴角还留着一丝嘲讽。

没过几年,单位组织代表团去日本访问。80年代谁出过国呀,是机会,也是待遇。代表团走了,我们才发现先生还在家上班。一起议论,我们都为先生鸣不平。倒是先生没事儿人一般。

"不去就不去呗。以后还有机会。"

所谓公费出访,先生大概就去过一次巴基斯坦。

我评价先生,喜欢说"山西文坛第一人"。

山西文坛的群体不小,若论文学刊物主编,就少了;若说主编加文艺评论家,更少了;再加上小说家,少之又少。如果这样数过来还有人堪与比肩,再说一下翻译呢?我估计,在这个圈子里,只能留下先生一枝独秀了。

多年以来,先生一直在我们身边释疑解难,传道授业,我们庆幸,山西有这样一个珍贵的向往。

我这样说,先生从不承认。前年庆祝先生从事文学活动六十年,我写了文章,其中有这样的评价。写成之后,我打印了让先生看一下,有什么不合适的。取回稿样以后,看到先生手迹,将这种评价悉数删掉。先生不愿意我这样说他。

现在先生走了。我不知道还该不该这样评说他。

不著名的大家
——怀念李国涛先生

杨 栋

得知李国涛先生去世的消息，我心里悲痛，总有一种想写文章的冲动。前不久，我知道他在北岳文艺出版社出了两本散文集，一本是《怀念随笔文体》，在网上邮购了一本；另一本是《编稿手记》，我和谢放编辑讨了一本，我对谢编辑说，我很偏爱李先生的文章。

《编稿手记》收录了20世纪80年代初期，先生在《汾水》和《山西文学》主持编务工作时期发表于"编稿手记"中的小文章，这些文章多是由于看稿、改稿、编稿而引起的感想，这些小巧的文章有对作品的欣赏，也有编者自己的趣向，或谈创作的心情，或谈读者的感受，谈作品构思的精巧，也谈人物描摹的风韵。篇幅短小，文笔隽永，灵动从容，随意点染，收画龙点睛之妙。

这些文字有些像孙犁先生的"书衣文录"，言近旨远，文风冲淡。以至于每一期的"编稿手记"成为《山西文学》的一道风景，配小说或诗歌或评论如同点石成金，赏心悦目，为读者期盼。零金碎玉，耀人眼目，绿净翠芬，奕奕有致，是一种独特的文体，是一种言之有物的文字。

我和国涛先生是在高平召开的一个研讨会上认识的，记得一天晚饭后，我和谢泳陪先生在街头散步，那时我没读过他的文章，但觉得老人有些像沈从文，布袜青鞋，一团和气，让人有亲近之感。后来我给他寄了一本书，他来信谈了对我作品的看法，让我感动。他还写了一个条幅送我："梨花村里藏书楼，架上牙签几万轴，岭外破晓灯犹亮，莫贪吟苦早白头。题杨栋梨花村藏书楼，丁丑夏热，李国涛于太原。"收到条幅，我很感动，想象老人在挥汗如雨的热天，为我伏案挥毫的情景。他对后学的慈爱洋溢于纸上。

有一年他出了新书，也给我寄了一本，再后来他出了《李国涛文存》，我和省里朋友要了一部。他的文章有文化含量，有沧桑情怀，是一种文化老先生的笔致。有几次我想去访问他，但一是去太原少，二是怕打扰老人的生活，终于没去，但我对他的文章是从心底喜欢的，他的书，我已收全了。在省作家代表会上，他坐在主席台上，我远远地仰望他，他满头银发，架着亮晶晶的眼镜，好像神仙中人。现在他走了，我是再没机会去看看他了，心里很感伤。和作一首小诗，表达对先生的敬爱：

梨花村里藏书楼，
世味如茶遗爱留，
锦绣文章传天下，
仙翁驾鹤到瀛州。

他的道德文章是会永存的，在网上，我看到也有网友读他的书后留言为他点赞：

读好书，如饮美酒，如近美色。
有才华、有见地的学者，不见得是什么知名学者！李国涛先生绝对是不著名的大家！

愿先生一路走好。

（《太行日报》2017年9月20日第6版）

默默送别李国涛先生

梁志宏

8月31日早晨,从微信窗口看到王东满兄写的悼念李国涛先生的七律,方知令人尊敬的国涛老师已于30日凌晨病逝了。眼前浮现出熟悉的文化老人慈祥亲和的面孔,心头一阵哀痛。我在微信朋友群发帖和跟帖,向这位对山西文学事业做出卓越贡献的评论家、作家致哀!那几天由于颈椎发病,未能去送国涛老师最后一程,谨以此文默默送别逝去的英灵。

我与李国涛先生自20世纪80年代初相识,由于所涉文学门类有别,相互间的交往并不算多。除了在省城文学界一些会上相遇闲聊几句外,只有过有限的几次交集。最早的一次约在1983年后半年,我的《检察长的眼睛》获得《诗刊》1981至1982年度优秀作品奖后,时任《山西文学》主编的国涛老师与我有过一次交谈,计划借调我到编辑部帮助一段工作。当时我已产生了从党政机关转向文学界的想法,表示愿去省级文学刊物学习与提高。随后省作协向太原市委宣传部发去了借调函，但部领导摇了摇头，笑嘻嘻地说："借调，借调，先借后调。你喜欢文学，在太原也有用武之地嘛。"虽然此后不久，我出任宣传部文艺处长，旋即又被安排到太原市文联和城市文学社任职，但也失去了在国涛老师手下工作的良机。

山西作为文学大省，主要体现在赵树理、马烽等老一代山药蛋派作家的成就，以及80年代的文学晋军崛起。国涛先生作为《山西文学》主编和重量级评论家，主要关注的自然是山西的小说作家及创作。但他对山西的诗人队伍、诗歌创作同样给予重视，不仅刊物始终辟有诗歌版面，为本省诗人的成长提供平台；他还以评论家的敏锐眼光，洞察到新时期初山西诗人创作的可喜变化和良好势头，集中读了一些诗人的近作，写出《论后起的山西诗界》发表于《诗刊》1985年第5期。此文准确地把握山西诗界的脉象及在全国诗坛的定位，指出以1982年为起点山西一些诗人诗作频频走向全国，"同步突破"的现象。重点评析了潞潞、周同馨近期作品的思想内涵、艺术特色，同时评及我和秦岭、周所同的作品，称我的《检察长的眼睛》"从不同的角度歌颂了我们社会的正义力量，在艺术上更加有力"，"以构思的深沉、捕捉的敏感，把自己的创作推向一个新阶段"。我感受到莫大的激励和鞭策。

几年前整理文朋诗友的评论、信札，找到国涛先生1985年1月30日和2003年1月10日两封亲笔信札。前者是约我送去十至二十首新作，正是为写那篇评论做阅读上的准备；后者是收到我赠送的五卷本《梁志宏文集》，复信给我以鼓励。他还说："希望再过十年，再版时，又添几卷。"这两封信，我以"百家序评信札之十三"，于2015年9月上传博客了。

有一件关乎我的切身利益的事，受惠于国涛先生。1994年我参加作家系列职称评审，申报文学创作一级。事先我和孙涛一起去南华门东四条，出于尊敬评委老师，礼节性地拜访了包括李国涛在内的几位熟识的高评委成员，天地良心，绝对未带任何礼品，更别说后来评职称、评奖愈演愈烈的送钱送物腐败风了。结果我俩与哲夫、蒋韵四人均以超过三分之二的票数如愿通过。后来听别的评委说，在评委会上国涛先生表态："梁志宏、孙涛那两个人不容易，创作成绩评一级够格。"一向正直备受尊崇的评论界权威如是表态，令人感念！

进入暮年的李国涛先生深居简出，我只是去省作家协会办事时在小巷和院子里见过几回，打个招呼，聊上几句。知道他由于多年文字工作患有眼疾，但仍有大量散文随笔见诸报刊。对先生的感受，除了深厚渊博的学识素养，还有眉宇间散发出的人格魅力。还记得最后一次登门拜访，约在2015年，我去送新出版的诗集《行走的向日葵》。那天也就坐了十几分钟，聊了几句我仍在写诗，并组织开展一些诗歌活动。国涛先生表示赞许。临别取出一本《目倦集》签名赠我，封面素雅简洁，连同书名正是一个文化老人风貌的写照。

2017年9月4日于斜阳书屋

记忆和文字
——悼念李国涛老师
哲 夫

1987—1989年,我在武汉大学作家班上学,期间,抽空写了一部长篇小说《黑雪》,还没有电脑,写在稿纸上。寒假回家,我把厚厚一叠稿子随意丢在桌子上,便回老家去过年。因为当时家里养了许多花,便留家门钥匙给同小区居住的沈豪,让他帮我给花浇水。春节过罢,返回家来,时任《北岳风》主编的沈豪说:"你的这个小说我看了,很喜欢,你不要给别人了,我在《北岳风》创刊号上给你发。"以我和沈豪的交情论,别说要稿子,要什么都不能有丝毫含糊。不久后,《黑雪》便先行在《北岳风》创刊号上头条刊出大半部分,随后由北岳文艺出版社推出全书。

沈豪其人其事,我会在相宜的日子里另文细写,这里姑且先搁下不提。

记得当时有两个评论家为《黑雪》写了评论,一位是当时已经著名的评论家李国涛先生，一位是当时刚刚著名的杜学文先生。李国涛先生的评论颇多溢美之词。当时，我还不认识李国涛先生。直到许久之后，我才认识他。再后来，熟悉之后，偶尔说起，李国涛先生笑着告诉我一个小插曲，评论发出后，好几个作家找他说，把他和人家国外的大作家比，评价太高了，太过了。云云。

那篇评论已经找不到，我不记得文中究竟写了些什么称赞的话，也不记得拿我类比了哪个外国作家。评论家从来难做，若童言无忌，不瞻前顾后，便会得罪人。素昧平生，扯几句淡话，敷衍塞责，惺惺然，奖掖一番后进，于情于理，也就可矣，何须如此这般用心用力？现在返回头来，设身处地，细细回味，敢说具有李国涛先生这样无私品格的评论家，恐怕已成凤毛麟角，少之又少了。

如今斯人已逝，作品还在，音容笑貌宛然，但也会随着日子的飞逝而模糊。

人活一辈子，可以做许多事。事无论大小，倘或有一件事或是几件事，当然是多多益善，能够打动他人，被人记住在心里，便不枉此生。学问和文章，也是如此，写了一辈子文章，能上口入心的却没有几篇，写再多也是浪费纸张，写与不写，其实并没有什么太大的差别，时间会遗忘一切。

学问和文章，可以让人景仰，但也只限于景仰。只有人品和文品，最能打动人，并会有效延长逝者的过往。在这个红尘滚滚迎往送来人情炎凉的世界，粉蝶儿从来都是双飞去也，尊卑荣辱，好坏是非，都会归于尘灰。但被逝者善待过的每一个懂得感恩的还活在世上的人却会选择记住他。

在浩瀚无垠的宇宙，地球很小很脆弱，而在这个越来越小越来越脆弱的地球上，人类却变得越来越狂妄自大。这种狂妄自大一半出于盲目，一半出于自吹自擂，小小不言的疾病和偶发的地震就会把人打回原形。天地强梁，日月霸蛮，生命脆弱，并没有随科技日新月异有根本改变。

生老病死仍然主宰生命的世界，大者如山河，其兴也勃焉，其亡也忽焉。小者似人生，生之也须臾，死之也倏尔。往事如云烟，生死若梦幻，栩栩欲如生，功名和权钱最是靠不住，廉价和功利的书写与吹捧也毫无裨益，只有魂牵梦萦的品格的记忆和铭心刻骨的文字的写真相对长久。

谨此以这些有感情的文字和有温度的记忆来悼念李国涛先生！

附记：鸡年即将过去，狗年即将到来，倏忽多少年？竟然丝毫不觉得。多少身边的长者友人，如同天上的烟云、水上的泡沫，先后已络绎离去，纵有一时的哀荣，也不过是片刻之间。寂然之后，很快便被人们遗忘，忘得那叫一个干净，似乎从来就不曾有过那么一个人。千百年来这是一种轮回。

故又填了两首《点绛唇》新韵，以寄所思所想：

其一

犬吠鸡鸣，只缘花有真红紫。

古今青史，俯仰因高止。

多少恩仇，初见韶光始。

君孤旨，逝而无已，广以泽桑梓。

其二

世事棋局,不才难免斜寒里。

好人如髀,总掷抬头喜。

草木萌生,终会朝阳起。

东风励,色香得继,芳众能馨己。

(2018年2月5日 22:37:52《哲夫博客》)

师恩如山
    毛守仁

    上苍缺人才,起劲收人,我的老师们陆续谢世,今儿黎明又是一惊,李国涛先生也乘风归去,全不管九天玉宇,今夕是何年?

    李先生真正是我的老师,并非只是尊称。

    我的文学之路,多得到李老师的扶持与点校。处女作发在先生手上,对我作品特点的发现比我自己还要清醒,还要准确,还要及时。那年在大同开工业题材创作会,我迟到了一天。一进会场,中国煤炭报的程豁主任就说:"李国涛主编很看重你的作品,说你写煤矿的角度不一般,是写生活而不是写生产,又说你是写煤矿女人的能手。"我听得一脸茫然。后来才知道,在我未到的第一天,李老师在会上点评了我的作品,引起了煤矿文学界的重视。其时,我还未曾与煤矿系统的文学界有过联系。至此,我始迈进这个圈子,数次获得中国煤矿文学奖乌金奖,并与刘庆邦、孙少山、蒋法武、谢有谨等作家成为朋友。

那天晚饭后，李老师约我一起散步，实际是与我进行深度交谈。至此之后，每次笔会，李老都与我有一次特约散步，耳提面命，李老师聊天，言简意赅，直面主题。后来，我也见识过不少理论家与大编辑，听过讲，聊过天，均没有李老的先见之明，没有李老的真知灼见，也无李老的贴心认真。以后我才悟到，这是李老的有心提携。我在文学上的自觉、自省，最大得益于李老。

随着我对文学了解的深入，越来越领悟到李老眼光的独到之处、长远之处，也越来越庆幸自己能受到李老的点拨，实在是文运的眷顾。

20世纪80年代中期，《山西文学》在芮城笔会期间，我给李老讲了自己正构思的一个人物性格细节，李老兴致勃勃地听完，很感兴趣。90年代，我将其写成中篇小说，发出后，又扩展为长篇小说。遗憾的是，李老看不到它的出版了。

山西文学界的哥们大多是李老师的学生，李老师每次作协会上的发言，都能有新锐的思想，来自一线的文学信息。一个现象便是李老师讲话后，成批作家都会进到书店，买他提到的著作。

尤其李老师在《山西文学》上乘兴而作的《编稿手记》，成为刊物的一道风景，刊物一到，作家们先睹为快，引领着山西文学创作的美学之路。

放眼看来，随着文学的深化，李老对山西文学的发展做出的点拨引领，越来越显出其意义的深远，山西文学大省的美学走向大多得益于李老的学识与见解。

每次我走进晋军那拨作家们住的那栋楼，见到李老极为平易的对联、极为随意的书法，就像见到李老和蔼可亲的面容。这亲切的笑容里，包含着儒雅的"士"气、敏锐的洞察力。八十多岁的李老笔耕不辍，还在上网，注视着世态文化的发展。文章情调不减，张力不弱，学者风范依然。本来日子就这么过着，过着，可是，怎么突然就停顿了一下，如同宣纸上洇出了水印。

别了，我们的李国涛老师。别了，文坛的尊者国涛先生。别了，被晋军作家们深深爱戴的君子，李老。我们深深地鞠三躬，献上一瓣心香。

2017年8月31日深夜于北京荣丰苑
(《山西作家》秋季号2017年第3期)

两位先生一套书

介子平

生活的意义，在于生活本身。1962年，张颔先生为给三子崇宁治疗气管炎，将自己藏书中最值钱、也最为心爱的一套《鲁迅全集》卖给了古旧书店。未几，此书被李国涛先生购得。此书1957年出版，至1962年时已售罄，其只好买下这套二手书，时二十六元，已是不菲价格。此间，其调入山西省社会科学研究所工作不久，心情大悦，有发奋向学之志，属咬牙购书者。

租来的房子也是家，二手书也是书。因换了主人，李先生将书扉上的"张颔之印"朱文之钤刮去，又覆了自己的名章，算是换了门庭，但内文批注却无法清除。就改印之事，李先生"后来才觉出，这一手弄得很不高明"，"如果保留张颔先生的印记，也算一个纪念"。就为何卖掉此书，李先生猜测"很可能是要买更急需的书"，怎么也想不到此为救人之需。爱书人卖书，一定藏着太多的无奈，吃米带糠，吃菜带帮，一套书，帮难不帮穷。而时任中国科学院山西分院考古研究所所长的张先生，也不脱此运，不由让人想到了曾写过《乞米帖》的颜鲁公。

事隔经年，1995年4月，两位先生同住在一所医院的同一楼层而得以相识。但李先生明知不问，"几次想谈谈那部《鲁迅全集》，但是终于没有问。往事如烟，他大约早已忘记这一切，专攻他的古文字学了。那部《鲁迅全集》也已被我翻得脱了形"。但他还是说了，翌年2月4日在一家纸媒发表了一篇名曰《买书》的短文，叙述了此经过。张先生拿着这份报纸兴奋告知下班回来的四子小荣："三十四年才知道爱书的归属。它能落户到读书、爱书的人家也算是对我的安慰。"

又过了十六年，某日小荣突发奇想，想去看看李先生，看看这套《鲁迅全集》。遂于2012年11月24日同李先生电话约访。虽未曾谋面，却一见如故。李先生将《鲁迅全集》都已备好，且将张先生当年的批注页码以纸条夹入相关页码。书为十卷本，其上两位先生的批注，密密麻麻，已分不清彼此。如《为半农题记〈何典〉后作》一文后批注："我记得《何典》一开始有一段词，词牌仿佛是《如梦令》，记不准确了，但其原句我却记得。原词曰：不会咬文嚼字，不会谈天谈地，许多丑粪蛆，尽向人前捣鬼，放屁放屁，真正岂有此理！领记。"针对《再来一次》一文涉及的引文，其批注云："邪乎哉！士乃以甲守土之意，原意并非读书人。《梁父吟》是不可增字的，不是不能增字。鲁迅先生概不知此点。领记。"

回家路上，又接李先生电话，说有意将书回赠并带回，但拜访前，张先生早有嘱咐，"卖出去就是人家的了"，遂婉言谢绝。量人先量己，再好的关系，也要懂得分寸。

外物之味，久则可厌；读书之味，愈久愈深。两位先生虽皆读书人，领域却异，关注事物的角度自然也不同。张先生是古文字学家，审慎綦严，惜墨如金；李先生是文学评论家，文字讲究，洋洋洒洒；却都是仰望星空的通透之人。命运不会辜负每个坚持的人，李先生为此成为鲁迅研究专家，1982年出版的《〈野草〉艺术谈》一书，更将鲁迅文体特色概括为十一项，即勾画旧中国的形象、辛辣的幽默、冷峭的反语、尖刻与婉曲、笔致的从容、声调和对仗、词语的丰富和贴切、设喻奇警、善用虚词、古语的汲取、意象非凡造语惊人。与之独到见地相比，张先生读鲁迅，似乎只是业余爱好。鲁迅文章中的引古语句，先前张先生书中多有标注，对李先生则是启发，为此感慨道："如果买到一本旧书，书上留有批注时，万不可随意抹去。这很可能是一位有见识的、细心的读者花费的心血，或者是他的一时之兴，你仔细看看，也许有益。"

两位先生从此也有了走动。1999年春，李先生收到那家纸媒副刊部转来的张先生一信，原来是就先前发表其上、求解所藏一石鼓文拓片文字而来。2002年1月末，李先生与山西作协的董大中先生一同前去张先生处拜访，"张老比三年前明显老了一点。脸色红润如常，精神也好，只是脚步慢了，也迟缓一些。问候老人腿脚尚健否，他说，腿倒也不疼，只是没力，提不起来。"李先生将话题转入《鲁迅全集》一事，"那时候我为什么卖《鲁迅全集》呢？因为孩子病，没钱治。没法子，只好卖掉不属于我的业务、又不是工具书的一些。还卖了章太炎的一部木刻集子。还有三块一套的田黄小印章，也卖了……最可惜的是一个金错刀。"2009年11月张先生九十大寿《着墨周秦》书画作品展举行，李先生受邀前往，事后还写了《张颔的书画题跋》的文章。有感于张先生《扑蝇记》的题跋"有青蝇止于斋壁，余以拍扑之,蝇逸去。坐甫定,蝇复至。余急扑,复逸。如是者三,蝇终逸焉。妻曰,拍破败,奈何?儿曰,老手迟掖,胡怨乎拍。余曰:皆非也。顾今营营辈,特狡狯尔",李先生感慨:"可见一老人对此辈之厌烦。而笔下则妙趣横生,不是破口大骂。"文章皆岁月,李先生对此或也感同身受。

张颔先生于2017年1月18日去世。丧事毕,小荣又想起《鲁迅全集》事,遂联系了李先生欲一卷一卷借出,誊抄批注。但已靠代步车挪步的李国涛先生仍执意回赠,小荣感慨,"说是回赠,不如说是我厚着脸皮讨要",遂于3月8日再次登门李先生家。雁去无留意,一套书就此完成了一个轮回的接力之程,五十五年后,已完成其使命,又回到起初出发的地方。4月13日,登门拜访李先生,他说时下自己也到了张先生"腿倒也不疼,只是没力,提不起来"的年龄,一阵伤感从衷而来,遂将话题引到了别处。不承想,四个月后的8月30日,李先生也去世了,终年八十七岁。

李国涛先生二三事

李金山

2017年8月30日晨5时10分,李国涛先生走了。八十七岁,按照传统习惯虚一岁,正好八十八岁,米寿,李老高寿。李老笔名高岸,高寿且有德,高山景行,高山仰止。

李老走了,南华门少了一位有趣的人。

众所周知,司马光著有《涑水记闻》,专记北宋一代史实,为写作宋史做准备。我的家乡有一条河,叫作白沙河,季节性的,夏秋有水,冬春干涸。它流过我的少年岁月,印在我的脑海,深入我的生命。仿司马光《涑水记闻》,我作《白沙记闻》,专记文坛掌故。以下摘录有关李老的几则:

其一,有次在大院里碰到,闲谈中李老说他现在记忆力退化得厉害,然后举了个例子:在家里读一本旧书,感觉书写得是真好,越读越有趣,越读越有味,一边翻一边赞叹,爱不释手。可是，读到后来发现，咦？在书的空白处，怎么有字迹，还是自己的，咳！这是自己批在旁边的，哪年哪月批的，倒记不起来了，看过的书都记不起来了！说完，哈哈大笑。

其二，韩石山先生在文章《李国涛的读书与作文》中，记了一段和李老的电邮往来：是由上海学者刘绪源的新书《今文渊流》引起的。刘的书出了以后，给韩先生和李老各寄了一册。书中将新文化运动以来的"谈话风"，提升至理论层面，以之统领这一时期的名家散文写作，胡适、周作人、鲁迅为"谈话风"三大重镇。李老读了刘的书后，写了篇文章发在《文学报》上。韩先生看到后，给李老去了封电邮："鲁迅的文章也是谈话风之一重镇，我觉得太离谱了。过去奉之为匕首与投枪，现在提倡和谐了，又奉之为谈话风重镇，敢问此时，匕首与投枪藏在哪儿了，衣襟乎，背后乎？"过了一会儿，就接到李老的回复："我设想刘先生可以这样回答你：我说的谈话风是据谈话的对象定的。鲁夫子是谈给'敌人'听的，所以才这么说话，投枪嘛，自然是先在身后，后在襟前，端看需要不需要。"

其三，李老家中有幅字，写的是："根深则果茂，源远而流长。"后边的小字是："览于右任先生书法集，极喜爱而愧不敢学，以其源远也。乙未年冬，遇大雪严寒，不能出户，书此以解闷，书毕，即为周景芳索去。今又书以存家中，自赏自爱。"落款：李国涛。前年10月里，我与李老闲谈。当时李老八十五岁，此前得病，已然好转，常由夫人陪同，来作协办公院里晒太阳。谈到家里墙上的书法，李老夫人说大约二十年前，李老钻研书法，每天一首古诗，坚持了很长时间。

李老逝世,感慨唏嘘,摘录李老有趣事若干,聊作纪念。

(2017年8月30日微信平台《南华视角》)

记着这位文学老人
——悼念李国涛先生

景 平

2017年8月30日,早晨,看微信朋友圈,一惊。著名文学评论家、《山西文学》原主编、山西文学界敬重的文学老人——李国涛先生仙逝。享年八十七岁。次日傍晚,又看微信朋友圈,悼念李国涛先生的文章刷屏,于是也想写点什么了,想纪念和怀念这位文化老人。

其实我与李国涛先生并不熟。不熟,却想写,是因为记起了一点点事情。忆起的这一点点事情,也是我忘不了的事情,恰恰也是在李国涛先生编刊物作评论时发生的。

三十多年前,《山西文学》那时还不是《山西文学》,是《汾水》。我的第一个短篇小说《石榴花》,农村题材的小说,就发表在《汾水》。当时据说就是李国涛先生签发的。之后,我几次参加省作协的农村题材作品研讨会及读书会。后来又写一篇小说,好像是《七夕》吧,仍然是农村题材的小说,借鉴了意识流的写法。小说编辑王中干把我叫去讲，李国涛先生希望作者沿着前面的路子走下去，不要走偏了。让我修改，结果，我未做修改，也未投别处，把稿子搁了起来。当时想，沿着前面的路子走，也就是"山药蛋派"的创作路子吧。那时的山西文坛，老作家复出，新作家涌现，山西文坛当然看好"山药蛋派"的旺盛长势了。遗憾的是，我当时在工厂里做工，并没有好好创作，而是误入他途，赶"文凭热"去了，丢掉了一个不错的文学起步，错过了一个不错的创作机遇。我知道，李国涛先生是著名的"山药蛋派"的提出者和命名者，曾经前后写作了《且说"山药蛋派"》《再说"山药蛋派"》的著名评论，但事实上，李国涛先生并不是"山药蛋派"。那时乃至后来的山西文坛，也并非就独尊"山药蛋派"。

记忆深的，是后来，我进入山西环保界的时候。大约是在1989年吧，《山西文学》隆重推出了麦天枢写的环保报告文学《挽汾河》，而且李国涛先生还为《挽汾河》写了评论，评论好像是《真实是可怕的》，好像写得激动，甚至激愤，好像提出追究市长省长的责任。那样的文字，在李国涛先生的评论里是不多见的。正好那个年代是一个思想活跃而又风险潜伏的年代，推出那样的作品和评论，是要有胆识的。恰恰不久，事情就来了，山西官方安排一个任务，就是组织对报告文学《挽汾河》的反驳，要我和胡早收集环境保护事实材料，反驳《挽汾河》在环境保护上的消极甚至负面说法，究竟收集了什么已经记不清了，只记得一个数字，说，山西省政府每年从财政拨出三千万元资金治理汾河污染。当时从心里讲，我们对《挽汾河》是称好的，但任务又推脱不掉，好在把所列的材料提供上去之后，也就没了下文。后来，《挽汾河》也并没有遭到什么批评批判。再后来，我到麦天枢家里采访，那天说到此事，麦天枢笑笑："在那样的背景下，例行公事嘛！"但这事，反证了一个事实，李国涛先生激情评价《挽汾河》，确实是一种文人胆识和笔底担当。

多少年以后，2016年7月，我们组织山西作家生态汾河行采风活动。那天，作家们在南华门那个幽静的小院里集合，大清早的，就看见李国涛先生拄着拐杖，从门外慢慢地走入小院，满头银发，老态已至，但精神还不错，风度犹存。作家们，许多人向先生致以问候，就在走入那个花墙门洞的时候，我上去和先生问候，说话。我说，我们组织作家去走走汾河，从南到北，看看汾河与您评价的《挽汾河》的时候有什么变化。他连连说："好，好！"看样子他不记得我，但我依然想把关于汾河的信息告诉他老人家，也就是从那次汾河生态行的采风，许多作家知道《山西文学》曾经发表《挽汾河》的事情，而且在创作的采风作品里，引用了麦天枢《挽汾河》里的一个句子："汾河已经死了。"可以说，不仅在山西文学界里，在山西环保界，就是在整个山西，《挽汾河》也曾经是一个著名的现象，但这所谓著名，是人们只知道作家麦天枢，却不知道麦天枢背后站着一位富有激情与骨气的文学评论家——李国涛先生！谁又知道，事实上正是《挽汾河》和《真实是可怕的》，突然开启了表里山河之间人们对汾河的关注！

但是我记着呢！我想，汾河也该记着呢！

李国涛先生的文章，我是爱读的。我曾经在故乡的书店购买过先生的一册小书《目倦集》。那是他"眼睛酸涩"，不能读书时候编定的集子。后来就在我们商量编辑出版山西作家生态汾河行文学作品《走进一条河流》的时候，作协副主席杨占平先生，送我一套五册沉甸甸的《李国涛文存》。当时我是捧在手里的，视为珍品。

先生往矣！先生的书，先生的文字，得之幸运，藏之珍重，然而，这书，这文字，甚至这精神，转眼之间成了文学的遗产。总感觉，心，戚戚的，一阵悲凉！

（《山西作家》2017年第3期）

总与书相关

得 一

8月30日《山西文学》主编鲁顺民先生在微信上说：今晨，我们敬爱的师长，《山西文学》原主编、著名文艺理论家、作家李国涛（高岸）先生辞世，终年八十七岁……

加入编辑团队后，发现先生的名字列在杂志"学术顾问"的名单上，以我之前对先生的侧面了解，这"顾问"是够格的。由于要在微信上发一篇以编辑部名义发出的纪念文章，而我偏偏又不够怀念的资格（在我来编辑部前四五年，先生因身体原因已不再写文和投稿），所以只能临时收集先生和杂志社的交往史。在信息检索过程中，发现先生从1980年办刊起就是杂志的作者，先后撰稿二十余篇；而最为感动的是，2010年到2012年，也即先生进入八十岁后，还在杂志上发表了六篇文章。2009年先生发过一篇《忆〈名作欣赏〉里的一幅画》，在开头先生说："我曾与《名作欣赏》有过不少联系，所以也比较注意它。记得《名作欣赏》2000年第2期的内封上，登过一幅美国当代画家安德鲁斯·怀斯的名画,题为《炒栗子》……"于是先生开始回忆这幅画给他带来的审美愉悦。在这篇文章中我看到了先生读者和作者的双重身份,看到了先生一边为杂志写稿影响读者,一边享受读者的阅读权利。而先生离世的遗憾在这种追溯中也得到缓和,毕竟杂志曾让先生的一部分"小文章,大道理"(苏华先生语)得以传播,而杂志上的文章也曾让先生激动不已、浮想联翩。他们曾经在精神上相伴多年,这是一本杂志和一位文人最完满的友谊了。

最近集中向一批"70后""80后"年轻学人约稿,在信中我"先入之见"地以为,这些我的同龄人没有听过《名作欣赏》,所以总是先洋洋洒洒地介绍一番。而最先回信的两位学人打消了我的这种顾虑,中山大学的许健老师在微信中告诉我,"小时候,就经常翻阅母亲订阅的《名作欣赏》",我的约稿信勾起了她的阅读记忆。当天晚上就收到了许老师的稿子,我想她小时候和杂志建立的缘分就这样续上了。博士毕业于中山大学的汤达老师在回信中说,他大学时代经常在图书馆看《名作欣赏》,看到我的约稿信很是激动,表示要准备一篇理想的稿子交给我。我的约稿信,成为这两位曾经的读者向作者跨越的桥梁,我高兴地看到他们在一本杂志上的身份转换,从接受者向输出者的转变。他们将以另一种形式参与进杂志的生命中来,杂志也以另一种形式参与进他们的精神生命中来。

说到这里,想起了李国涛先生晚年出过的一本书《总与书相关》,那就把书名借过来作为手记的标题吧。

(《名作欣赏》2017年第10期)

纪念李国涛爷爷

范冬壮

8月的太原，夏季的西瓜桃子葡萄还没卖完，橘子沙梨苹果又接着来了，禁渔期临近收尾，海鲜虾蟹也都多了起来。若肯耐心多等几日，还有姥爷家院里自己种的枣、丝瓜、韭菜。到了农历九十月，多黄儿的清蒸蟹和白灼的大对虾更是肥肥美美，引人垂涎。

想必李国涛爷爷也很久没吃虾了吧。去年秋天，我因为毕业论文涉及山西文坛往事就去拜访他老人家，采访中偶尔也闲聊，爷爷无意中说到自己身患痛风，往往晚上发作，需要吃药才能缓解疼痛。大概是因为身边很多正值壮年的人也因此小疾不堪其苦，就觉得上了年岁的爷爷格外可怜。一是因为发作起来彻夜难眠，身体上吃不消。再者，得痛风是不能吃海鲜的。爷爷是徐州人，徐州虽不临海，但大凡依水而居的人都是吃虾的行家，如果看过他那篇写"吃虾"的小文，讲如何去足、蜕壳、扒开虾头吮抿虾黄、再吃掉虾肉，就知道吃虾之于爷爷有多大的乐趣，能把这么繁复的事情做得行云流水、大快朵颐。爷爷是爱吃的人，爱吃的人乐观、有趣。他吃虾的那会儿没有"吃货"这个词儿，要是有，爷爷说不定会自诩其名吧？可这么一位喜得饕餮的老人，吃不得自己喜爱的东西，大概就像小孩子痴痴地看着被爸妈收起的玩具车，不得碰手吧。这可怜就又落下一层。

我的姥爷是"山药蛋派"作家马烽。记得我姥姥和姥爷在世的时候，李国涛爷爷常来我们家做客。当然，那时候的我还小，听不懂大人们的话，虽然不知道谈的是什么，但对他的江苏口音很感兴趣。有一次觉得新奇，听得出神了，反而打断了谈话。他看看我笑了笑，就又接着聊他们的事。也就大概是在那次，做错事的愧疚感和那张很是可爱的露着微笑的国字脸就留在了我的印象里。那时候，总觉得他跟姥姥、姥爷走得很近，总有聊不完的内容。后来长大了才知道，姥爷晚年写的《玉龙村纪事》的初稿就是李国涛爷爷"审阅"的，第一个读者就是他，他提的很多建议，姥爷都采纳，并一一修改。一个写文章，一个评文章，几十年来心有灵犀，又惺惺相惜。大概以前那篇为"山药蛋派"定名的《且说"山药蛋派"》也需要不少促膝长谈、知音相对的夜晚吧。

自从姥爷、姥姥走后，李国涛爷爷几乎再没来我们家串过门，可能因为我们家在巷底，他回家也不必路过；或是不想路过，怕看见一样的小院不一样的景，一样的景却少了和他说话的人吧。只是到了秋天将尽的时候，一逮着机会，就催着我们把姥爷家院子里结的枣呀、蔬菜呀分他一些。或许，他只想吃姥爷家种下的。

后来我上大学，很少回南华门了，也很少碰见爷爷了，可每次吃虾的时候总能想起他，想起吃虾的诀窍和他的国字脸、眯眯眼。不知道从哪天起，胡同里孩子们的打闹声听不到了，那个贪吃的爷爷也不见了。爬山虎还是会爬满一整个夏天，枣树还是会结出脆脆甜甜的枣来。

行走的李伯

李 彬

李伯看着我长大。

我在杏花岭体育场踢球的时候，李伯和杨阿姨顺着跑道散步，对我说："踢得不错呀。"那时候我十来岁。

有一年，我曾经胡乱编过一篇小说，刊出后碰见李伯和杨阿姨在机关院里散步，对我说："写得不错呀。"我那时候二十来岁。

儿子出生后，在楼下碰见李伯和杨阿姨散步，对我说："麦子不错呀。"我三十多岁了。

李伯腿脚走不动了，坐在家里对我说："你们过得都不错呀。"我四十多岁了。

李伯，我会记住您的徐州口音，您说"不错呀"，那几个奇怪的平仄。

即便我那时候八十岁。

老观众与小演员

董 薇

回布拉格的路上,听到了老李爷爷去世的消息,老李爷爷是我娘年轻时在杂志社的总编辑。小时候我也曾是熊孩子一枚,光天化日之下跟我娘撒泼,李爷爷看到就操着他那某地方言半严肃半开玩笑地说:"这个小孩儿打妈妈。"

此后并无太多交集。很多年后,我痴迷于断舍离扔东西这件事。每次看到我娘书房里堆满的书,都忍不住要开扔,她必定会叮嘱我的一件事就是:"别把老李的书扔了,他写的我爱看。"

再后来,有了三土和元气袋,李爷爷特别喜欢两位"二师兄",戏称他俩为小演员,总是期待我娘发他们的照片给他看。他是在微信上看着这俩长大的。

"二师兄们"也许对于少了一个老年粉丝而不自知,可是我这个围观群众,想起那个经常要求看小演员照片的老头儿,就这么一声不吭地离开了,无限的失落和伤感涌上心头。

每个人都只能陪你走一段路，李爷爷、三土、元气袋，老观众和小演员、忘年交、素未谋面的网友，他们彼此陪伴的路就此止步。

唯有说一句，一路走好！

晚上哄两位"二师兄"睡觉时，教主讲了忠狗八公的故事，刚开个头我开始忍不住悄悄抹眼泪，讲到最后教主也失声哽咽，然后夫妻俩开始抱头痛哭，留得错愕的"二师兄们"在一旁围观。

果然人老了感情也变得脆弱，更加难以坦然面对告别这件事。

然而，逝去是每个人永远都躲不过的一课。

哭国涛仁兄

王东满

2017年8月30日晨6时,接女儿电话,惊闻国涛兄逝世,不胜悲苦。入夜匆匆成此一律,以歌代哭,奠吾仁兄。

秋风萧瑟雁哀鸣,
文苑晓来恸哭声。
月落霜晨河汉冷,
乌啼星夜丘山瞑。
书橱满目待谁读,
文稿积山盼兄评。
幸有等身巨著在,
鼓盆和泪送君行。

悼李国涛先生

蔡润田

生则好静去不闻，
昨夜星辰兀自沉。
腹笥充盈堪傲世，
词章旷淡总宜人。
高情无碍微韬晦，
大智不争小纷纭。
最是殷勤桃李树，
文坛谁个不怀君。

纪念李国涛老先生

李文义

秋雨连绵国尚好,
一阳高照涛声了。
年龄似父实为兄,
一肚学问三间流。
耳闻君子几十年,
净在家里书中见。
曾盼听雨敬杯酒,
岂料圈中送老兄!

悼李国涛先生

毛守仁

慧眼惠人丰,
文坛扯高篷。
我常蒙沾溉,
遗像久鞠躬。

第三辑
闲闲解得真滋味

谈起李国涛先生,在南华门,几近传奇。出身、学养且不必提,单是先做文学评论,命名『山药蛋派』,在鲁迅研究领域卓有建树,就足够惊艳。年过花甲,却又舞弄小说,长篇中篇短篇,遍地开花结果。都以为他要在虚构王国开疆拓土,谁知他坦然放下诱惑,写开了随笔。冲淡自然的文风,开放博大的见识,一时赞誉者众。如果假以时日,大家觉得他会不会专心写诗歌?曾经跟李老开过这样的玩笑,李老哈哈大笑后,正色道:说不定!

——《山西文学》2017年第10期

李国涛文学成就的总展示
——贺《李国涛文存》出版

董大中

《李国涛文存》出版了。共五卷,分三个类型,曰评论,曰小说,曰随笔。写作近六十年,从批评起步,以后两次转身,都取得惊人成就。真是"惊人"。第一次读到李国涛以"高岸"笔名发表的小说,看到原来那个文质彬彬具有学者风度的朋友忽然变脸,我顿感惊诧。第二次转身,则为其写作之多、之快而感到敬佩。现在汇编一处,虽然属于"选集"性质,未能把全部作品纳入,已够洋洋大观。

山西五四以来的文艺批评,发展到今天,至少有五代人。最早搞批评的,自是20世纪20年代的一批,有高长虹、李健吾、贺凯、王哲甫和常风。第二代是由30年代出现的一批地下共产党员和接着在根据地出现的一些人组成的革命批评家。属于前者的,有李延年、樊希骞(笔名行者)等人,这几个人后来到了太行区,也有人去了晋绥。从根据地出来的批评家,主要有郑笃。50年代,山西写批评文章的,除了郑笃、姚青苗、力群以外，当时给我印象深刻的，是一赵二李。一赵，是赵廷鹏，二李，是李国涛和李秋桐。李秋桐不久就不见有文章发表了，赵廷鹏到"文革"以后息声，李国涛是第三代批评家中的第一人。1959年前后，省文联成立文艺理论研究室，培养了一批批评新人，60年代初的《山西日报》曾经热闹过一阵，主要由这批人支持。

李国涛最有影响的一篇批评，是《且说"山药蛋派"》。1958年，《火花》杂志因发表赵树理、马烽、西戎和山西其他作家写农村题材的小说多而精彩，引起文学界和批评界注意。私下传言，山西出现了一个文学流派，有叫"火花派"的，有叫"山西派"的，但因为"流派"容易跟宗派主义联系起来，而宗派主义是历次整风中被痛打的一种有害之物，人们都不敢公开谈论，作家本人也都不愿意把自己跟其他人捆在一起，被当作一派。1979年，李国涛率先写出这篇文章，在《光明日报》发表，产生了"轰动性"的效果。此文的重大意义在于：第一，它肯定了山西几位作家是一个文学流派，分析了这个流派的形成过程和主要特点。第二，引起了人们对文学流派和文学思潮的关注和兴趣，这以后，谈论流派不仅合法，而且几近时髦，人们都在寻找或结成流派。几个月后，河北省文联召开了"荷花淀派"讨论会，笔者参加。还有人说湖南存在一个"茶子花派"。第三，那时虽有调整文艺政策的指示在先，但在极"左"思潮下生活惯了的人们，出于文化心理的惰性，一时仍显得缩手缩脚，李国涛这篇文章发表，才真正使封闭的文艺界、思想界、舆论界进入思想解放的新境界。文章说："在总结三十年来的经验教训之后，我们应该把发展文学流派的口号响亮地提出，'山药蛋派'的作家们也应该及时地亮出自己的旗帜了。"

这说得多好！因此，可说这是一篇开风气之先、敢闯禁区的力作。

李国涛文学批评的另一重要成就，是在鲁迅研究上。1962年，时任山西社会科学研究所一个学术刊物的编辑的李国涛写信给我，约我写文章在该刊发表，同时寄来了他发表的一篇谈鲁迅小说中的知识分子形象的文章。1981年的一天，我们两人谈起研究课题来，觉得鲁迅的《野草》值得深入研究，如果真正钻进去，说不定会搞出大的成就，那个时候，《野草》的研究还真是一片草莽之地。不久，李国涛研究《野草》的文章就开始陆续发表了，而且大都能发一些他人所未发，使人觉得新颖、别致。后来集结成《〈野草〉艺术谈》，加入一个丛书里出版。我在《鲁迅与山西》的《山西的鲁迅研究》中说：

> "《野草》是鲁迅的得意之作，是新文学的珍品。鲁迅说'我自爱我的野草'，读者也爱。但是，由于当时的政治环境，'有时措辞就很含糊了'。所以有些篇令人索解为难。"这是李国涛《〈野草〉艺术谈》第一篇《〈野草〉索隐四题》开头的话。它既说明了作者写这本书的动机，也说明了它的意义。说"由于当时的政治环境"使篇中的一些"措辞就很含糊"，似乎只是一个方面；《野草》之"令人索解为难"的更根本的原因，还在于这本散文诗深入到作者的心灵深处，写他的"情绪"，写他的所思所想。唯其因为"索解为难"，过去许多年令研究者望而却步。60年代，吴小美发表《论鲁迅〈野草〉的思想》，是一篇较有分量的论文。70年代，李何林出版《鲁迅〈野草〉注释》，逐篇做了解释。李国涛这本书是在李何林《注释》几年之后出版的，提

出了不少新的看法。自那以后,对《野草》的研究逐渐多了起来,出版的专著已有好几本。这本书在《野草》研究史上是有价值的。

又说:"《〈野草〉艺术谈》出现在《野草》研究热即将开始的时候,仅此一点,据足以说明它的可贵。"

跟《〈野草〉艺术谈》比起来,《STYLIST——鲁迅研究的新课题》具有更重要的价值,因为它开创了鲁迅研究的一个新领域。"STYLIST"一词,汉语没有适当的词对应,他就用了那个外文词,大体相当于"文体"或"文体家"。这是一本专著。全书共四章,有条理,成系统。在第二章,他把鲁迅文体的特色概括为十一项,即勾画旧中国的形象、辛辣的幽默、冷峭的反语、尖刻与婉曲、笔致的从容、声调和对仗、词语的丰富和贴切、设喻奇警、善用虚词、古语的汲取、意象非凡造语惊人,很有见地,分析深入、中肯。第三章把鲁迅的风格跟周作人、瞿秋白等人的文风做了比较,使人对"鲁迅风"有了更明确和深入的认识。在第四章,作者引用丹纳《艺术哲学》中"风格就是形式"的论断指出:"长期以来,我们对'形式主义'过分地敏感,以致不大敢谈形式美,不大敢承认形式本身有独立的审美意义;因此……"可见作者写这本书,目的之一,是对学术界在极"左"思潮影响下产生的不良风气给予针砭或反拨。这本书出版后同样引起学术界的重视。笔者在《鲁迅与山西》中说:"李国涛的这本书,不仅拓展了鲁迅研究的领域,也拓展了现当代文学批评的领域;不仅为鲁迅文体研究打下了基础,也为现当代文学文体批评打下了基础。"在1993年的一次鲁迅学术讨论会上,我提出加强对鲁迅思维和文体的研究，据我所知，直到今天，没有看到新的研究文体的专著出版，可见其可贵了。

李国涛的本职工作，是由教书而编辑，这两种职业决定了他一直是个文学作品的鉴赏家、评判家。这为他搞文学批评带来了方便，他的批评也就显得有眼光，能抓住批评对象的特点，要言不烦，富有特色。特别是80年代初写的《编稿手记》。这是《山西文学》独创的一种文体，类似《编者的话》，却又活泼得多。类似古代的《文则》《诗话》，却又比那些《文则》《诗话》多了分析，应是介于文章跟《文则》之间。李国涛有很好的鉴赏力，又偏重感性思维，运用起来，得心应手，十分熟练，为指点青年作家的成长起了很好的作用，许多作家受惠于这些《手记》。后来被其他刊物借鉴，同样引人爱读。李国涛写的其他批评文章，如几篇作家论和小说文体分析，都很有特色。

有一段时间，在文学队伍里流行一种说法，是搞批评的写不了小说。李国涛好像是为这个说法提供一个反证，他在批评上取得应有地位和成就后，忽然一转，写起小说来。记的是从《郎爪子》开始，一发而不可收，一连写了好多篇，长、中、短篇都有。李国涛写批评文章，没有引起人们的惊异；写《且说"山药蛋派"》，也不令人吃惊；一下子拿出几篇好小说，才是惊人之举。

李国涛的小说，大都是以解放战争后期的徐州为背景，写各色人物的艰难和困苦，特别是小知识分子的潦倒和生的无奈。《郎爪子》的主人公是一个厨子。他有着那时之前中国社会仆役阶层人物共有的人性——对主人的愚忠。他是孙家的厨师，他的看家本领是为孙家服务，不能提供给外人。但是此刻他似乎有了一点反叛精神，当侯家提出让他露一露他的两个绝招，使城里的阔人们共同享受一下的时候，他竟然答应了；主人孙家老爷下了"不能做"的死命令，他仍然不改那个想法。结果两头不讨好，"绝招"既未获得人们好评，又被东家辞退。他是孙家的"世仆"，最后"低头走出，两眼无神。既无恼悻，也无愤慨"，"在井台边租一间屋安下一家三口"。孙家是破落户，侯家是暴发户，他是夹在这两种势力之间的一个牺牲品。这个"永远用低沉的声音说最简短的话"的人，是中国受苦大众的缩影，也是人性受压抑、被摧残，一直没有觉醒的一个典型。《炎夏》所写张允驰、张正驰兄弟的故事，令人惊心动魄。张允驰是个留美学生，说一口流利的英语，但却靠着偷盗维持简单的生活，最后偷到弟弟家中。两人为一本英文字典的所有权而发生争执，以致他们的远亲朱汝怀不得不出双份钱购下，供女儿使用。朱汝怀家是描写的重点，也是故事发生地。所写这个家庭，可看作《红楼梦》的袖珍版，眼下不能说是"鼎盛"，却也保留着不小的架子，其大女儿朱幼君准备学英语就是一个例证。中篇小说《凉秋》是《炎夏》的续篇，正如"秋"是"夏"的继续一样。不过描写的重点已经转移到以朱幼君为中心的一群中学生身上了。那是抗战期间，民族兴亡成了这一群青年男女思考问题、决定个人前途和政治立场的关键性因素，他们就在这个神圣的祭坛上进行选择。曾经下决心要做修女的朱幼君，在一些老师和同学的影响下，也要去"书剑飘零"了，她的父亲朱汝怀是她这一行动的积极支持者。另三个中篇《紫砂茶壶》《跟人》《清白》，描写了解放前徐州市民的日常生活。长篇《世界正年轻》，写50年代初一群教师积极建校的情景，那是在新的共和国成立以后，书名象征着这个时代，也象征着这一群人的精神状态和心理。李国涛来太原前，正是在那样的学校教书，他把自己的亲身体验作为描写的根据。

中国新时期的小说,最初十年,经历了由伤痕文学到寻根文学的转变,80年代底到90年代初,一些人在开辟新的题材领域,一些人因循守旧,仍然在过去多年沿袭下来的工业题材、农业题材等等名目下耕耘他熟悉的土地。自寻根文学产生,过去多年文学依附政治的状态初步改变,当时急需解决的问题,是文学如何建构自己的社会角色和个性,如何回归到它应有的客观地反映社会人生的本来面目。显然,文学不能再使自己当作"团结人民、教育人民、打击敌人、消灭敌人"的工具而继续"异化"下去。李国涛的小说,以其题材的新颖和描写的生动,加入自觉建筑新的文学大厦的群体里。我没有看到李国涛说他写这些小说的动机和目的的文章,我读他的小说,总感到他有一种自觉。他既拒绝批评家写不了小说的说法,也抗拒把文学跟政治功利主义联系在一起的传统做法。至少可以说,李国涛是站在建筑新的文学殿堂的工程队伍里的一员,这座文学殿堂跳过40年代到80年代半个世纪以上的时间间隔,直接跟五四新文学相连相接。他写了一批全新的跟过去多年不同的小说。这是李国涛这些小说的第一个意义所在。

李国涛出身于知识分子家庭,自小受到中国传统文化的影响和浸润。读李国涛的小说,一股浓郁的文化气氛扑面而来。《郎爪子》等好几篇小说的故事,发生在知识分子家庭,虽然外表上呈现着败落景象,却不失高雅、重礼和安谧,那是中国社会的缩影。从大的环境说,是徐州。那是个小城市,具有城市和乡村的双重特征。三进院落,琴棋书画,紫砂茶壶,建筑古色古香,主仆身份分明,人们说话间、行事间都能透出各自的身份和性格。《郎爪子》写了饮食文化,即使那个对主人愚忠的厨师在失去了生活的依靠之后,仍然"恋着井台上的一盘棋",精神上的享受对他物质生活的贫乏做了补偿。人们该记得,90年代,中国大地曾经掀起过一阵"文化热",或者说,中国多年的"文化热"是90年代初由南风吹来的,裹挟着新儒家的急切的呼唤和焦急的思虑。在多年主流思想和意识形态培育下,人们都是把文化跟政治、经济并列看待的,自"文化热"兴起以后,文化这一概念的含义跟过去大不相同了,范围扩大到无边,什么也是文化,"饮食文化"等等,就在那个时候成了人们的口头语。李国涛这些小说发表之初,"文化热"还在酝酿之中。不能说李国涛这些小说在掀起"文化热"中起过多大作用,至少可以认定,这些小说是新时期最早出现的一批富有强烈文化色彩的小说的构成部分。

一般说,搞批评,主要靠逻辑思维,而写小说靠形象思维。由搞批评到写小说,不完全是写作方式的转变,主要还是思维方式的转变,这才是比较难的。读李国涛的小说,你不能不佩服他思维方式转变之快,小说描写技巧运用之好。《炎夏》写那个从美国留学归来的偷书人:"张允驰右手的五个指头都很修长,团弄着一块黑布在那张苍白的瘦脸上滚动,好像一个巨大的白蜘蛛用它的黑肚皮在蹭一只蝈蝈的白肚皮。"这句话,作者几次用繁简不同语句写出,且带有反讽意味。"朱汝怀期待着一口浓烟喷出,结果呢,只有淡淡的一丝烟从张允驰的鼻孔里喷了出来,好像隆冬天气人的一次呼吸吐出来的热气。"原来这个留学生吸毒成瘾,他把纸烟都吸到肚里去了。李国涛写这个人物,用的是先扬后抑的策略,其"丑恶面目""丑陋形象"是逐步揭示出来的,像顺手牵羊从弟弟家里拿到那本韦氏大字典出售,是后来才让读者明白的。这是另一种类型的孔乙己,"西化"的孔乙己。他比"东方"的孔乙己多了一点智谋,少了一点诚实。李国涛笔下西化的孔乙己，加上一个对主人愚忠的仆役郎爪子，还有其他人，是我们文学典型人物画廊里富有特点的角色。

李国涛在《缭乱的文体》中说："文学，只有走到语言、文体的探索上，才能真正进入一个新的境界。只说内容、感觉、感情、意念、层次，这还不行……只有到了'非像我这么写才行'的时候，小说才成熟，真正的小说家才出现。"李国涛在《STYLIST——鲁迅研究的新课题》之后，有多篇文章写到小说文体，有《发展中的小说文体》《小说里的"有意味的形式"》《汪曾祺小说文体描述》《林斤澜小说文体描述》等。汪曾祺等人是李国涛心目中的文体家，也是他心目中真正的作家。其实，李国涛本人的小说文体就很有特点，值得研究。这是另一个题目，还是留待他人来做吧。

李国涛的随笔是再一次转身的产物。

对李国涛的随笔，我写过至少两篇文章，已说过的话不再重复，这里简单说几点。

李国涛写随笔，乃是他多年写作活动的逻辑发展。前边说到《缭乱的文体》这篇文章是80年代后期写的，是对70年代后期以来我国小说文体的横向扫描，谈到多位作家、多篇作品。他把从广泛阅读中得来的印象，分门别类，找出共同点，给以概括，举例说明，就成了这篇洋洋洒洒的大文章。读者已经知道，在那之前，李国涛写了许多《编稿手记》，是对一篇篇具体作品的点评，没有高头大论，只有零碎感想。有这样的写作经历，90年代退休之后，写作不受职务影响，有了广泛的自由，想写什么就写什么，这样，写随笔就是十分自然的。李国涛在《停顿：暂时的吗？》中，说他"写作的阶段性很强。正如人们嘲笑没有恒心的笨伯，说他们像黑熊掰棒子，掰一个丢一个"。

比喻是谦虚，说"阶段性很强"是对的。他把第二次转身归结到患病上，当是原因之一。其实，人到老年，把精力用在千字左右的随笔上，把一生经历和读书所得结合起来，凝注成思想的火花，不仅有益于社会，也有益于个人身心休息。

写这种随笔，跟书话不同。书话，由唐弢于60年代起手，经三十多年，新时期蔚为大观，写书话的人不少，书也出了不少。作者都是藏书家，谈自己所藏书，版本来源、状况、内容、书相、存世情况等，以详细、准确为特点。读书随笔是谈书的，却不必顾及这些，他有广泛的自由。

李国涛所写随笔，数量很大，我粗略统计，在三百篇以上，令人想到《诗三百》。除少数游记文章外，李国涛的随笔几乎都是读书心得。他不是从"行万里路"而来，是从"读万卷书"而来。这种文章，在古人集子中有不少，大都占据着中心或主要地位。李国涛继承了这个传统。这要读多少书啊，没法统计，只能做"典型解剖"。《说老年情怀》，引用了张继的《枫桥夜泊》，引用了杜甫、孔子，引用了《红楼梦》，引用了"同年辈的朋友同学同事"好多个。《复有屠狗者乎?》题目够偏僻了，写到"《史记》上几位狗屠户"，写到在山西下乡插队时所见所闻，写到狗作为一种宠物跟名人的关系。《史记》上那几位狗屠户，后来都成就了大事业。虽然这样，要一时把这么几个大名人跟狗联系在一起，写在自己的文章里，是不容易的。《周作人与张岱》对《文汇读书周报》上徐缉熙《由周作人想到张岱》发表不同意见，涉及那两人的作品及其风格，这首先要求熟悉所谈两人的作品，其次要形成对那两人作品风格的认识。文中说到"梳理20世纪散文的谱系"，这可真是大事业，大雄心。李国涛的这些随笔，牵涉古今中外无数典籍，可说构成一座知识的海洋。读这些随笔，既可以满足审美的需求，也在不知不觉中收获了许多知识，一举两得。

写这样的随笔，首先得有思想，没有思想，就不会有心得。思想是灵魂，读书仅仅提供了基础。即常说的"有感而作"。只有具有活跃思想的读书人，才会写出好随笔；其次要有联想力。李国涛就有丰富的联想力，丰富的想象力就像一根绳子，把古今中外的同类事物捆绑在一起，组成一篇篇美文。说余秋雨的散文"有两面。一是大气，一是小气"，然后分别论述。《文林赏"晚"》，说到一个规律，即"一个朝代到了末叶"，那"文学倒可能有了特色"，其原因在于"思想统治松动"。这都是有见识之作。

又回到文体上。我曾写过《李国涛的文体》，现在着重说一下他那种跟你对话的特色。读李国涛的作品，从批评到随笔，都有一个感觉，是他好像站在你面前讲故事，行文特别随意，想到哪里说到哪里。语句简短，不讲究语法成分的完备，独词句很多。有时怕你没有听清，会把几个字重复一遍。如《这个说法并不明白》："请看，新新新，后后后，主义不知出了多少，即以'后'言，后现代、后殖民、后文化、后城市、后悲剧、后知识分子、后工业社会，据说'后'已过十；大约'新'也离十不远。你要换成一个说法岂能行通？"《不单是戏写得好》："事过几十年了，读来还使人欲泪。再一想呢，似乎也不该单有感慨，该记住这一教训。我是说，关于尊重艺术规律的教训……"《停顿：暂时的吗？》："先前偶尔想到一点什么事：'这是个小说材料！'脑里才这么一想，接着便否定了，摇摇头说：'没什么意思吧？'于是什么都没有了，端起茶杯喝上一口，气沉丹田，下去了。"《董桥的散文》说："……写得随便。大白话，大实话，布告栏里、黑板报上的话;好的也是报纸上的话;做出的文章只能是廉价货,大路货,平平。看一看也可,细读,不值。"李国涛另一篇谈董桥散文的文章,题目是"虽小却好,虽好却小"八个字,这八个字也可以用在李国涛的随笔上。这是真正的随笔,是随笔的典范。

李国涛曾经"担心,有一种文体在我们的文学里逝去。我说的是一种优秀的、精炼的、充满知识和智慧的那种短文。以前在古代的诗话、随笔、札记里存在过"。我要说,我们不必"担心",有李国涛的这些随笔,这种文体至少还有一息血脉存在,就无须悲观了。

(《山西文学》2014年第4期)

且说李国涛

韩玉峰

这篇稿子用了《且说李国涛》这个题目，大家一看便知是套用李国涛先生很有影响的一篇文章《且说"山药蛋派"》的题目来的。之所以叫"且说"，是因为实在不敢说对李国涛先生有所研究，只是因为看到新出版的《李国涛文存》，引起我对同李国涛先生交往的回忆，也想说说对李国涛先生的印象，就写了这篇稿子，因对李国涛先生没有深入研究，姑且成文，故曰《且说李国涛》。

三晋出版社出版的五卷本《李国涛文存》，包括四十万字的理论卷、五十二万字的随笔卷和二十九万字的小说卷，共一百二十八万字，显然不是李国涛先生著作的全部，而是一种选编。仅以作者自己所言，出版了的两部论文集、两部长篇小说和一部专著，其字数也远远不止百万字。这部三十二开本的文存，装帧简朴，素净大气，没有当今一些出版物的豪华气派，而内容厚实，格调高雅。更令人感叹的是作者自言"爱写稿，乱投稿，偶发稿"，这对于李国涛这样一位大家来说，又是何等的低调、淡然。文如其人，书如其人，信然。

李国涛先生是山西文学批评界的领军人物，著名文学理论家、文学评论家和文化学者。李国涛发表的第一篇评论文章是《诗爱好者的意见》，发表于1955年12月17日《光明日报》，是评论闻捷诗歌作品的，时年二十五岁，至今写作生涯已经是五十九年了。李国涛1957年来到山西，至今也已五十七年。1972年他从山西省哲学社会科学研究所调到山西省文艺工作室（这是"文革"后期成立的机构，1978年5月恢复了省文联和各协会组织），至今亦有四十二年。李国涛先生是江苏徐州人，可以说是把近六十年的宝贵岁月都献给他的第二故乡——山西的文学事业了。

我同李国涛先生的交往是早在20世纪60年代就开始的。那时他在省社会科学研究所编《学术通讯》，我在山西大学中文系任助教。省社科所在省委党校院内，和山西大学同在城南坞城路，两个单位一街之隔，步行可到，往来甚是方便。李国涛常来系里组稿，也给我在《学术通讯》上发过几篇文章。当时李国涛先生正年轻，身材高挑，风度翩翩，一表人才，由于是文人相惜，很能谈得来，便同李国涛先生结识并有了交往。

在我的印象中，李国涛在省作协担任过副主席，但是没有做过行政领导工作，只是走着一条写作、办刊的传统文人道路，在《汾水》和1982年改名的《山西文学》担任主编。正如李国涛自己所说，"我同《山西文学》的关系最深。"（《李国涛文存》"评论"下卷第59页）1979年夏，省委宣传部贯彻党的十一届三中全会精神，拨乱反正，组织社会科学领域研究人员撰写文章，我写了一篇题为《围绕"写中间人物"的一场斗争》，发表在《汾水》杂志1979年第6期。有一天在省作协大院遇见李国涛先生,他说文章写得很好,下了功夫了。

这是我同李国涛先生最直接的几次文字之交,给我的印象是他对人和蔼亲切,温文尔雅,一派学者模样。

李国涛先生近六十年来,一直从事文学理论研究和文学评论工作,研究范围包括鲁迅研究、汪曾祺研究、小说文体研究、山西作家作品研究各个方面,均取得突出成就。李国涛的文学评论涉及面广、研究领域宽,但他始终以研究山西的作家作品为主。在对山西文学的研究中,又以提出和确立"山药蛋派"在文学界的地位,扩大"山药蛋派"在全国的影响为最重要的贡献。我们常说"著书立说",李国涛不仅有多部大作问世,而且做到了"立说",就是从理论上确立了"山药蛋派"在中国现当代文学史上的地位。

"山药蛋派"形成于20世纪年代中期至60年代中期,50年代后期有人提出"山药蛋派"的名称,但一直没有从理论上加以正式的确立,直至李国涛发表了《且说"山药蛋派"》(1979年11月28日《光明日报》)和《再说"山药蛋派"》(《山西文学》1982年第12期)引起了全国文学界的广泛关注。这是在提出"山药蛋派"这个名称二十年后从理论上正式确立的。

1980年4月3日,马烽同志在省四次文代会的报告中说:山西"各个作家通过多年的创作实践和艺术探讨,逐渐形成了自己的风格。我们一些风格相近的作家,也就逐渐形成了以赵树理为代表的一个文学流派。对于这个流派,外地的同志有的把它称为'山西派'或'《火花》派',也有人把它贬为'山药蛋派'。但山药蛋也是一种食物,同样富有营养,在全国众多文学流派之中,作为一种流派也没有什么不好。"马烽同志讲得非常中肯。"山药蛋派"有自己的鲜明特征：以农民为表现主体和服务对象；运用质朴通俗的语言和为群众喜闻乐见的民族化、大众化的艺术形式；具有浓厚的地方色彩。这是为全国文学界所公认的。

风格和流派的存在，是文学艺术繁荣的标志。一个文学流派的出现，往往会对整个文学运动产生广泛而深远的影响。以赵树理、马烽为代表的"山药蛋派"和以孙犁为代表的"荷花淀派"均是如此。"山药蛋派"不仅有以赵树理、马烽为代表的老一代作家，而且有当时的一批的中青年作家，如大同的陆桑、马骏，忻州的杨茂林、田昌安，晋中的刘怀德、彦颖，临汾的谢俊杰，运城的李逸民、义夫，晋东南的韩文洲，还有当时的青年作家张石山等。这个流派实力雄厚，佳作纷呈，群星璀璨，活跃在文坛上。一直到2004年1月31日马烽同志逝世，2011年1月17日胡正同志逝世，被认为是"山药蛋派"的终结。

如果从赵树理发表小说《小二黑结婚》的1943年算起，这个流派存在了有七十年，也是一件了不起的事情。"山药蛋派"作为一个文学流派虽然不再存在，但"山药蛋派"所体现的文学创作的现实主义精神却是为众多山西作家所延续和发展的，并出现了许多文学佳作精品。

在李国涛的评论中还有一部分值得重视的是他写的《编稿手记》。李国涛说："我在《汾水》和《山西文学》做编辑工作的时候，常有一些偶然产生的感想。这些感想，大都是由于看稿、改稿、编稿而引起的。这些感想，有时也还有点意思。要把这点意思写成评论或随笔来发表也未始不可，但是自己没有这样从容的时间，刊物也没有这样从容的篇幅。所以我就想出'编稿手记'这样的小栏目。""这些小文章，有时向读者谈谈，有时又向作者谈谈，有时就诉说点编者自己的心情。""所言都无高论，然而皆系实话；每则大都仅仅三五百字，所以必须少说废话；又欲引起读者的兴味去读有关的作品，就力求写得有点趣味。""我甚至觉得，编辑在编稿过程中的一些随时的感想，对作者对读者往往都有可资借鉴的地方，因为编辑是第一个读者，读起来又较为细心。可惜不是每一位编辑都有写这类手记的兴趣和机会，这使许多编辑的许多好想法只在脑子里一闪，永不为他人所知。"李国涛就写《编稿手记》说得够清楚了，展现的是一位编辑同志的良苦用心和责任担当。

《编稿手记》在李国涛的《文坛边鼓集》中选了二十四则，这是真正起到了文学评论要启迪作者和引导读者的作用的小文章。他点评的对象有老作家李束为、胡正，有青年作家张石山、成一、马骏、权文学等，也有一些不知名的作者发表的处女作，他都给予热情的支持和鼓励。《汾水》1980年第8期发表了张石山的短篇小说《镢柄韩宝山》，李国涛说，张石山的这篇小说"是写农村生活的，又带有'山药蛋派'的意趣"。《汾水》1981年第5期发表了梁衡的评论《关于山水散文的两点意见》，李国涛说读后有耳目一新之感，作者笔下很有文采，"作者确是有感而发，且是积学而成。听他侃侃而谈，令你频频颔首。"他说："我喜欢这样的评论文章。评论文章应当文情并茂，有艺术性，并且可以有作者个人的风格。我国文学理论的宝库中，多的是这样的文章，它们本身常常就是灿如珠玉的漂亮的散文。"李国涛真是慧眼识珠，对梁衡三十多年前发表的一篇评论竟如此赏识，而如今梁衡已是我国著名的散文大家。

李国涛作为评论家他强调的就是要为年轻作者"鼓吹"，所以他

1986年出的一个集子就叫《文坛边鼓集》。在这个集子里，李国涛有多篇文章是评论赵树理、马烽、西戎、孙谦、胡正等老作家的，还评论过焦祖尧、成一、张石山等。此外，他还著文评论到李锐、蒋韵、柯云路的小说，潞潞、秦岭、梁志宏的诗歌，赵瑜的报告文学。让我惊奇的是，李国涛在80年代写的《大同的作家们》一文中竟然关注到那么多的大同作家，有焦祖尧、九孩、陆桑、黄树芳、郭书琪、张枚同、程琪，等等。

在这篇文章中，李国涛特别提到曹乃谦的小说《温家窑风景》，说这是一篇很有特色的作品，"一共四千字，但是由五个短篇组成，短的六百字，长的也才一千字。""在写法上这是很地道的'截取生活横断面'方式，所以能集中一点。而由于集中，又不重在细细叙事。讲究跳跃和含蓄，每篇都深有情趣。"瑞典汉学家、诺贝尔文学奖评审委员马悦然在《一个真正的乡巴佬》一文中说到曹乃谦："他的著作中不多一个字，也不少一个字。他会用不超过五百个字，把一个人的命运或者一个家庭的灾难都写出来。"马悦然的话是2005年说的，而李国涛早在1988年写的文章里就对曹乃谦小说的特点做出了与后来马悦然相似的评价。

李国涛用了很大篇幅评论的另一位大同作家是王祥夫。他说："王祥夫是最近几年间写得最多、进步也最快的青年作家。在王祥夫的身上已经表现出一种艺术上的成熟。""他写出的小说大体都能保持一定的水平。"李国涛在文中重点分析了引起山西文学界讨论的王祥夫的一个中篇《永不回归的姑母》，认为："这是一篇好小说。在王祥夫的小说里属上等的。"李国涛说："王祥夫的一贯写法是现实主义的叙述方式。多写凡人小事，写亲切、温暖又带一些凄凉的人生。"李国涛评论王祥夫的最后一段文字是这样写的:"王祥夫开头挺顺。但现在应当寻到真正属于自己的艺术色彩,在当代小说创作里找到自己的位置。这个难度很大。但是我觉得他行。"李国涛说对了,王祥夫确实是行。他在中国小说界找到了自己的位置。王祥夫成为获得"赵树理文学奖""鲁迅文学奖"的全国知名作家。

李国涛先生作为评论家,对山西的作家作品和文学流派如此关注,深入研究,撰文著书,真是难得,体现了一位评论家的责任心和使命感。李国涛评论过的老作家是"山药蛋派"的代表作家,评论过的中青年作家现在都是山西作家群中的中坚力量。这就是一位评论家的价值和贡献。

李国涛先生的另一个成就是他的小说和散文。

从20世纪80年代末开始李国涛以"高岸"署名的小说创作,引起文学界的广泛关注。他先后发表了《郎爪子》《炎夏》《紫砂茶壶》《云水图》《往事凄迷》《故城旧事》等中短篇小说,代表作是1992年出版的长篇小说《世界正年轻》。"文存"小说卷仅收了六部中短篇和一部长篇,所作小说并未全收。

李国涛的小说创作大都以古城徐州为背景,再现徐州特有的民俗风情,描写旧人形象,具有浓郁的文化色彩和鲜明的地域特色,表现了作家浓厚的乡土情结。

李国涛近年来写的文化散文,反映了他阅读的广泛和文笔的老到。他读的书很多很杂,几乎是每读一部书,都能读出学问,写出文章,见诸报端,令人称奇。这些文化散文大都收在《文存》的两卷随笔里,"老年情怀""大题小作""书里情趣""窗外风光"等栏目所收的文章,语颇隽永,耐人寻味,可谓脍炙人口的美文佳作。

李国涛先生近六十年的创作生涯给我的总体印象是对当代山西文学的关注，对家乡本土的热爱，对学问的追求，读书不断，笔耕不辍，为山西文学评论界所尊崇。

　　特别应当提到的还有李国涛先生做人的低调，做学问的高调。八九十年代，省里组建作家系列高级专业职称评审委员会，省委宣传部决定请李国涛担任评委，但他谢绝参加，因为他不愿意为读书写作之外的事情所干扰，占用他的宝贵时间。能够担任高评委说明组织上对这一同志专业成就上的肯定和秉公办事作风的认可，并且有一定的报酬，这在许多同志来说是都会欣然接受的，但是李国涛谢绝了。这是一件小事，但是反映了李国涛先生的独特个性和人生准则。

（《山西文学》2014年第5期）

夜半钟声到客船
——李国涛先生印象记
陈为人

停泊在枫桥边

李国涛先生退休后,写过一篇《说老年情怀》:

这两年自觉老境迫人。

……近来有朋友问我,于老年情怀有何言说,我想了半天,一下子也说不清。如果用简单的话来概括,或者有一句古诗同我的感受倒是相近。那句诗就是"夜半钟声到客船",出于张继的《枫桥夜泊》,名气很大。

我不知道用这句诗来说明我个人的感觉有什么明显的道理,至少在心情上、在情绪上是一个很不错的概括。它澄澈、冷静而且肃穆。

我想到杜甫在晚年的诗里常写到舟船。当然，杜甫入川以后接触的舟船多了，是一种生活写实。但是可不可以也理解为一种心境的描摹呢？从"孤舟一系故园心"到"白首扁舟病独存"，主要在写心情。我读他的《登岳阳楼》时，还很年轻。"亲朋无一字，老病有孤舟"，那时候就使我受到震动，我是从写实的角度理解的。写这诗时杜甫五十六岁。他五十八岁去世。最后一首诗的题目是《风疾舟中伏枕书怀三十六韵奉呈湖南亲友》。好像杜甫把舟船作为老年生活和生命里程的一个象征了。我的年岁慢慢大，对这种象征的体会也渐渐深。

人生不就是在一条长河里漂动的孤舟吗？你可以放棹，可以划桨，可以撑篙，但急流大大超过你的力量，你不知道止于何处。谁能知道？多少不可一世的大人物也是如此，小人物又当怎样？

所以我觉得一条船，能静静地泊到枫桥或者另一个什么桥什么渡什么岸，那很幸福……

多少智者哲人"英雄所见略同"，都用一个"在路上""在旅途"的概念来表达对人生过程的体验。美国诗人艾伦·金斯伯格有句诗："人生是把命运驶入没有航标的河流上。"是一种漂泊，一种颠簸，一种"中流击水浪遏飞舟"，一种"随波逐流看风撑船"？

"行走"具有某种象征的意味。于是，就产生了何时"车到码头船靠岸"，对命运归宿的猜度、迷惘和窥探，有了对"安全着陆""好人一生平安"的期盼。

"流连的钟声还在敲打我的无眠，尘封的日子永远不会是一片云烟。月落乌啼,总是千年的风霜;涛声依旧,不忘当初的夜晚……"

破书与断砚

李国涛出身于徐州世家,借用鲁迅笔下人物阿Q的一句话:"我们家祖上也富!"李国涛说:"我家前两代都是读书人。那时候他们有闲钱闲时间又有闲房间,三闲,所以也就买书,买书之外又买字画、碑帖,想当收藏家。在我印象里,好像主要财力都花在砚石上,藏砚。日本人入侵以后,我家收藏损失大半。后来人事沧桑,几经变故,到解放后,几乎什么都没有了。"

李国涛在《破书与断砚》一文中,描写了这些"破书"的下落和砚石的命运:

大约在1955年前后,家里的经济极窘。我已经到外地工作多年,不大知道详情。后来听家里人讲,母亲和婶母商量,说:一堆堆的破书,放都没处放,虫蛀鼠咬,水浸霉烂,留着有什么用呢?卖了吧!确实也对,今后还有什么人去读那种倒霉透顶的线装书呢?但是你不读,别人也不读,卖给谁?决心好下,实行困难。终于也没卖出。

又过了一阵,徐州市某文化机构听说家里还有些古书,竟主动上门来联系。来人大略看了看,现在想来也许是热心文化事业而并不十分内行的人吧,说:买下。什么价呢?三百元,统统买下。家人一听三百元,大喜,遂即成交。50年代的三百元,顶一个小学教师一年工资,于家庭生活补助甚大。好事好事!约定日子，开来一部卡车，破烂书装了满满一卡车。买书的人大约是看上了那套二十四史。那二十四史由大小不等的精致木匣子装起，二十四个匣子合起来，成为一个完整的书架。版本不算讲究，是百衲本。我家本来也没什么元椠宋版之类。此外，还有木匣装的也是极普通的书，大部分属于摆在客厅作装饰品的，据我的记忆，有《金石萃编》和《渊函类稿》，也许还有其他的，如《李文忠公奏稿》之类。那部装书的卡车可能不大，或者车帮很浅，书装到后来竟还剩下三五十部，约半小架。装书很累人，来装书的人便说，算了吧，剩下的不要了。

因此，有一年我回家，见四壁空空，只剩了半架书，家里人便告诉了我以上经过。

关于那些藏砚的命运，李国涛做了这样的记载：

20世纪70年代末或80年代初，我又一次回到老家。我的妹妹住在以前堆过旧书的旧居里。那旧居只剩一个破院，三间破屋，她当时的境况已是彻底的城市贫民。

我去看她。看她一贫如洗的光景，我有些心酸。闲谈一番之后，她拿出一块砚石来，说："二哥你看看，这旧砚台你有用吗？"我看看，旧砚台上有许多泥垢，上面还有铭文，也被泥糊住看不清了。我把砚台放一边，准备带回去洗一洗再看。我问妹妹："咱们家……哪里还有砚台呢？"她笑着指指床下，说："垫床腿的。""垫床腿？"我大吃一惊。你好阔气呀，用这种东西垫床腿！

徐州市内低洼，十分潮湿。床腿桌腿，永远有半尺都是湿漉漉的。徐州居民的桌腿、床腿的下半截就常常腐朽不堪。为了延长这些木器的寿命，便在床腿、桌腿以至椅子腿、柜子腿下垫砖头、瓦片或石片。那块石砚不知在什么时候，在怎样一种情况下，担当了垫床腿的任务，它在床下经过了多少个春夏秋冬，都无从知道了。现在它又突然出现，据说是在夏天翻晒床铺，重新垫砖时偶尔发现了它。一块石砚，它如果自己有知的话，该生出几多感慨来呢？

……看那砚质倒像是块端砚，铭文上也有"端州石室"之类的话，想来应是。至于新坑老坑、上岩下岩之类的讲究我就完全不懂了。

……这时便从木架上取下那一方砚台，用清水洗去积尘。洗去之后，放到案头，这时我才发现那砚台是断的。砚台从中间裂一小纹，小纹极细，不仔细看不出，但确实是断了。当然还没有从上裂到下。我想，这怕不能用了。裂纹里并没有墨痕，它一直在床腿下，久已不闻墨香矣。我要一用，墨汁渗入，那裂纹一定明显起来。或者我会把裂纹弄得更宽，以至断裂。朱筠河先生作铭的砚，毁在我手里，我有点不忍。

砚为什么会断？床腿压的。

……我现在再看那砚心，并没有被墨研得凹下，不像《红楼梦》里引用的诗句"古砚微凹聚墨多"，可见这砚一直没怎么使用。正因如此，我怀疑它是假古董。它难道一制成就专门垫床腿吗？不会。再看砚上擦痕条条，极明显，很深，很粗，可以想象它在床下与其他石块相摩擦相碰撞的情况，那样子可以说惨不忍睹。就算是假古董吧，也毕竟是砚，怎该如此呢？

中国的传统文化，素来有状物寄情触景生情之说。当我们了解了李国涛先生的经历和命运之后，我们能感受到，李国涛先生在对古籍贬值和砚石命运的平静描摹中，内心却翻腾着一代知识分子对命运的慨叹！

李国涛先生前半生的职业是教师，后半生的职业是编辑。大概可以说，李国涛倾其满腹笔墨毕生精力，都担当着"垫床腿"，为别人做嫁衣裳的角色。

吃对虾品出的滋味

人的一生有许多回忆，那都是刻骨铭心的生命碎片。李国涛晚年的记忆衰退得很明显，我在与他的交谈中，提起许多别人对他记忆犹新念念不忘的"大事"，他都淡然一笑说："我不记得了。"然而，他"吃对虾"这样一件小事，却是不厌其烦地多次与人忆及。

李国涛说："20世纪50年代初，我在山东泰山脚下教书。那时，早餐顿顿有对虾。难道穷山脚下一个穷学校这般阔气？当然不是，时代不同了，事情当然不一样。那时人口少，捕捞也不多，虾的个头大还便宜，谁也不当回事。那时各种食品之间的比价和现在也有极大的不同，咸菜一碟二分钱，酱油鸡蛋一个五分钱，酱油煮的对虾是一角钱一只，也就是说一只对虾顶两个鸡蛋。对虾的价钱低于猪肉。在学校吃早餐的人，有三分之一只吃咸菜，三分之一的人加一个鸡蛋或两个鸡蛋，三分之一的人吃一个对虾。我家境比较富裕，每月伙食费十二三元，算是讲究的了，十次早餐我总有五次吃对虾。1957年我由山东调到太原教书。我来太原以后才开始'反右'。我山东学校原来的头，一心想把我弄成右派，转来许多大字报，其中有那么两条就是关于我吃对虾的事。一条说，他总爱吃对虾，资产阶级思想；一条说，他吃对虾时把头扔下不吃，资产阶级思想，右派作风。当时我看到这样的大字报，真是有苦难言有冤难诉有怒难发。现在看来，简直就是笑话。可在当时，却一一都是罪状，给人的思想压力很大。为这事我受了好多次批判，直到把问题提到阶级立场的高度。我自知我爱吃对虾，从来都是把对虾的头尾吮吸得干干净净才扔掉，我怎么会发疯把虾头扔掉呢？虾头好吃，我爱吃；就算我不爱吃，又犯什么罪？那时候我还记得这份大字报作者的名字，后来忘记了，好像也不是什么很要好的朋友。后来到了新时期，我见到一位同我要好的同志讲，当时领导要求他写大字报，直到拍桌子叫他站稳立场、揭发问题。所以他也写了。他说：'我不写我怎么过关呀？'我想也对，要换个位置我也会写。实际上我在太原不是也给别人写过类似的东西。这时我才领悟到，其实那个为吃对虾的事给我写大字报的人真是个好心人。当他不得不写点什么的时候，他就写这种事情。虽然这事不真，却伤不了人。即便伤了人，总也不是政治硬伤，伤得不重。何况他也许真看到我在早餐桌上扔过对虾头，这也说不定。这么一想，我觉得我对1957年那位写大字报的人还是应该心存感激。他没有在政治问题上做伪证写假材料，他也算得是个好人了，那时候，好人难做呀！"

任何深入心灵深处的"历史事件"，都会"随风潜入夜，润物细无声"地幻化为潜意识，影响一个人的思维模式、思维逻辑，由此确立一个人的生存意识和处世方式。

据张石山回忆：当那场严酷的政治风波尘埃落定，李国涛最终得一个"免予处分"的政治结论时，竟然情不自禁地发出了笑声。

这是一种如释重负的笑？恐怕也是一种自我解嘲的笑。笑命运之荒诞不经，笑人生之怪异无常！也许这笑中，还有一丝庆幸，还有一丝"阿Q"式的苦涩与辛酸。一个人出身豪门富家，与生俱来就被列入另册，又戴着一顶"臭老九"的帽子，无疑是历次运动的"老运动员"。作为这样一个角色，却能在一生绵延不断经历的险恶政治风浪中有惊无险逢凶化吉全身而退安全着陆，这还不让人"偷笑"？笑得神秘叵测！

法国哲学家柏格森，写过一篇《笑的研究》的文章。他以哲学家的深邃，对笑有着独到的洞察和丰富的想象力。他从人的这一再不能寻常的表情里，从那面部肌肉一瞬间的抽动中，捕捉到人内心深处的无限隐秘，揭示出这一审美感觉的某种滑稽性。柏格森说："笑是人的一种矫正反应，是理性对把人与机械混同的反抗，是对人性的再次肯定。"

世味如茶，杯中已空

李国涛说："人的年岁大了，逢年过节回首往事，往往有人生如梦大梦一场的感叹。"

苏轼在《后赤壁赋》里，描绘了一个仙鹤道士幻化的梦；"庄生晓梦迷蝴蝶"，庄子也写过一个"蝴蝶梦"。是梦中庄子变成蝴蝶，还是世间的庄子原本就是蝴蝶所变？是道士变作仙鹤升华而去，还是仙鹤变道士来人世点化？

李国涛说:"'大梦谁先觉'是《三国演义》里刘备三顾茅庐时听诸葛亮念的诗句。说不出来怎么才算真正的'觉','觉'大约是指看透悟彻的意思。我不知道我到底算不算'觉',也不知道别人谁'觉'了谁没有。'觉'后一句是'平生我自知'。我已经活了一个多甲子,大概是可以说真正知道自己的平生了。"

李国涛在《老年赋》中写下这样的文字:

杯中已空。

你对着夕阳或深宵的残烛,仍然可看出醇酒的当年色泽,深红浅紫也罢,浓绿淡黄也好,一一清晰。甚至当年溢出而留在杯外的痕迹,也宛然。当年怎么让它流了出来?真正可惜。不过你现在已不再心疼,反正也是饮完的杯子,你不过是再欣赏一下这个杯子和它上面的残迹。这杯子透明,任你端详。这时,连夕阳的光,或那烛影,也渐渐暗淡下来。你觉得这杯子也可随时扔出手去。不过你没扔,却仍然细细地看着它,甚至闻一闻杯里的余香。

李国涛在《世味如茶》中,还有这样的文字:

鲁迅写过三首悼诗,其中有句云"世味秋荼苦"……鲁迅那时才三十岁刚过,已感到世味之苦。他不嫌世味太薄,薄还是淡,淡薄而已。世味是苦的,还嫌薄吗?

"世味秋荼苦","荼苦"二字来自《诗经》。《诗经·邶风》有云:"谁谓荼苦?其甘如荠。"荠是野菜中的佳品,春初生,清香可食。茶是苦的，至秋则叶大而密，更苦。

然而茶是什么？迄无定论。有一说倒说得好，有文字学上的根据，就是：荼即茶。古无"茶"字，后由"荼"变来，字音字形都变了，意之所指还是那种东西——茶。所以，不管叫什么，都苦，也都香而有微甘。

……不论鲁迅嫌苦也好，不论周作人说爱其苦也好，都是由于世味是以苦为底味的。

李国涛在《说老年情怀》中还说了这样一句："老人的滋味像泡过三汤的茶，还有一点色，却没有什么味。有味，也是小苦，小苦之外并无甜意，却带一点涩。"李国涛先生无疑对人生持一种乐观的态度。这是一种超脱飘洒的境界。然而，我从李国涛的文章中，还是读出打翻了五味瓶，"别有一般滋味在心头"。

当今，与共和国同生共死的文人学者的晚境，大概都会有一种苦涩感。

李国涛作为一位资深编辑，当我在写山西作家人物系列，与李锐、成一、张石山、钟道新等谈到他们的成长历程时，不时都会闪现李国涛的身影。作为一个有见地的文艺理论家、文学评论家，李国涛在鲁迅研究、小说文体方面都有专著；还写过不少慧眼识珠推出新人颇有影响独具创见鞭辟入里入木三分的评论文章。然而，每当我夸赞李国涛旧日的文章时，他总会感叹一句："好不到哪去，你不能离开当年的时代背景。"

知人者明，自知者智。

把生命的华彩乐段锦绣年华，许多都耗费在写"遵命文学"、应时应景文章上,大概成为这一代文人学者永久的心病心痛,怀一腔"千古文章未尽才"的遗憾与惆怅。

成一身后的身影

今日的成一,著作等身,是新时期以来颇有影响的作家。一部泱泱八十万字剖析晋商兴衰的《白银谷》,更成为其经典之作、传世之作。

然而,成一的成名作,抑或处女作《顶凌下种》,当年得以发表,却有着一段戏剧性的命运。

那还早在1977年,我借调在《汾水》编辑部(《山西文学》前身)看稿。我们几个小说编辑是按地区分片看稿。我分的是省外来稿。

有一天,李国涛把一份稿件交给我说:"你把这篇稿子看一看。"

我一看是省内忻州地区来稿。我不明白李国涛意图何在?

李国涛说:"你看过后把你的意见告我。"

这篇稿子就是成一后来获1978年全国首届短篇小说奖的《顶凌下种》。成一的《顶凌下种》是自然来稿。那时候稿件分两种情况:一种为重点组稿,约请名家名篇为刊物增色;另一种是从众多自然来稿中沙里淘金,发现苗头,培养新作者。

《顶凌下种》是成一的处女作。当年,成一还在原平县委办公室工作,是一名业余作者。《顶凌下种》当然称不上是成一最好的小说,现在回过头来看,借用"顶凌"而播种,来寓意反抗极"左"思潮的主题,也带着"四人帮"时期文学创作的痕迹。但在当年浩如烟海的自然来稿中,《顶凌下种》透出一股与当年的写作手法截然不同的独特风格。特别是语言，雅致、优美，富于文学化，还带点学者气。其中有些细节的安排，比如男主人公因名字相同，竟把自己的亲生父亲绑到乡里等一系列细节，几十年后仍深深留在印象中。成一毕竟出手不凡，显示出与众不同之处。

我把我的想法如实告诉了李国涛。李国涛说："你把你的想法写个稿签吧。"

这种反常，使我有些云里雾里不知就里。

李国涛让我看一份原始稿签。原来成一的《顶凌下种》由忻州地区的责编报到小说组长处，意见发生了分歧。小说组长认为此稿不可用，已经批示了做退稿处理。责编不甘心，才又把这一情况告诉了时任编辑部主任的李国涛。

李国涛对我说："你与我的看法基本一致。我们也不能说哪个人有眼光没眼光，文学上的鉴赏，从来是见仁见智，有不同看法也是非常自然的事情。多让一个同志看，多一份把握。"

李国涛说："你看成一给编辑部的稿子，从来都是抄写得工工整整，一般人的稿子上写错了字或者在誊清过程要修改什么字，都是划掉后直接写上去。而成一是精心地剪一小块纸贴上，再写上修改的字。从这个小细节中，就可看出成一创作态度的认真和严谨。这是一个值得关注的作者。"

当年，刊物在每年都会组织一期小说专号，以集中发排若干重头作品，李国涛力主《顶凌下种》发1978年小说专号的头条。

对人命运的慨叹，人们常爱用"假如"一词。我常常会想，虽然不能说因为有了伯乐才有千里马，但假如当年没有李国涛这一伯乐，成一的创作之路又将会是怎样一个面目？《顶凌下种》的发表和得全国首届小说奖,无疑对增强一个作者的创作自信心,有着非同一般的作用。李国涛并没有邀功讨好地把这一细节告诉成一。我不知成一知道后,会做何感想?

若干年后,李国涛对我说:"实践证明我们坚持采用这篇稿件是对的,如果这样一篇好稿在我们手里遗漏了,发到了外省去,那是我们做编辑的终身遗憾。"

钟道新说:李国涛那双眼睛很"毒"

钟道新以其智慧写作闻名文坛。他的小说《股票市场的迷走神经》《非常档案》等长篇小说,成为富有文学含量的畅销书作品;他编剧的《黑冰》,在影视界掀起一股"钟台词"风,成为影视文坛"两栖明星"。

钟道新曾对山西的另一个作家毛守仁说:"李国涛那双眼睛很'毒'。"

钟道新与我谈起过他走上文坛的经历。钟道新说:"我的第一篇小说《继承》,是投给《山西文学》,燕治国看完给我写封信。他说,你的小说可以改,有闪光点……改了一次,燕治国说还得改。我都改得没兴趣了,是李国涛说,就这样可以发了。我写的第一篇小说就这样于1981年发了……1983年,我一次给他们两篇《交接》《青山遮不住》,李国涛说都好,两篇小说一次发了。这对一个青年作者是破例的。后来我写了《风烛残年》,在宁武开会时我和李国涛讲了,他挺激动,说你写得真不错,是你的真情流露。《风烛残年》是我小说里写得最好的一篇,写我母亲的,李国涛给我写了一个特别长的编者按。"

由此可见，李国涛的所言所语在钟道新心目中的影响和分量。大概正是出于这一潜台词，钟道新才说出李国涛的眼睛很"毒"。

李国涛向我说起过他当年处理钟道新《交接》和《青山遮不住》两篇稿件的情形。

李国涛说："钟道新一次写来两篇小说，下面报上来，说选用其中一篇吧。我看过后，很明确地在稿签上批了一句：两篇都可用。后来就在同一期上发了。在这之前，只有马烽的《无准备的行动》和《有准备的发言》两篇小说是同一期发出来的。这是对新作者的一种鼓励，也是一种肯定。从钟道新一开始投寄来的小说，我就觉得这是一个风格独特、很有潜力的作者。编辑部发现一个新作者，是件非常令人兴奋的事情。"

钟道新早年的文友，也可说是钟道新在工厂时的顶头上司冀文明讲过这样一个细节：钟道新最初写的小说叫《打赤脚者》，先后寄到北京、上海等全国性的大刊物，结果都被退了回来。这对钟道新是极大的挫伤、极大的打击。钟道新几乎准备罢笔改行。是《山西文学》重新给了他在文学道路上走下去的勇气。

我对钟道新说了一句："是黄金总会闪光。"

钟道新马上反驳说："你这说法不对。不是金子就闪光，它金子是一大堆沙子中淘出来的，淘尽狂沙始见金。这里边有运气。你碰的人恰好对你打击两下，像我这种人，肯定干别的去了。属于灵活的人，不会死谋一条道，一条道走到黑。"

我在钟道新的文章中还看到这样的话："他并不是很看重才能，人谁没有一点才能呢？就是走卒贩夫之流也有。关键是有没有舞台，英雄无用武之地，照样窝了你的经天纬地之才。所以他常说，是因为伯乐，千里马才成其为千里马。"

钟道新又说："物弃物用，其实全在人的一念之间。只能说你碰的人对了。'四人帮'，就是一冤假错案；你碰上胡耀邦，就给你平反昭雪了。韩非子讲过一个和氏璧的故事。同一块玉，怎么一会儿是一钱不值的石头，一会儿成价值连城的宝贝？那深山老林里埋藏的金子多了去了。"

钟道新还说："古人有诗云，'生平不识藏人善，逢人到处说项斯'。识宝不识宝，这里面不仅是个鉴赏水平的问题，更有一层复杂的人性因素在里面。"说着，钟道新含蓄地笑了。

钟道新的这番感叹，可说是从一个侧面说出了一个作家对李国涛的评价。

汪曾祺请李国涛写序

作为文学后进或晚辈，心念李国涛提携举荐之恩，请李国涛为其新书写序作评，倒也不足为怪。然而，可称之为一代小说宗师的汪曾祺请李国涛为自己的小说集《矮纸集》作序，却是令人颇费猜度。

汪曾祺在《文友》杂志1994年第8期上发表一篇题为《〈职业〉自赏》的文章，其中说了这样一段话：

有不少人问我："你自己最满意的小说是哪几篇？"这倒很难回答。我只能老实说：大部分都很满意。"哪一篇最满意？"一般都以为《受戒》《大淖记事》是我的"代表作"，似乎已有定评，但我的回答出乎一些人的意外:《职业》。

山西的评论家兼小说家李国涛,说我最好的小说是《职业》。

高山流水觅知音,汪曾祺寻找到了李国涛这一知音。汪曾祺在《矮纸集》的题记中说:

陆放翁诗云:"矮纸斜行闲作草,晴窗细乳戏分茶。"我很喜欢这两句诗,因名此集为《矮纸集》。"闲作草""细分茶",是一种闲适的生活。有一位作家把我的作品归于"闲适类",我不能辞其咎。但我并不总是很闲适,有时候甚至是愤慨的,如《天鹅之死》。

李国涛马上在为汪曾祺《矮纸集》所写的序中有共鸣回应:

集名甚妙,反映出汪先生写作时一贯心态。不过,读到陆游诗句,我却以为还有一联似乎更能同集子的编法相应,即"此身合是诗人未?细雨骑驴入剑门。"如名为《此身集》倒也不错。不过陆放翁吟此诗时的得意,汪先生也许不愿取吧。

这是一篇一万多字的长文。李国涛说:小说就是回忆。是经过"一个较长时间的沉积过程"的心灵酝酿。"指陈年老酒的意思"文中,李国涛先生除了对汪曾祺的人生经历进行了感悟感受外,还对汪曾祺小说文体的描述兼而论及。然而最终,由于出版方面的原因,这套《跨世纪文丛》用了谢冕的总序。汪曾祺又把李国涛的文章以

"跋"的形式收于集后。伯牙摔琴谢知音。

此例是否又从另一方面印证了钟道新那句话：李国涛的眼睛真"毒"！

马烽与李国涛的情义

马烽在临终前不久，曾给诗人马作楫一信。信中有这样的字句："……说起来，人的一生相交无数，可真正能倾心交谈的又有几人？有些话我也只有同你和李国涛说说。"

李国涛多次提起和引用桓温之言："卿喜传人语，不得复语卿。"李国涛的嘴一向很严，从不传播"小道消息"和背后议论人。

由此可见，马烽是将李国涛引为知己的。

李国涛的评论向来知人擅论，好处说好，坏处说坏，不藏锋芒。他对马烽小说的评论已经尽见文字，我不再赘述。我说说李国涛对马烽画的评价。

李国涛说："马烽是当代重要的小说家。他的小说我都读过。我研究过马烽的小说。这些年他写得少了，倒喜欢起挥毫笔墨，作起字画来了。他的字我不敢恭维，以为太拘谨，或者说是呆板，钢笔字毛笔字都如此。马烽说，他初到延安，在没开始小说创作以前，他学的是美术专业，天天在街上写标语，做宣传鼓动。我想，也许是写标语把字写成'美术字'的样子了吧。但他的画却有点意思。我是在1997年前后才注意到这一点。马烽写小说讲究写实，画画也讲究写实，在写实中富有寓意。有一年，马烽画了一幅新画，画面是两盆大大的仙人球。仙人球上生出几株长箭，上面开着白色大花。题字最妙，写了

'刺儿头上起白云'。经历了'文化大革命'的马烽,痛恨死了那种'头上长角,身上有刺'的造反派人物,画此画大概有所寄寓吧。马烽还画过一幅郑板桥式的《竹》,上面题字'节节高宁折不弯腰'。这大概不妨看成是马烽的人生座右铭。马烽家的房前有一个小院,院里种了不少豆角、黄瓜、西红柿之类,还种了丝瓜。马烽似乎对丝瓜情有独钟,画过好几幅丝瓜。马烽说,丝瓜好啊,瓜嫩的时候,可以炒菜上席,等到长老了,又能给人搓背擦身。丝瓜从小到老对人都有用。马烽还在他的画上题字'嫩瓜能佐餐,老瓤可洁身'。在马烽的晚年,我常去他家看望。都住在一个院里,早晚见面,想同他闲坐闲聊,山西人叫作'谝高兴'。那几年,马烽画了不少画,不时有新作替代旧作。马烽每有新作,我总要品头论足一番。我记得我评论马烽小说的时候,没有评他的画那么兴高采烈,原因很简单,因为我对画是外行,他作画是业余,而且是口头评论,没有文责,只有高兴。马烽谝起来兴头不比我小,他说话又幽默风趣,令对谈者笑口常开。他不是相声演员,不能甩出'包袱'而自己不笑,他也同我一样哈哈大笑。他说话多了,尤其一大笑,还有点气喘。但他高兴,真是'谝高兴',越谝越高兴。"

李国涛还专门为此写过一篇文章:《画里画外马烽》。这大概正是两位老人"心有灵犀一点通"的共鸣之处。

从评论家到小说家

汪曾祺在提到李国涛时,冠名"评论家兼小说家"。李国涛的小说,得到了小说名家的认可。

李国涛这样说到"自己是怎么写起小说来的":

> 我写作的阶段性很强。正如人们嘲笑没有恒心的笨伯,说他们像黑熊掰棒子,掰一个丢一个,永无积累。
>
> 1989年以后,我停止了研究和评论的写作。可是,不提起笔写点什么,心里觉得空荡荡的。写什么呢?我想到写小说。
>
> 平心静气一想,其实自己不是一个写小说的材料,阴差阳错,因为当了多年的编辑,接触了许多作家,看过许多原稿之后,也便附庸风雅,胡乱涂抹起了小说。打个比方说,就像一个药罐,里面煎熬过各种草药,从天冬、地黄、甘草、贝母,到人参、牛黄、犀角、灵芝,免不了沾上诸种药味。现在药罐经年不使,药味散去,又加清水煮上三过,还有什么呢?空空一个砂罐而已,用以煮粥烧肉都无不可。这才是药罐的真面目吧?

这倒颇有《文心雕龙》所言"观千剑而后识器,操千曲而后晓声"的意味。

李国涛不愿借用自己原本评论家的名声,起笔名"高岸",以自然投稿的方式,把写成的小说投向各种文学刊物。谁曾想,竟然一举中的,并且百发百中。从1989年到1993年四年中,竟写下长、中、短篇小说八十多万字。这真让有些一世为文的小说家汗颜。

山西文坛乃至中国文坛都发出惊呼,需要研究"李国涛现象"!

当我与李国涛谈起他的小说时,李国涛嘿嘿一笑:"那就是一种'玩'的心态,一种消遣,写来试试。"

无情的文学史名单尚可添几人

从2005年起,我开始撰写山西作家人物系列。在与山西诸多成名作家的言谈话语中,大家总会不约而同地说,你应该写写李国涛。

我采访李国涛先生,说要写写他。李国涛先生一笑:我有什么好写?!

李国涛在悼念一位文友时写下:"一个人,至于在文学史上,能否被提到一句两句,三行两行,那就由不得自己,也不必去念叨。杜甫说:'千秋万岁名,寂寞身后事。'后事,谁人料到?"

李国涛还写过《无情的文学史》《名单尚可添几人》两文。其中有这样的文字:

> 近十几年来,首先是有人提出了重写文学史,继而提出重写学术史。本来,鲁郭茅,巴老曹,排定几十年,读者不易接受新的"史实"。另方面,每一位有成就的或自认为有成就的作家,也都不能不关心自己可否在现代文学史上占个位置,是一章一节,还是三行五行,或只把名字一提。这种关心是值得尊重的。但要实现,也大非易事。这可不像开个作品讨论会再发一篇报道那么方便。游国恩编《中国文学史》提到八十位左右;中国社科院编的,提到七十多家;《辞海·文学分册》提到一百零三家。大体说来,都是一百人上下。所谓"清代",从顺治元年(1644)到鸦片战争前一年(1839),共一百九十五年,取整数说,就是二百年。二百年,一百位作家,诗人词人小说家散文家都有了。争

一个小位位也难呢。哪一位屁股大的一蹭,不就把你从座位上蹭下来了?文学史再无情不过,勃然大怒或赔笑脸,它都不睬。您熟悉的评论家和史家,到时候也都不再有权威为您说话。

但凡为人一世,在这个世界上走了一遭,人生苦短,大概都会存有"赢得生前死后名"的心理潜意识吧?

为李国涛"正名"

在《山西文学》1982年第2期上,李国涛写下这样的编稿手记:

> 编了徐学波的这篇《大名》,我很兴奋,止不住要写下几句。常看本刊的读者也许记得,去年十一期上有一篇《勇气》,就是这位作者写的。当时,编入《新苗与园丁》栏里。现在的这篇,当然仍应算是"新苗",但是,却是一株眼看着往上蹿的新苗。
>
> 我很欣赏这位作者向生活深处的努力开掘。难得他在极平凡的生活中看到不平凡的方面,在细微的小节中看到劳动者的崇高和自尊……
>
> 鲁迅说:"选材要严,开掘要深。"向生活的深处开掘,首先要选到值得开掘的材料:这篇小说选材就不随便,很"严"的。不是什么重大事件,然而绝非琐屑扯淡的无聊事。写得也颇得章法,开头几句闲闲道来,从容有趣。以后写到队长和科长的大名和小名,你以为是顺笔举例吗?不是,是很有用的伏笔,在结尾时才显出作用。写袁师傅是重点,先写"聋子"的小名广泛使

用,以致使他的大名无人知道,他自己也不知道自己是"袁师傅"。这是很好的铺垫。于是,结尾的一场"正名"之争,就显得很有声势,使读者受到震动,看到一个普通劳动者的崇高的灵魂。

字里行间,可以看出李国涛在发现一个新作者苗子时的兴奋。李国涛不止一次地说过:"作为一个编辑,当发现一个有潜质的新作者时,往往比阿里巴巴发现了四十大盗的宝藏还要激动和兴奋。"

徐学波最终没有成为一个小说家。后来,徐学波弃文从商,没有在文学的道路上走下来。也许他辜负了李国涛先生当年发现他时的兴奋和期盼。二十多年后,有一天,徐学波提出要请李国涛先生吃"谢师饭",说要偿还二十多年来一直藏于内心深处的心愿。徐学波说:"我从李国涛先生身上学到的不仅仅是如何为文,更主要的是学到怎样做人。"

也许连李国涛先生自己也没想到:二十多年前他评论别人小说《正名》的一篇文章,二十年后空谷回音,最终成为状写自己。我们应该为李国涛先生在山西文坛的默默耕耘而"正名"。

(《山西文坛十张脸谱》,山西人民出版社2012年版)

李国涛先生的文字

韩石山

近日得到李国涛先生的随笔集,名曰《总与书相关》,收文百余篇,断断续续全读了,确也都与书相关。

山西作协院里,故去的老作家不说,还健在者,李国涛与董大中两先生,都是我所敬重的前辈学人。两人都是高龄,一个八十三岁,一个七十九岁,又都是老而弥坚的勤快人。同是勤快,又有不同。李先生的长处是写文章,一篇接着一篇地发表,董先生的长处是写书,一本接着一本地出版。相比较而言,董先生那边,我喜欢的是他的见识;李先生这边,喜欢的是他的文字。

记得王祥夫先生曾说过,山西作家里,讲究文字的不多,李先生是头一份。写作上,我有个成见,未必全对,却不能说全错,就是,对一个作家学者来说,文字就是一切。且让我悄悄问上一句,除了文字,我们还有什么?可惜在我认识的作家学者中,能认识到这一点的太少了;认识到,又孜孜以求的,就更少了;认识到又孜孜以求,且达到相当境界的，就少之又少了。李国涛先生的文字随意自然，平和散淡，堪称一流。他是怎样达到这一境界的，学养乎？天分乎？真不好说，怕还是后者居多。

记得早些年看过李国涛先生一篇文章，写周作人的，说周的文章有涩味，这就不是我这样的肉眼凡胎能看得出来的。《总与书相关》里，有多篇谈到了文章的味道，仅以题名而论，就有《〈情到浓时〉有苦味》《咬嚼文字口生香》等。由此想到，国涛先生读书，是品着味儿读的；写文，也是品着味儿写的。他是用电脑的，那就是品着味儿打了。打出一串字，品品，好文字！想好一段话，要写了，品品，好文字！就是在这样不间断的品味中，一篇好文章完成了。这样写文章，才是赏心乐事，才是真正会写文章，也才配写文章，对得起文章二字。

文字好，不在乎朴拙还是清新，而在于有无境界。古人有境界说，王国维力倡之。境界有多种，我喜欢的境界是，家国情怀、身世之叹。不必每篇都有，时不时的要有。有了，文章就风生水起，活泛起来。如《久违绿漪女士》便是一篇这样的佳作。文中说到，上初中时他曾记住了苏雪林（绿漪）某文中的一句话，五十年后购得《苏雪林文集》，忆起这句话且找了出来。这句话是："园中减了葱茏的绿意，却也添了蔚蓝的天光。"这样意境优美、用词得体的句子，俘获一个热爱文学的少年的心，让他几十年铭记不忘，是再正常不过的事。我读到这儿，见括号里有句"五十年前啊！"忙翻到末后，一看是1998年写的。五十年前是1948年。李先生乃1930年生人，这么说，上初三时已十八岁了。默算一下，顿时便有人世沧桑之感。

仍是《久违绿漪女士》里，有这样一句话："风行二三十年代的散文集《绿天》……高洁、文雅而纯真。而作者写时，却并不露出一点雕饰之痕，一切都那么真实，如可触摸。"我在书上的空白处批了一句话："国涛先生的文字好。可谓写得一手可触摸的文字。能将读书的散文，写进我，写得可触摸，是国涛先生的大本事。"这里的"写进我"，是说，评他人的文章里，写进了自己的身世之叹。

这是就大势而论，但也不是没有缺憾。读书随笔类的文章，最忌的是空疏。总括原本就难，又受篇幅的局限，稍不留意，便会流于空疏。比如《咬嚼文字口生香》一文，介绍刘绍铭的新书《文字岂是东西》，先说这类人该看，那类人该看，又说书中有这样的高见，那样的趣味。末尾举的例子是英国比较文学的泰斗人物泰勒，说他因从小就会多种语言，反而因此找不到使用母语的乐趣。全文一千多字，是典型的报章短文的规范。是不是可以换一种写法呢，少说那么多的赞誉之语，多举上两个例子，就是一篇实实在在的小文章了。

君子人格　儒雅风骨
——我心目中的李国涛先生

张石山

　　著名的太原市南华门东四条，看去也只是一条寻常巷陌，多年来却栽植出了一个不争的事实——从这条巷子里走出的大学生、硕士生、博士生，所占人口比例指数大大高于周边其他可参照比对文化单位。对于这样一个令人自豪的事实，我的解释是：与其说这道巷子风水上佳，莫如说南华门里风气醇正。

　　山西省作家协会，从成立之日起就驻扎在这条巷子里。说来已经有六十年之久，堪堪一个甲子。作协机关和编辑部，在挂牌"阎氏故居"庭院的两座西式小楼里办公。小楼系民国初年由某家德国公司承建，至今功能完好，漫步小院，历史沧桑感会油然而生。巷子里原先更具历史沧桑感的若干典型传统的四合院，则在近三十年间被迤逦拆除，历年新建的宿舍楼便深深浅浅散落在一条巷子里。拆迁新建伴随着中国改革开放的整个过程，南华门不仅见证抑且经历了这一过程。

历史就这样在变动不居中前行，当代就这样介入着通向过往的历史。而这道巷子，是个死胡同，相对封闭，自成格局，仿佛圈定了属于它的历史，包括其间的种种细节。六十年来，几代驻会作家和刊物编辑以及会务工作者，大家在一道工作，大家在一块生活。所谓人文荟萃。人文荟萃之地，于是就渐渐养护出一种氤氲在这里的文化气息。往大里说，南华门有了只是属于这里的独特风气。

风气，看不见，摸不着，却又无处不在。想要把它说清楚，应该承认有一点挑战性。我以为，一个独特群体聚落所葆有的风气，一定离不开这一群体聚落多数人的养护，更其离不开若干标志性人物的引领和表率。

作为名满中国文坛的文学流派"山药蛋派"的几位主将，前些年已经先后辞世，但他们不仅给文坛留下了众多脍炙人口的优秀作品，尤其留下了值得后人称道的人格风范。作为我们尊敬的师长，他们的人格魅力可谓长生不死。马烽的严正，西戎的笃诚，胡正的潇洒，孙谦的亲和，冈夫的温厚，师长们种种高贵的品格，成为留给人间留给后人留给我们南华门的最可宝贵的精神财富。更不消说"山药蛋派"的祖师爷赵树理大师，他的人格更是高峰中的高峰，他几乎就是一个伟大的传奇。

众所周知，为著名的"山药蛋派"在理论上定名的，正是我这篇文字格外想要好生说道一番的李国涛先生。

李国涛先生，出身于世代书香的巨室名门。与前面提到的几位从革命队伍中成长起来的师长相比，李老师的文化养成和气质修为毫无疑问别具一格。斗胆言说，我认为李老师身上凸显出的，是温柔敦厚的君子人格和特立独行的儒雅风骨。

这样的人格，如此的风骨，我们在生活中多见吗？那可真是："君子多乎哉？不多也"。几十年不间断的革命，黄钟毁弃，瓦釜雷鸣，以破坏为能事，以残贼为乐趣，以下贱为光彩，以丑恶为荣名。那种乖戾的恶意，那种奸邪的刻毒，革掉的本民族人文精英和文化瑰宝实在是太多了。好在历史悠久从来不曾断裂的华夏文明无比强韧，读书种子竟然劫后余生存而不灭，仁人志士竟然潜伏隐忍毁而不绝，李国涛先生的存在就是一个了不起的明证。如此了不起的存在，惜乎太少，于是就更加显得弥足珍贵。

李国涛先生的存在，之于南华门里的文化气息，之于氤氲在这道巷子里的堂堂正气，绝对是一个不可忽略的巨大因素。

西戎老师去世时，马烽老师尚还健在。在西老师的一个追思会上，马老师满怀深情地说：在我们山西省作协，西戎是第一个有功之臣。这话说得一点不错。想当年，几位老作家既是著名作家，同时又是协会领导，他们干部级别够高、薪金数量可观，统统不把什么职务官位看在眼里；不贪钱，不恋权，纷纷想尽办法要撇开日常事务去深入生活，去精心创作。西戎老师，耳根软，好说话，推脱不开诸位战友的委派信任，不仅多年主持机关领导工作，而且始终兼任机关刊物主编，办好刊物、发表佳作、培养队伍、管理机关，堪称任劳任怨，可谓呕心沥血。对于西老师的功绩，马老师的评价一言九鼎，至确精当。

关于"文革"之前省作协的情况，我们这茬晚辈作家只是有所听闻，自然不曾亲见。"文革"结束之后，省作协的整体状况，特别是《山西文学》编辑部的整体工作，我都曾亲历亲见，于是就具备了过来人的些许发言权。就编辑部的工作来说，我认为：西戎老师确立大政方针，而后全权委托、真正操控整个编辑部工作的灵魂人物是我们尊敬的李国涛老师。

比方，刊物草创恢复之初，像李锐、王子硕、燕治国，还有我，大家都是刚刚学习写作，以工代干调入编辑部的。几个毛头小子，初中高中学历，乍然当了山西文坛最高级别刊物的编辑，究竟该怎样看稿？如何改稿？怎样联系作者？如何编辑刊物？毫不夸张地说，我们都是李国涛老师亲自训练出来的。当年《山西文学》编辑部的年轻编辑们，后来几乎个个都担任过主编副主编，大家终能成为称职的编辑，李老师的言传身教功不可没。

当然，李老师开始作为编辑部主任、后来作为刊物主编，统驭整个编辑部、编好刊物，使我们《山西文学》在全国省级刊物中始终名列前茅、大名而能鼎鼎，属于领导职责，皆是题中应有。我特别还想说的是，如何统领整个编辑部，倡导并形成团结、和谐、严谨、高效、廉洁、敬业的良好风气，李老师身教言教，同样功不可没。

做编辑，能够提高文学艺术的审美境界，有助于我们几个编辑的业余写作功力的极大提高，这毋庸置疑；编辑们，自身具备了日渐提高的写作功力，反过来则强化了我们的审稿能力，这同样毋庸置疑。对于我们几个年轻编辑奋力投入业余创作，马烽老师曾经担心：你在那儿看稿子，这不假，可是说不定你心里在构思自己的小说，这难道不会影响编辑工作吗？西戎老师则是宽厚长者的风度，对于我们的创作实绩，总是露出天真赤子般的笑容。李国涛老师更是如此。我们的作品，只要写得好，他就慨然拿来发头条。他真诚地希望我们进步，乐观其成。像是看见自己的孩子在进步，绝对没有任何不健康或亚健康反应。过往种种，想来令人感慨。仁者的心胸，长者的风度，有如春风化雨。

　　李老师当主编,是我们的直接领导,同时他还是一位令我们由衷敬仰的学者。他当然也在利用不多的业余时间来写东西。当时,我们知道他是一个评论家,是一个鲁迅研究家,还差不多是一个红学家。他的大作,寻常见诸种种理论研究名刊。而我们经常不断能够看到的,是他在《山西文学》刊物上所写的精短的《编稿手记》。编稿手记这种新颖编刊举措,是李老师的独创。后来,我当主编的时候,也延续了这一编稿传统。主编与作者的互动,编辑对创作的评价引导,有了一种最快捷高效的方式。李老师那时经常参加机关领导层会议,一边开着会,他在会上一边就开写那些精短文字。李老师的钢笔字,龙飞凤舞的,真叫好看;那样的写作过程,举重若轻,真叫潇洒。李老师的文字功底、艺术感觉如何?编稿手记白纸黑字俱在,那叫漂亮,那叫精美。

　　我当主编时写编稿手记,也学李老师的风范。这儿开着会,或者谈着话,手底文不加点就那么写下来。那些文字,自己如今看来也还满意。我的文字当中或有机智幽默简捷入木,但仅止如此而已,要论淳厚隽永波俏泓涵,难以望老师项背。如今我的年龄日增,又在反复拜读我们的国学经典,希望在文字功底上,往后能多少接近些李老师,区区此心,也是希冀日新日进之意。

　　记得在三十年前一篇谈论编辑眼界的文字中,我阐述过一点切身体会。我归纳,编辑有几种审稿的眼光。一种,就叫编辑眼。一生做编辑,极少写文章,但其中自有高手。或许不会骑马,偏能相马,具备高明的审美眼界。一种,是为评论眼。寻常多写评论文章,指点文苑江山,仿佛高明的外科大夫,手术刀锋利无比,一针见血、一击致命。一种,则是创作眼。身为编辑,同时喜好创作,审读稿件便有了一种更为内在的同情,有如名老中医,甫一搭脉,一切症状了然于胸。

私下曾经划分,我自个自然属于创作眼无疑;对李国涛先生,则认为他属于评论眼。两种眼光的划分,并无高下之判,大家该是各有所长各有秉持各胜擅长。但后来的事实,证明我此番却是看走眼了。李老师在离任主编岗位之后,迎来了他的写作繁荣期。他一如既往地依然在各种理论名刊重镇发表大块的评论文章。评说现代派,指点意识流,解说"有意味的形式",厘清看似无序的文坛写作走向。同时,他在各地多家报刊上,开辟独家专栏,贡献各式精美散文和随笔短章。讲文坛掌故,谈史海一得。文笔隽秀,见地颖锐。

最是让人惊叹,李老师开始发表小说了!多年当编辑看稿件,不会消磨人的创作灵性吗?长期搞理论写评论,不会格式化人的思维状况吗?事实证明,任何担心和怀疑统统变成多余。李老师不仅在写小说,而且写得非常好。不是非常好,那叫"相当好"。

回想我自身的写作历程,除了时间短缺,写作状态严重不佳。一个字叫"急",两个字叫"匆忙",三个字是"太浮躁",四个字是"火烧屁股"。没有系统读过几本书,没有任何理论储备,有点生活,有点对生活的粗浅感觉,又不曾好生沉淀咀嚼。铺开稿纸就那么开写,就那么拿去发表。急于成名成家,急于赚取稿费,急于证明自我,许多作品,不是自然生长成熟起来,而是拔苗助长硬性努将出来。生活拮据压力大,"文革"十年耽搁多,难免急功近利,亦属情有可原吧,作品写得粗糙则是毋庸置疑。十足的野路子,可以说是"质胜于文则野"。

李老师的小说创作则不然。读书底蕴厚，文笔磨炼多，理论上的自我引导如驱轻车而就熟路，早年生活的沉淀早已曲蘖化为佳酿。李老师的语言文字尤为值得称道。带点书生气，有点书卷气，或曰学者气，总括而言是文人气。气息气场气韵气势气派气概，文气流布，充斥弥漫。

回过头来看，李老师主管刊物的年代，内在格局全然具备小说家的创作才能和潜质。他只是没有写小说而已，有如潜龙勿用。那么，由他来主管一个刊物，全权主审稿件，他的眼界之高，还要谁来多嘴饶舌予以确认吗？既有编辑眼，还有评论眼，更有创作眼，由这样的眼光来审阅稿件，谁还能不认可呢？

在李国涛老师主管《山西文学》年代里，众多初学者投来的稿件遇到这样一位主编大人，是作者们的幸运。经李老师之手，发现提携培养出来的作家，我们可以列出一个长长的名单。从西戎老师，到李国涛老师，他们自然从来都不曾以谁人的恩师自居。幼稚的谦卑的初学者，最终成长为器宇轩昂的知名作家，那是他原本就有这样的天赋和潜质。编辑部职责所在，理应扶持培植，没有压制人才，不曾埋没英俊，分所应为。但我相信，每个在《山西文学》旗帜下成长起来的作家，不会忘记老师们的无私栽培。拳拳此心，尽在衷肠。

南华门巷子里，山西省作协，或也可以称作具象化了的山西文坛。在这座文坛上空，最早飘扬起了"山药蛋派"的旗帜。地域特色，流派标识，说来也难免是一柄双刃剑。强调农村题材，强调地方语言风格，是几位老作家的不成文的文艺指导方针。这当然无可厚非，或曰正是题中应有。但改革开放之后，新生代作家群体的成分发生了巨大的变化。大家的生活储备各有千秋，文化背景各有不同，写作手法也各具个性特色。清醒地全面看到这一情况的，首先是李国涛老师；予以理性把控做出针对性办刊举措的，也是李国涛老师。这一定和西戎老师的大力放权疑人不用用人不疑的宽厚胸襟有关，但我们依然不能不为山西文坛感到幸运。老作家们坚定不移地选择了李国涛，这简直就是历史的选择。

比如率先成名的成一、韩石山、李锐、蒋韵等几位作家，略后些成名的钟道新、潞潞、赵瑜、王祥夫、吕新等作家，涉猎题材五花八门，创作手法花样翻新，李老师领导的编辑部一视同仁，踢开门户之见，山西文坛从此敞开了更为开阔博大的艺术包容胸襟。

晋军就这样在不期然间崛起了！

晋军崛起的呼声曾经震动整个中国文坛。山西号称文学大省，凭什么？凭的是前头的"山药蛋派"与后来的晋军。客观评判，晋军的文学成就足以与"山药蛋派"抗衡而毫不逊色。曾经评价并且为"山药蛋派"在理论上定名的，是李国涛老师；更曾经为培养晋军多数主将做出了无与伦比的贡献的，还是李国涛老师。

作为他的老部下，他的一名学生，这样高度概括评价李老师，恐怕李老师要批评我了。他会批评我说得过头了。

李老师就那样，君子怀德，修己安人。他做了那样多的工作，有那样多的贡献，付出了那样多的心血，他却总是谦逊有加。即便是说到对学生们的批评，无论对人对事还是对作品，他的批评也总是显得那样温柔敦厚，与人为善，长者情怀。

这就不能不谈到李老师的为人。

从刚刚开始写作发表作品，我就有了属于自己的一点感悟。写作了文章拿来发表出版，成名成家得稿酬，但它的功用绝不仅仅如此。

我们的作品，令人爱读，有愉悦读者的功能，说得骄傲一点，或许还有几分寓教于乐的意味在内。惩恶扬善，有所担当。但写作的过程，首先是一个内在自我修炼的过程。文学，犹如哲学美学，一定该有塑造作家自身的功能。写了一篇文章或者几部著作，自个就无形中端起来而不自知，那是文学创作的异化。这样的面孔，我们身在文坛，何尝少见。有一句成语"平易近人"，写作，应该使我们更加接近人类，而不是相反。

我愿意是这样的一个作家，希冀自己成为这样的一个人。

而李国涛老师，他确乎就是这样的一位作家，一位批评家，一位学者，一位文人。正像《论语·述而》篇第三十八章所言："子温而厉，威而不猛，恭而安。"我觉得这句话用在这儿形容李国涛老师，非常适恰。几乎就是他的传神写照。他果然称得上是一个君子。如前所说，李老师身上确实具备了温柔敦厚的君子人格和特立独行的儒雅风骨。

《论语》每言"君子"，老百姓日常也爱说这个名词。君子到底应该是个什么样？南华门里的人有缘了，我们看到的李国涛老师，便是君子。君子多乎哉？不多也。

温良恭俭让的李老师，总是那么一个样儿。泰然自若，庄敬自重；不疾不徐，无狂无狷。但在我和老师相处的岁月里，确实还见过他的别种样态。我的长篇纪实《穿越——文坛行走三十年》，在大陆出版了节选本，在台湾出版了完整的繁体字竖排本。上面记录了许多发生在编辑部和我们文坛的若干大小事件。书中写到了李国涛老师在编辑部的几番畅怀大笑，写到了他的一次暴怒。

先说几番大笑。

编辑部小楼二层那个当央的大房间，当初李老师和我们小说组挤在一块看稿办公。他的办公桌，在右首临窗。刚进门的地方，我和李锐共用一张办公桌，面对面各自看稿。那时正是文学热，自然来稿多不胜数。每周，我们当责编的，大约都要审稿四百件左右。一个月下来，审稿量绝对上千。编辑部里鸦雀无声，大家埋头看稿，耳边是纷纷翻动纸页的声音，像是轻风拂过杨树林。看稿到一个回合，李老师会站起来，直一直背脊，舒展一下四肢。这时，大家也就起身，给水杯里续水，或者上一趟卫生间。编辑们盖无聊天扯闲话，不谈国是，更不会低级趣味播弄什么家长里短。大家都忙，忙极了。再者，李国涛老师领导长者的样子摆在那儿，编辑部里风气俨然。

但有那么几次，李老师在自己的办公桌那儿，坐着或刚刚站起，突然就爆发出一阵朗声大笑。突如其来，声震屋宇。大家吃惊，都从稿纸堆里抬头，个个脸子上写满错愕。李老师便开始解释他的大笑，仿佛是在添加按语，来一则"编稿手记"。

"哈哈！想我李国涛，出身不好，自己还是知识分子臭老九，历次运动竟然，哈哈！竟然没有被揪出来，没有挨斗！哈哈哈哈！"

"文革"结束前夕，山西作协部分恢复系统职能，称作"文艺工作室"，李国涛老师从社科院调来，主管编辑部工作。他自然属于知识分子，所谓臭老九。在那个时代，中国知识分子是整个被打入另册的一个阶层，一个极为广大的群体。非是过来人，不能体察他们那种受迫害的极度恐怖。而李老师出身怎样"不好"，尽管当初我们未得其详，但也有所揣测估摸。不是传统的大户人家出身，他的身上哪里会有那么多的文明气息？

《论语》多言"君子"，孔夫子自身便是一位最伟大的君子。孔子主张"危邦不入,乱邦不居",这主张自是相当明智,但也客观证明了春秋时代的活泼宽松。上苍生人以腿脚,自由迁徙是天赋人权。你这儿迫害知识分子,老子抬脚便走。民间有谣谚说:此处不留爷,自有留爷处;处处不留爷,爷去投八路。这位爷凭什么如此气粗?原来时代宽松,迁徙自由啊!后来的被污名化的臭老九们,你能往哪儿逃呢?

《论语·公冶长》篇第二十一章也讲到在无道邦国生存的例子。子曰:宁武子,邦有道,则知;邦无道,则愚。其知可及也,其愚不可及也。在邦国无道的情况下,宁武子其人装傻充愣,外示愚鲁,韬晦自保。孔夫子是一位伟大的仁而智者,连他老人家都不无赞叹:这个人假作愚鲁的功夫,我们不及他啊!

李国涛老师是怎样逃脱躲过了历次运动的迫害的呢?我们不得而知。恐怕李老师自己也说不清楚。我猜想,李老师也是一位仁而智者,他的睿智聪明、隐忍潜藏的智慧,一定对他的生存起过决定性的作用。李老师待人宽厚,与世无争,这样的君子人格,也一定对他的生存起过决定性的作用。

历史充满血腥,但也总是给人希望。强韧的文明,在与任何暴虐的对抗中,赢得了它的伟大荣光,证明了它的生存伟力。

我再说说我亲见的李国涛老师唯一的一次暴怒。

作协院内三号宿舍楼,是70年代末建成的。分配住房年代,家家无房、户户短缺。新建住宅楼如何分配?成为全机关最敏感的民生大计。党组决策,成立了分房机构。部分党组成员之外,机关各部门还选出了代表进入分房机构。编辑部代表,是李国涛和周宗奇二人。

每到分房或者调工资,马烽老师总是带头表态。他当时住在四合院平房里，断然声称：我就死在这个房子里好啦，我不要求分房！调工资也是，马老师率先表态：我的工资够高的了，有限的名额让年轻人们增加一级工资吧！马老师带头，西戎以下几位师长也都纷纷表态；几位夫人，自然是马烽夫人段杏绵老师带头表态，随后各家夫人从善如流，统统不参与调工资。马老师的风度，不愧是几位老作家里的领头羊，机关党组的一把手。但马老师既然是党组一把手，尽管个人不要求分房，也不具体参加分房机构，具体如何分房，牵扯到利益分配蛋糕切割，却到底脱不了干系。人们的种种诉求，或有登门恳告，或有段杏绵回家转述，马老师自是了然于胸。正如全机关人员一致认可的：马烽掌控全局，机关里什么事能绕得过他去？

我当时住在机关外居民大杂院，属于有房者，对于作协分房有点事不关己，没有闲工夫去关注。然而分房中的种种扰攘，在机关里沸沸扬扬，令人耳根不得清静。

先是听说周宗奇在分房机构会议上，当众对段杏绵拍了桌子，摔门而去。起因是：分房机构有过多次研讨，形成了基本合理的分配方案，据说段杏绵老师说了点别的意见。段杏绵说话，那背后可就是马烽的意思啦。周宗奇摔门子，是冲这个。当时，郑笃老师参与主持作协工作，出任分房机构领导，追出来指责周宗奇。郑笃个子小、嗓口大，像是京戏黑头那样的声口，话语里有威胁周宗奇的味道：

"周宗奇！你太放肆！你眼里还有没有领导？"

周宗奇红脸汉子，偏生不惧这一套，直撅撅顶了回去：

"毬哩！说是尊重群众意见，自己在后头操控，我见不得毬这个！"

然后，就是李国涛老师在编辑部的那次暴怒了。

记的是一个下午，当时在办公室当干事的曹平安来编辑部，催促李国涛去开分房机构会议。先是在房间里，李国涛拒绝去开会。声音不高，态度坚决。曹平安就继续低声慢气笑模笑样来催请，仿佛分房是老曹的家事，老曹恳告谁去帮忙似的。记得老曹回了办公楼那面一趟，大概是秉承了郑笃等领导的指示，再次来编辑部催请李国涛。这一回，李国涛疾步走出编辑部大房间，在走廊上对曹平安起了高声。那是我仅有一次见过的李国涛的暴怒，房间大开门，李老师愤怒的声音从走廊上带着回声传进编辑部来：

"我不去！你就告诉他们，我李国涛不参加分房小组会议！全体分房小组成员，大家研讨半个月，所有群众意见，加起来不如马烽的一个屁臭！"

我不在走廊上，没有看到当时曹平安先生的脸色，也不知道曹先生是怎样离开现场，又如何去汇报情况。李国涛老师岸然回到编辑部来，面色煞白。房间里的空气凝固了一般，诸位编辑继续埋头看稿，仿佛一切都不曾发生过一样。

深深留在我的记忆中的这些事，时过境迁，写下来讲出来，或许只是一点小小趣闻，一截谈资。但这些事，之所以留在我的记忆中，历久不灭，总有它值得留驻的意味。

李老师的几番忘怀大笑，想来令人感叹。囚徒脱出牢笼、奴隶挣断锁链、战士得庆生还、灵魂重获自由，不过如此。可以设想，专制暴政，曾经怎样戕害压抑过一位知识分子的精神啊！

李老师的一次暴怒，则让我们看到了一位君子的风格多侧面。君子又何尝总是温良恭俭让，君子仁为己任、勇猛刚健，何尝缺少担当。正如孟子归纳的大丈夫气概：贫贱不能移，富贵不能淫，威武不能屈。自反而缩，虽千万人吾往矣！

李老师，是一位学者，是一位读书人，当然也始终算是一位布衣。李老师的那次暴怒，顶多算是布衣之怒。布衣，小小老百姓，曾经不敢言甚至不敢怒，生活在这样状况下的人，对这样的压抑该是有着刻骨的体察。布衣之怒，不能不让人击节赞叹，连声喝彩！

前不久，山西出版集团隆重出版了五卷本的《李国涛文存》。

这是山西作协的一件大事，也是出版界的一件大事。为这部作品的出版，《山西文学》编辑部的晚生后辈们积极踊跃，出了不小的力气。那么，这部书的推出，就更其是一件值得称道的好事。对我们尊敬的先生长者，有一点反哺回报，首先感动了我们自己。

古人有言，仁人志士追求的所谓"三不朽"，是为"太上立德，其次立功，其次立言"。那是中国读书士子的宗教般的情怀。

李国涛先生近六十年笔耕不辍，著述等身。他的评论文字，见识高拔、器量宏阔；他的散文随笔，隽永超逸、雅致从容；他的小说，文化意味浓重，艺术化地再现了被时光遗弃的过往，更艰苦卓绝地发掘出了蒙尘过厚的某种传统精神。

李国涛先生担任我省作协机关刊物主编多年，建造晋军多级梯队，托举文学大省辉煌，大有功绩。

李国涛老师谦谦君子，风骨儒雅，立身处世，言语举动，堪称行为世范，是我心目中由衷敬仰的师长。

立言立功立德，李老师在几个方面都无愧是我们的先生。

我们南华门东四条，是一条著名的巷子，也是老太原大规模拆迁新建的进程中得以留存的一条普通巷子。大家工作在这里，生活在这里。这里氤氲着某种宝贵的文化气息。

李老师年事已高，说来已是八十有五的高龄。

他寻常天天出门散步，和他的老伴杨老师相随了，蹒蹒而行，成了我们巷子里的一道风景。

对了，除了作家协会的人员之外，南华门还保全有一家独门独户的四合院。那个院落，属于私产，不归作协机关。院子的主家开办了一所幼儿园，名堂响亮，叫作"阳光幼儿园"。每日早晚，上下班时光，家长们迤逦前来接送孩子。巷道里于是显得很乱，但也充满了活泼泼的生机。孩子们注意到那位老爷爷了吗？他们感觉到这条巷子里的文化气息了吗？

文明自有其遗传密码，以我们无法尽知的方式传播。黄发垂髫，并怡然自乐。华夏文明，生生不已。

李老师的一部长篇小说，题目是"世界正年轻"。

这个题目真好。

南华门巷子里，文气氤氲中，阳光正灿烂。

（《山西文学》2014年第5期）

漫说李国涛先生之为人为文

毕星星

《李国涛文存》五卷本终于出版了。先生把自己的文集叫《李国涛文存》,这更准确。它远远不是一个完整的收集。不说别的,近些年的小随笔,先生随写随丢,到哪里找去?先生并不怎么珍惜自己的文字,他自我介绍说自己"喜写稿,乱投稿,偶发稿"。先生说自己1955年首次在《光明日报》发表评论文章,"没什么影响"。"近十余年,目力不佳,只能写千字文,在许多报纸副刊上发表,随写随忘,无足道者",看出先生对自己文字成就的淡泊平和。但你看看这皇皇五大卷,再看先生成文的集子:论文集《〈野草〉艺术谈》,论文集《文坛边鼓集》,专论论著《STYLIST——鲁迅研究的新课题》,长篇小说《世界正年轻》,长篇小说《依旧多情》,随笔集《世味如茶》,就知道先生的著作丰富,涵盖创作研究几大领域。就在编发这五卷本的时候,先生同期有三十万言的随笔集《总与书相关》出版,还有一本很精致的小开本《目倦集》。他好似一个忙碌的农夫,你跟在他身后捆扎，他却是边收割边抛撒，谁又能搜尽他的耕种和收获呢？所以说看似皇皇五卷，其实也只是一个大概的搜罗。先生零星撒在各地报刊的碎玉片琼，恐怕就只能任其星散，在暗处荧光闪烁，只待再再集束。

先生谦和低调，说到自己的文字影响，他说，稍有影响的论文有《且说"山药蛋派"》（《光明日报》1979年12月28日）和《汪曾祺小说文体描述》（《文学评论》1987年第4期）。其实，这是先生的得意之作。前者可谓一箭定天山，为中国当代重要的文学流派定了名称。命名就是创造。这个名字几十年一路叫过来，叫响了山河万里，这块国土上的人们，从此不能随意轻薄山西的文学成就。也由此，他和马烽为首的山西几代作家群，结下了深厚情谊，形成了互相感知互相推动的创评关系。后一则，先生在文体研究，开风气之先，推波助澜于后。由鲁迅的创作发端，一眼看30年代，一眼看当代眼前。沿革流变，各呈奇妙。众声喧哗中高标文体研究，自是由政治到艺术文学转型的深度开掘，也是先生的慧眼独具。在这一波文体学研究的巨大声浪里，先生发出了强大的个性化的声音。中国文坛的艺术描写的深化推进，先生的贡献，值得大书一笔。这哪里是"稍有影响的论文"几个字能够轻描淡写了的。

收到文集，我当即打开翻过。有些文章，原先就看过，这次重新看了。几十年过去，时光依然难以遮掩先生文字的清辉。比如小说《郎爪子》，这是先生改换笔墨写的最早的小说。当时我是责编。我填稿签，感动先生的老辣。先生那时是《山西文学》主编，一贯给别人发稿，我们这些编辑也都是给天南海北的作者填稿签。偶一日，给自己的主编填稿签，也有生怕拿不准的担心和忸怩。国涛先生大概也觉得有趣，我一边写，一边他就要拽过来看。我惊讶在先生一改习惯，小说竟也这般精彩，自然评价很高。他看了只是呵呵地笑，简短地吐出几个感叹词，不再说什么，那脸上写满了自谦。所有这些，至今历历如在目前。这个短篇后来入选隔期的《小说选刊》，中国作协那边很快传来消息，有人打听高岸是谁。高岸是谁？国涛，高岸，互为表里是也。一篇《郎爪子》，写一个大家败落以后的顶尖厨师。乾坤挪移，家道败落，无计可施。厨师的失意沉沦，主人的贫困潦倒，一切都无可遏止。一个家族的垮塌，一个时代的垮塌，全在其中。当社会剧烈变迁，惊涛拍岸，一个人，一个家族沉溺入水，又算得什么呢。

这一时期的小说，先生由短篇到中篇再到长篇，几年间，完成了一轮横扫。我那时看过几个中篇，只觉得把解放前夕的时代动荡描画得震撼人心，有的画面，几近惊悚骇人，如那个封死在银行地下室金库的误入者。中原大战，政权易帜，后人只有欢呼，其实当时时局的剧烈变动，各色人等的心理震荡，远不是用一场胜利能够概括的。就像龙应台的《大江大海》，那失败的一群，也是一种颜色的人生。同一片国土上，摧枯拉朽犁庭扫穴和仓皇辞庙颠沛流离，都是国人的岁月。先生的家乡徐州那时正是一场战事的中心，有刻骨铭心的记忆和体验。先生的小说，展开的正是王朝更迭大变动时代的市民的身不由己。革命变革推进历史，人道灾难也在所难免。先生平实地讲述这一切，这是先生的独特视角。

有关先生的小说成就，不是我能够轻易言说的。当年牛玉秋先生曾经有一篇《高岸小说的文化品格》，由中篇《紫砂茶壶》，长篇《世界正年轻》《依旧多情》，论述先生的文化修养、精神选择、文化定位。牛玉秋是国内著名的小说评论家，论文发在《文学评论》。他说先生50年代对生活的认识接近王蒙，90年代对生活的批判接近杨绛。由《青春万岁》向《洗澡》靠近，这大约就是先生的精神历程。先生和王蒙占有同样的生活材料，先生却比王蒙晚写了几十年，回头再看几十年以前，可爱的青春躁动和幼稚的青春狂热，已经嬗变成为冷静的历史辨析。先生写20世纪50年代后发制人，既是时世使然，何尝不是先生的命运沉潜。

先生研究汪曾祺小说，那么汪氏小说的代表作是什么？世人都说是《受戒》《大淖记事》。只有两个人说是《职业》。一个汪曾祺本人，一个李国涛先生。由此可以知道，先生对于汪曾祺，相知何其深。汪氏要出小说集，请先生作序，先生的论文，汪氏特意作为跋文附后。这些都可见在汪氏心里先生的分量。

由文学评论写作进入文学编辑岗位，并由评论转入创作，最终进入文化随笔写作。这大体是先生的职业生涯的笔墨转换。先生说，在每一个点，他似乎都不久留。这是实情。先生退休以后，所写最多的是文化随笔，先生的写作文体归结于此，也是意味深长。随笔短文居多，先生戏称为千字文。这些年，全国各地报刊点点开花，究竟有多少篇，恐难以统计，说数百篇是有的。先生由此引起关注。

有关先生的文化随笔，在《总与书相关》出版时，我曾写过一篇短文，介绍先生的短文写作。你惊讶，先生读过多少书呀！那是古今中外，经史子集，无不涉猎。古典现代，先生都不含糊。先生习古，不泥古，现代派也熟，并不跟着时髦变脸。谈鲁迅、梁任公、陈寅恪，这些好说，那么张之洞、龚自珍、傅山呢，谈的人就少了些。先生欣赏晚明小品，张岱，这爱好就更精细了。至于谈古人文章的"圈"和"点"，考证"羽扇"不是"尘尾"，总还算是文字考据，那么说寒柳，说山西小吃，说豆芽呢？说山东苦酒，说《随园食单》呢？在先生笔下，随便什么信手拈来，都能涉笔成趣。先生读过的书有多少？集子里经常见到买书读书记录，某某书，五百页，买来，读了。说来轻松，眼前要过多少密密麻麻的黑字呀！查一个材料，要翻开某某全集第几卷，无不中的。先生记忆超人，时常是遇到疑窦，就能查到相关的书。考一个"盥洗"，先说甲骨文训诂字形，接着举出《红楼梦》多少回李纨洗手，嗣后又举出《左传》晋文公洗手带来的"国际麻烦"——有趣极了。翻开周作人的什么书，翻开周一良《魏晋南北朝史札记》，所指不虚，让人敬佩。好些书很生僻，不是专家不去看，有些书都是大部头、多部头，比如梁任公的书，这些全装在先生的脑子里。

文化随笔讲究文字。先生的文字也好，不是一般的好。先生在书中，几次谈到散文的写法，《散文最要平常心》《文章喜家常》，我明白先生的意思。写文章最好说家常话。谁不想像唠家常一样写文章？那要有那种能力才行。各类大家文章，各类世态人情烂熟于心，你才能将深刻的道理以平常心看待，以家常话出之。先生历数近代的好多文章大家，莫不以家常话谈论，那是因为在先生眼里，这些已经成了家常。我写文章，每到紧要处，为了显示深刻，为了说明问题，不由得就使用艰深的概念，绕着弯子的推理，那是因为在我心里，他们本来还是高深的复杂的，我没有能耐用家常话说清楚。先生的文章看似浅近，读那么一篇，就让你猛醒，又读那么一篇，让你明白了一个道理。有时，就是一个小知识，却也牵扯到东西南北犄角旮旯，轻松一笑里，让你获益。文字明白晓畅，都是常用的词汇、常用的句式，没有故作惊人的修辞，似乎一切都寻常，这却是最不寻常的。

先生的文化随笔，外界估计不足。前几年我去上海，抱着先生四大册打印文稿寻求出版，结果没谈成。我以为，随着时间的淘漉，先生的随笔，迟早会获得应有的评价。那是会让更多的人惊讶的。

山西的文化人，令我敬仰的不多。我曾经这样评价先生：在山西，如果问，谁算是编辑名家？和李国涛一样入选的，可以有若干人。再问，你会写小说吗？有一流的小说吗？立刻会汰出一批。接着再问，你做过影响全国的文学评论吗？留下的就更少了。如果还有留下的，再问：你懂外文，能翻译吗？这，恐怕就只能留下先生一人了。

这样评价，先生当得起山西文坛第一人。

我1983年秋天调进山西文学杂志社，先生那时已是主编。当时老家运城不放人，先生找了宣传部部长斡旋，我得以脱钩到位。自此以先生为师，不敢怠慢。这倒不完全因为知恩图报，先生的道德文章，在作协系统尽知。我作为后生，只有高山仰止，景行行止。

20世纪80年代初期的文学，那是怎样一个盛景啊。社会热捧，编辑尽职，从业者无不自豪。全中国奋发踔厉蒸蒸日上，这是全景里的一个园区。先生的文学功业主要成就于这个年代，大体与80年代共始终。在改革开放的高速时段先生释放出最动人的能量，许多事情是值得回忆记述的。

我刚到编辑部，办事不知深浅。不久回老家运城，带回两个作者的稿子。交给主事值班的周宗奇，他立刻签发，当月一起发表了。一日上班，先生把我叫到主编室，问："运城那两个稿子是你带回来的吗？"我说："是"。他说："今后再回运城带回稿子，要么交给责编。要么，你就不要带。他们给你也不要带。就这。去吧！"没有多余的话。也不容分辩。我唯唯退下,一头雾水,不明就里。至于知道运城片责编有意见,那是后来听说的。现在说这些,也无非是证明先生从严治刊的决断。在一个散漫惯了的作家群体,那时的《山西文学》,可道是制度严明,井然有序的。

那时我们都怕他。不只是像我这样寂寂无名的,就是张石山、李锐这样的远近知名的才俊,哪一个提起李国涛,不是屏声敛气?在编辑部,一个一个守规矩得很。这也不是严刑峻法所能解释了的。先生的人格力量,先生的文学成就都有无言的震慑力。

那时的《山西文学》,不但订户踊跃,国外也有青睐。日本的小林荣,常年翻译山西文学的小说,每年印一本,叫作《中国农村百景》,在日本出版,颇有影响。大约1985年,他来山西访问。这是"文革"以后山西作协第一次接待外宾。《山西文学》作为具体的承办单位,除了文学活动,还有不少的礼仪应酬。一班元老们对他出面,那叫一百个放心。

1988年作协换届,大会选出了三个副主席,先生列在其中。换届以后作协党组班子难产,主事人想邀先生入阁,先生拒绝了。

好多人都在猜测先生的作为。其实没什么多说的,先生不愿意做官,先生只愿意做一个作家学人,以文化功业建树影响社会。和传统文人一样,先生更愿意在野,议政议文,划清执行和言说的界限。把自己的职责,牢牢地划定在著述言论。

传统的中国文人曾经有立德立功立言之说。事功并不是多么了不起的亮点。远离权力,疏离权力,置身事外,做自己的文化建设,这是先生的定位。面对这一次巨大的诱惑,先生没有迷失,这是人们最敬佩先生的。

先生执掌《山西文学》这十余年间，我以为这是刊物最好的时段。时也运也命也。《山西文学》最美好的年华，和一个众望所归的大家相伴，这是缘分。

"文革"以后文学刊物复刊，山西还叫《汾水》，老作家兼任主编，先生做编辑部主任，那已经是中流砥柱。先生在别人并不看重的自然来稿中，一眼选中了成一的《顶凌下种》隆重推出。这篇小说很快荣获全国短篇小说奖，成一由此脱颖而出。此后《山西文学》连连获得全国短篇小说奖，名重一时。先生任主编以后，我以为《山西文学》的变化，要在于艺术因素暗暗增强，逐渐挤对了政治倾向的浓重颜色。大同的一篇小说，先生强调的是"雁北乡村的风情画"，这在80年代都是很招忌讳的评价。临汾的一篇小说，名为《但愿人长久》，先生提笔就改成《小女人》，看得我们目瞪口呆。刊物发稿，先生创立了一个小栏目《编稿手记》，就是要编辑对稿子说些自己的看法。先生以徐漫之等笔名写了很多编稿手记。随意点染，收画龙点睛之妙。以至于编稿手记成为《山西文学》的一道风景，配小说那叫点石成金，赏心悦目。山西的小说，逐渐改变了政治色彩鲜艳或者政治加艺术的笨拙表达，走向生活的混元状态，先生有推进之功。

80年代中期，现代派已经西风东渐，愈演愈烈。先生不了解现代派吗？绝对不是。这一年《山西文学》出了个"封面问题"，连续几期使用变形画，外界一片嘘声。先生没有慌乱。事后先生说，鲁迅的《呐喊》《彷徨》的封面画，不都是几何图形吗？30年代先锋，一百年以后还是先锋。先生对西方艺术思潮也甚是关注了然。创作会上，先生援引索绪尔的《语言学教程》，讲解"语言"和"言语"、"能指"和"所指"、结构和解构，从英文到汉语，畅通无碍，昆乱不挡。听得我们如闻天书。那时的新批评、原型批评、俄国形式主义等，这些理论的传入，在山西，我们都从他这里开始听到第一声。我那时也恶补一些外国书，囫囵吞枣，食洋不化。一次。在先生面前大讲阿尔都塞的《结构主义和马克思主义》，先生狠狠盯了我一眼，那眼神要把我刺穿。心下忐忑，回家连忙打开一看，原来阿尔都塞的书名是《结构主义的马克思主义》，我这是露了大怯，只看了个书名就在那里烧包。先生对于这种不求甚解的文风十分鄙弃。省内一位喜欢名词轰炸哗众取宠的理论家，大文推荐西方风行的《历史研究》，把享誉全球的学者汤因比多次叫作汤比因。先生忍不住嘲弄：你那研究的是马克思主义啊？

不久编辑部收到吕新一篇小说《那是个幽幽的湖》，小说显然接受了现代派表现手法的影响，情节只有断片，人物只有暗影，通篇都是神秘的暗示。小说发还是不发？责编拿不准，推给了主编。为了这篇新人新写法，先生召开编辑部全体大会，集体讨论，号召每一个人都发表意见，不管责编非责编，每个人填一份发稿签。由编辑部集体讨论一篇小说的发表与否，在办刊历史上罕见。以先生对文坛大势的判断，先生当然熟知小说写作的新变化。我看先生早已成竹在胸，让大家都参与进来讨论，那是一次文坛新思潮的普及教育。山西的小说，由此不那么古旧。吕新也由此一跃成为活跃的小说家。几年以后，吕新的小说走遍全国，在各地名刊抢滩圈地，他当然不会忘记，谁是他的第一推动力。

主持《山西文学》，这可说是先生文学活动的主要"政绩"。人们常说，山西的作家都起步在《山西文学》，这倒也不全是夸饰之词。成一、李锐、柯云路、钟道新、张石山、韩石山，再到张平，这一批山西文学界的重量级人物，哪一个没有得过先生的扶持奖掖？几代作家由《山西文学》出发驶入快车道，几代作家敬重他，视他为师长。《山西文学》合着时代的节拍，走过了80年代，那一度辉煌，当然和一个人的名字有关。这是时代使然，也是他的事功。道德文章之于管理，原来有这样巨大的作用。在先生身上，这一点表现最为鲜明。

先生退休以后，自此坐拥书城，以写作为人生。我作为后学，常到先生那里请教。十多年以后我也退休，去得更多了些。去了，无非谈国运，谈文脉，谈读书写作。有一天先生说，咱们这几年的谈话，收起来有一本书了。我蓦地恍然大悟。退休以后，对先生的了解才越来越多。直觉走近先生，竟然是从退休以后开始的。

先生出身徐州的一个大家。民国时代，李家公馆那就是一个半岛，三面环水，院子有点规模。有一年我去徐州，住在徐州市医院附近。回来看先生，先生笑说，现在的徐州市医院，就是他家当年的老宅。先生生在一个爱书人家，家里藏书极其丰富，四壁书架全是线装书。生活无着以后卖旧书，装了一卡车。还剩下半架。70年代先生回家省亲，妹妹指着床腿问，这下面垫一块石头，二哥你看是个啥？先生取出来擦净，认出那是一方端砚。垫压太久，有了一道裂纹。怎么办？废了呗。

先生从小生活优渥，接受了完整的旧式教育。先生的旧学修养及持续的兴趣，肯定和青少年时期的文化养成有关。先生的小说描述的一个大家族的败落，当然也有旧年生活的烙印在。先生说，那"郎爪子"炒菜时，我就在边上看，能写不好吗？

1957年反右，先生逃过一劫，说起来很有戏剧性。先生那时在煤炭系统教书，刚从山东调到山西。山东那边转来材料，自然就不吃劲了。开了几次会,没有批出个名堂,算是虎口余生,幸免于难。

先生多次说,我可不是山西培养出来的作家。他在徐州上小学中学就开始练笔投稿,调到山西以前,从1955年开始,上海的《文艺月报》、北京的《光明日报》都发表过很像样的文章。到山西以后,写作条件很差,蹲坐在床上,拿过纸就写。山西的报刊发过不少,很快就在山西享有文名。家庭出身不好,几番办不成调动,绕了几个弯儿,才进了文联。

像先生这样的文化背景,偏偏落脚在一个革命根据地文学传统非常强大的省区,这是非常有趣的。冲突和融合,最终两下相安。他为山西的文学事业做出了重大贡献,对于山西的文学传统有开掘发展的功绩。他和马烽等老一辈革命作家保持了几十年的友谊。马烽老师一直到临去世之前,还把他当成可堪交流的知音。他认为在山西,李国涛是可以说几句心里话的为数不多的人。

先生多次大力评介过山西文学流派,他对于"山药蛋派"的成就局限,当然了然在胸。对于革命文学的流变,也经常是一语惊醒梦中人。他很看重赵树理继承的五四精神。先生喜欢赵树理30年代的小说。他认为赵树理承接了30年代的鲁迅传统。1934至1935年,赵树理写过长篇小说《盘龙峪》,那已经是非常成熟的现代小说,和《小二黑结婚》同样优秀。早在30年代,赵树理已经形成了《小二黑结婚》式的写法风格,远在延安《讲话》之前。现在人们都习惯把赵树理的创作归结为根据地文学,其实这是非常简单化地贴标签。

先生非常看重30年代文学,推崇鲁迅、巴金、沈从文等大师,先生的文章,更多地师承周氏兄弟。鲁迅、周作人,是先生的珍爱。尤其周作人,先生多次推介他的文章的苦味涩味,可惜我一知半解,学不来更写不来。

先生自己的文章，尤其是近些年的文章，写出了境界，写出了滋味。什么滋味？那是需要仔细咂摸的。先生自己说，他曾应约给一家晚报写稿，每天发在报头右侧。发了一阵子，总编说，算了吧，总感觉这文章有一股说不出来的味儿，不对劲。先生笑谈，什么味儿？就是传统文化的浓酽味儿，没有沾染革命政治的火药味儿。现在的报刊，毁灭文风，官文都一个腔调，汉语最好的表达化为乌有，幸亏自己还有点旧学底子。他说："我总算没有被彻底改造了，还留下那么一点味儿！"

看到1949以后，一些所谓革命作家独步文坛，飞扬跋扈，自以为老子天下第一。先生特别反感。先生冷眼相向，喜欢这样奚落他们："是的啊，能写的都不让写了，那不就数着他们了？"

但是对于"山药蛋派"作家群，先生依然以豁达的态度，给予他们较高的评价。我理解这其中有客观分析，也有深交和理解在内。他时常诚恳地评说，"马烽这些人是很有才华的，那种农民式的聪明和幽默，哪里去找？小说里表现得多好！可惜他们遇上了那个极'左'的年代，一代聪明作家浪费了才华，不得施展。时代误人，造化弄人，要这样理解'山药蛋派'。"

文学评论是先生的专业，文学编辑是先生的职业。翻译是偶一为之，写小说是临时客串一把。我以为，一直到先生近些年的文化随笔写作，先生才算走进了自由写作的理想境界。先生以作家加学人的身份走进去，在中国历史文化的房间任意出入。林林总总的历史人物，纷纭复杂的历史事件，浩如烟海的历史典籍，先生拿过来为我所用。在历史文化的长河里泅渡，先生得心应手，臧否人物，指点当今，都可以看到源流，看到走向，看到历史的强大惯性力。文化是一个深邃的海，深水不流，却是一定要注入无形的力量，影响眼前的一切。先生的眼光已经不再专注山西一地，不再专注六十年的是非。他驰骋在高天，沉潜在深海，探海得珠，老马识途，文章写到这个分上，不愧为人师表。

回头再看先生和山西革命老根据地文化的融合，此时自当有解。先生坚持的，是中国传统文化的文化自信。几千年的文化积累，绝不是几十年的变革能够改天换地的。革命文化不过几十年，面对传统，如盐入水，余味还在，化为无形。新社会绝不可能在旧社会的废墟上横空出世，遗世独立。革命文化最终也会融进传统文化的茫茫大海，中华文明海纳百川一脉相承。先生宽容淡定地看着沧桑流变，相信着一切毕竟分久必合。

以我的眼光，像先生这样，有民国经历，有旧学修养，1949年以后，对新文化建设卓有贡献，这样的老作家老学者还有多少？不多了。我们应该加倍珍惜才是。尤其可贵的是，先生全身远祸以后，在一个以破坏旧世界为时髦的时代，重视的是文化的传承建设。先生在晚近的著述，更加贴近古风，以彰扬历史文化为用心。先生文章并不陈旧，其中却可见老派文人的风骨。先生顺接了前代的遗产，后人理当接力继续。先生的价值会越来越凸显。只有俗人妄人才会轻慢先生这样的老作家老学人。

应该在这个基点上理解先生的宽容和淡定，那是一种性格，更是一种文化态度。先生这些年，从容看世事，臧否都在心里。相信历史会矫正一切。先生的平和冲淡，是老人的慈祥，也是老人的超脱。各种思想流派交锋，先生持论公允，从不声色俱厉，咄咄逼人。在山西文学界，先生的学子也都各掌文事，先生从不骄矜。先生一个蔼然长者，和谁都友好相处。先生没有对头，但先生不是和事佬，人们敬重先生，是因为先生的学问，因为先生的德行。在这个意义上，说先生是好人，那是高尚高大景仰认服的意思。

我这些年，也写过一些批评山西、批评山西文学传统的文章，先生一再告诫我，切记有理和有礼。"有理是道理上站得住脚，有礼是礼数要尽到。功过是非，历史会有结论的。这事最好让别人去做，让这个胡同以外的人去做。"先生说。

我没有完全听取先生的教诲。在一些地方，依然锋芒毕露不留情面。对于我的鲁莽，我不知先生如何理解。一代人有一代人的理路。齐白石说，学我者生，似我者死。我的学力，我的修养，距离先生不可以道里计。想想自己，能做一个仗义执言的鲁男子已经很不容易。对照先生的修为，只能惭愧。

我唯一担心的，是先生文集出版以后是否搁笔告别写作。以先生之高龄，收拾成果一般都有总结一下、刀枪入库的意思。文集出版，喜悦不尽。若果以此告别，将再也看不到先生优美的文字，又是无尽的惆怅。

我在心里暗暗念叨，先生年事已高，如果体力目力不及，那就少写点吧。完全停止读书写作，在先生，不应该，也不会的。

(《山西文学》2014年第5期)

目倦文长存

苏 华

1

20世纪80年代初,我从一所中等专科学校调回大同,到同属一城的雁北地区一文化单位服务。单位尚无自己的房子,租了某单位的一楼办公。单位也就十几个人,可一两人一个摊子的部门很多,都要有单独的办公室,没房住的工作人员,还占了两间当宿舍。我们编辑部是新组建的,自然没房办公。那时我们这个单位的情况,和杨绛所写《洗澡》解放初期国学专修社差不多,一位领导,只说了一句话就把我塞进了图书室合署办公。图书管理员也与《洗澡》里的那位最可爱的姚宓差不多,只是身份不同,干部家庭出生,为人很好,对爱看书刊的同事总是有求必应,想法找到。1981年底,她要上报来年征订的报刊,我偷偷地跟她说:"能不能加订一份《山西文学》?"她只说了一声"我试试吧",这事就办了。1982年,《汾水》改刊名为《山西文学》,我就看到了。那时,一份自己喜爱的刊物一到,急着先看的是作品,对主编、副主编是谁好像并不在意(不似现在,主编好像也成了一级官员,读者如果只看作品,不知主编是谁,那是你不懂文场规矩)。阅看当年第二期马骏的小说《两只牺羊》时,一个名叫祝文茂的编辑写的"编稿手记"引起我极大兴趣,甚至比马骏的这篇小说本身兴趣还浓。这之后,看《山西文学》的内容和秩序颠倒了——先看有没有祝文茂的"编稿手记":有,那就先看"手记",再看作品;没有,略略翻翻也就打发了这期。那时的《当代》《十月》《收获》《人民文学》正处全民阅读的黄金期,外加可看的好期刊很多,《山西文学》就这样被我边缘化了,只是靠着祝文茂的"编稿手记"引导着单篇阅读。这种情况一直持续到1986年我调到太原暂短工作了一段时间为止。

1987年,我被调到《火花》编辑部工作。省文联和作协虽然分了家,但机关大院还在一处。到文联开会、办事什么的,我经常到《批评家》编辑部坐坐。后来认识了祝大同,还以为祝大同就是"祝文茂",但没好意思直接问他。直到后来谢泳告诉我,才知道"祝文茂"是《山西文学》主编李国涛的笔名,院子里的人都习惯叫李老师为"老李"。谢泳还说:"老李是民国生人,受过系统的民国教育,学问很好,徐州祖宅有好多藏书文玩,是个书香家庭出来的高人。老李的《文坛边鼓集》你可看看。"

《文坛边鼓集》的评论对象是"山药蛋派"文学开山始祖赵树理、马烽、西戎、孙谦、胡正以及第二代传承人成一、张石山等人的作品。让我最感佩服的仍是他的一篇札记:《赵树理艺术成熟的标志——读赵树理长篇小说〈盘龙峪〉的札记》。凭着学养背景和资料积累，他论定赵树理的创作成熟期是在1934年。这个论定，至少对我来说，实际上推翻了赵树理是在《延安文艺座谈会上的讲话》光芒照耀下逐渐成长起来的梦呓胡说。而精选出的二十四则在《汾水》《山西文学》刊发的"编稿手记"，仍是百看不厌。当时就觉得李国涛对这些小文章有着一种别样的特殊感情。这种特殊的感情是什么？他在书的"前言"中说："因为这不单是我写的小文章，它们也是我多年来的工作内容，确实凝聚了我的一番心血，也耗去了我的一部分生命。"李国涛为什么要写这段话？不解。后来自己也勤勤勉勉地在任职的杂志学李国涛写每期的"卷首语""编后记"什么的，多年之后，才体会到这种"为他人作嫁衣裳"的事情，万般无奈，实在是做不得的，不论多么崇高，多少人赞你，失去的总是多于得到的。

读《文坛边鼓集》，当时该想到的似乎都想到了，只是没有想到，从90年代起，李国涛的"编稿手记"这类读书随笔的小文章竟然风行于天下。

2

只看书名，单单一个"文存"就令人顿生敬佩之情。现在那些"功成名就"的作家，哪个不是"文集"，甚至是"全集"？南朝梁元帝萧绎说："诸子兴与战国，文集盛于二汉，至家家有制，人人有集。"两汉时的盛景，在文化大发展、大繁荣的新时代真是复兴且加以发扬光大了。我不知道这事好不好，但对个人和周围的朋友们来说，总是好的。但我知道，李国涛先生不用"文集"，偏偏用了"文存"，虽是一字之差，差出的却是境界和所受教育背景的不同。胡适在1921年出版《胡适文存》第一集时说:"这四卷是我这十年来作的文章。因为有好几篇不曾收入,故名为文存。"这就是说,"文存",不是把编入集内的文字存下,而是把没有收入集内的文章存下。李国涛深得此意,故用"文存"而弃"文集"。一词的存废,分野的是什么?该是一篇讨论民国和新中国教育之不同所产生的后果的大文章,无关乎"文集"和"文存"的好坏。

拜读五卷成套的《李国涛文存》,不期然竟觉《胡适文存》第一集是怎么编的,《李国涛文存》大体上也就是怎么编的。

胡适说:"卷一,论文学的文。这一卷删去最少,因为我觉得这些讨论文学的文章,虽然有许多是很不配保存的,却可以代表一种运动的一个时代,也许有一点历史趣味,故大部分都被保存了。"《李国涛文存·评论卷·上》收了二十多年前出版的《文坛边鼓集》,意思与《胡适文存》卷一差不多。1987年,李国涛曾在《山西师范大学学报》第一期上的"自传"中反思自己的这些文章:"由于受到当时'左'的思潮的影响,所发表的这些文章大都带一副'左'的架势。对于写评论的人来说,这是一个沉痛的教训。"在反思和道歉意识普遍具有的今天,重温李国涛二十多年前所说的这段话,真是很为他的言行而动容。

胡适又说他的文存卷二、三:"带点讲学性质的文章。我这几年作的讲学的文章,范围好像很杂乱……目的却很简单。我唯一的目的是注重学问思想的方法。故这些文章,无论是讲实验主义,是考证小说,是研究一个字的文法,都可说是方法论的文章。"《李国涛文存·评论卷·上》的另一部分是"小说文体研究"。"小说文体研究"在李国涛评论当中是一个重头戏。尽管他的文体研究较为集中在鲁迅身上，但也不乏对汪曾祺、林斤澜小说文体的独到而出色的研究。这种研究，如同胡适对《水浒传》和《红楼梦》的研究，主要也是以考证取胜。

《李国涛文存·评论卷·下》主要收了两部鲁迅研究的书稿。《〈野草〉艺术谈》和《STYLIST——鲁迅研究的新课题》。前者是以研究一个字一个词，详解《野草》迷人的艺术性，后者则是对鲁迅作为一个伟大的文体家的具体分析。

80年代，鲁迅研究是一门显学。搞文学评论的人，如果没有几篇像样的鲁迅研究文章，那是上不了台面的。在山西，研究鲁迅而斐然自立的：20世纪80年代是李国涛，21世纪初年则是阎晶明。阎晶明的研究在鲁迅与"文革"；鲁迅笔战的风格；杂文为什么和诗歌一起成为当下公众最不喜欢的两种文体；1925年是鲁迅不同寻常的一年；将一些关键词进行个案剖析，如"流言""公理"（也包括"公允""公平"）"学者""文人""正人君子""可惜""偏袒""名流""通品""闲话""某籍""某系""东吉祥派"等等方面有着新的见解和关注。

在阎晶明所著《鲁迅的文化视野》（昆仑出版社，2001年5月）一书中，我看到了鲁迅研究领域中的新路数和鲁迅成为"显学"的背景。其实，谁都清楚，对鲁迅在媒体上品头论足、议短说长，是要有些现代文学研究的根底的。但面对鲁迅这个中国现代文学、文化、思想史上的不可多得的资源，正规开采者有之，来料加工者有之，偷盗者有之，"海外走私"也时有所闻，而且挖掘出来的又都是靠山吃山，靠水吃水，旁行斜上，各取所需，孰好孰坏，孰对孰错，让人很无奈，也很不好辨识。阎晶明在谈及某地对中学生进行的一次调查，在你"最讨厌的作家"的设问下，排名"第一"的竟是鲁迅的话题时说：

"当代中国青年对鲁迅的阅读其实并不是过量而是相反,比起俄罗斯人对自己民族文化精英的推崇来,鲁迅思想和作品的社会普及其实还远远不够。"这话完全正确。但我想补充的是,第一,我们现在提供给社会普及鲁迅思想和作品的推崇之作,别看贩卖"鲁货"者数不胜数,其实能拿得出手且用于这方面进行素质教育的,是远远不够的。第二,俄罗斯在近现代出过多少民族文化精英?可我们仅有一个鲁迅打住。也许是感觉只有一个鲁迅还远远不够,于是又有政府文化官员到处说"我们现在是一个可以产生'大师'的时代",可鲁迅的群星又在哪里闪耀?没有与鲁迅比肩的大师出现,喜欢冒泡的人就一个个跳出来,拼命在鲁迅的灵魂面前撒野。这样的景象,想想也不奇怪,这么多吃思想、吃文化的人,不吃鲁迅,还能吃谁?

李国涛的这两部研究鲁迅的著述就不是这样。他靠的是实学。他是在前人研究的基础上,或带着自己的喜爱、自己的学问、自己的独到的眼光,佐以新史料,扎实地进行着个性化的鲁迅研究。我很看重李国涛的这种实学研究。因为用小说家的想象来研究鲁迅,难免会出什么错。记得当年看倪墨炎的《鲁迅与许广平》(上海书店,2001年6月),我就看出一处因描写而造出的破绽。倪墨炎是鲁迅研究圈内的公认专家。既是专家,当然知道写传记的深浅,所以他在"后记"中说:"不采用小说家的虚构、想象和编戏剧性故事,真实地写也会有吸引力的。"尽管抱着"言必有据"的信念,结果在有些地方还是不免有所想象,而一想象就会出错,这似乎成为一条定律。如在《上门探视》一节中,倪墨炎讲许广平1925年4月12日初次到鲁迅的"秘密窝"——"老虎尾巴"(书房兼卧室)探视一事,说许广平看见床东边几只叠着的旧箱子上面的墙上,"挂着司徒乔的素描炭画《五个警察和一个〇》（〇是孕妇的代号）"。鲁迅买司徒乔的画，是在1926年6月6日往中央公园观看司徒乔所作绘画的展览会上。显然，1925年的鲁迅书房东墙上不可能提前一年多就挂上了司徒乔的这幅画，这在鲁迅日记和司徒乔的回忆文章《鲁迅先生买去的画》中都有记载。由此我想，写鲁迅，研究鲁迅，吃鲁迅研究这碗饭，真是太不易了。

研究像鲁迅这样伟大作家的文体，李国涛在理论上做过一些深层次的思考，这就更不容易了。他的这些深层次的思考是这样的：一、文体是风格的直接可见部分；二、文体是由词汇的选择和组合、句式的安排、篇章的组织、修辞手段的运用构成的；三、研究文体的专门科学是文体学。这些理论思考，以及《STYLIST——鲁迅研究的新课题》一书的完成，是对鲁迅研究的一大贡献。而对于像我这样的读者来说，助益更多——不但可以排除遇到鲁迅作品中的深奥语言时，冷汗频出的一无所知或一知半解，而且能更好地理解鲁迅的伟大在何处。

也是看阎晶明的《鲁迅的文化视野》一书，我才知道，90年代，研究鲁迅的第一"大拿"汪晖（著有《反抗绝望：鲁迅及其文学世界》和《无地彷徨："五四"及其回声》），已渐为研究鲁迅的人士不满，正为寻找一位"智勇双全"的精神领袖，一位集批评智慧、发现眼光和优雅语言于一身的批评家而发愁。直到出现了一位写了篇《殖民地鲁迅和仇恨政治学的崛起》大文的朱大可，此种期盼才有了些许转机。一篇"鲁迅新解"的文章，竟差点在中国批评界造就一位"智勇双全"的顶级批评家，这可是一件吸人眼球的事。可是没过几年，朱大可随意操纵鲁迅学术资料，为了奇思异想的立论需要，东拉西扯掏空任何可以为我所用的材料，串接成用以诱惑人的碎片"研究"，就被人看穿，昙花一现的领袖地位轰然倒塌；汪晖的霸主地位也没长期把持住，2010年，因成名作《反抗绝望——鲁迅及其文学世界》一书，涉嫌抄袭事件而威信扫地。但是，反鲁倒鲁的事件并没有因此而住手。近来，关于鲁迅先生文章退出中小学课本的喧嚣不断。我想，如果是我写的《〈野草〉艺术谈》，就把这本书寄给有关教育部门。因为这不是鲁迅作品退出不退出初中课本的问题，只是一个读懂读不懂的问题。

3

听人说过，李国涛还用"高岸"的笔名写过小说。是什么小说，我没看过。今见《李国涛文存》有一卷是小说，赶快看。共有两篇短篇，四篇中篇，一部长篇。先看书名为《世界正年轻》的长篇。这一看，就放不下手。

1953年，李国涛从徐州铜山县贾汪煤矿（现为徐州市贾汪区），调到山东泰安华东煤矿工人速成中学当语文老师。在贾汪煤矿做文化教员时，他曾亲历过知识分子思想改造运动。这部小说的时代背景，就是知识分子经过思想改造运动之后，各自如何面对组织"大考"的时代。

1951至1952年，知识分子经过一场人人"洗澡"过关的闹剧、滑稽剧、悲剧后，一个"洗心革面"的新世界由此开始。《世界正年轻》，一开头就把这种思想改造后时代背景和主要人物点了出来：

火车由南往北呼啸而进。从蚌埠往北去，一站站地露出北方

的贫困和单调……（苏注：江南人看北方总是这样的眼光和印记）

南京一所师范学院历史专科的毕业生，手提包里锁着毕业证书和介绍信，要到一个学校去工作。在苏州一带水土里养出的白嫩的脸面现在绷得紧紧的，一双大眼却好像要把南方秀丽山河中吸取的水分滴落出最后几滴。从今以后，喝的是北方的水……（苏注：苏州青年女子，小说中女主人公）

不过夏宁芷是坚强的，她一晃脑袋，要把自己那点"小资产阶级情调"抖下去……（苏注：知识分子思想改造运动后的背景仅此一句，就点得明明白白、清清楚楚）

杨绛著名的长篇小说《洗澡》开篇，人人都从大地方、小地方往政治文化首都北京跑，《世界正年轻》展示的却是经组织分配和生活无着落的旧知识分子像鸭子一样被赶往一个荒凉的矿区中等专科学校。杨绛的小说，前半部写高级知识分子暂时的无所事事，没有目标的工作及婚外恋，后半部写思想改造运动中被"洗澡"的具体活像；李国涛小说的前半部描写的是一个基层学校围绕着落实周恩来"改革学制""给他们受教育的机会"（详见中共中央文献研究室编：《周恩来年谱》上卷，1997年5月，第175页）的教学场景，后半部写学校改工薪分为工薪制的评定全过程。杨著是知识分子思想改造运动进行中的事，李著是知识分子思想改造运动后的事。绝妙的正编和续编。《世界正年轻》内容的好不用多说了，只说书中的"女一号"人物夏宁芷。

中国矿工文化学校三分校是由矿务局工人文化补习学校更名而成的，住宿条件虽然差，但也不至于把一个刚从南京师范学院毕业的夏宁芷和在复旦大学数学系教过书、已婚且有一个十岁儿子的谢秋柳硬性分配到一起居住。而这正是党员军队干部出身的党支部书记兼副校长章元善有意让行政科安排的。为什么？小说第四章有所披露：

> 夏宁芷刚到校，章元善对她有过一次谈话。先谈让她改当语文老师的事："我给你说说语文组的政治情况。敌伪时期的报社编辑、国民党县党部主任、旧式学校的教员，都有。还有几个小学教员出身的，原来在文化补习学校教扫盲识字，现在只好依靠他们……没有党员，团员你是第五个。你看看，我们难不难。可以说我们面临困境，困境！懂吗？"谈完夏宁芷调往语文组，是把她这个团员当作党员使用的政治作用之后，章元善又谈了一个组织上秘密安排："我给你交代一下吧。谢秋柳是个老大学生，也教过大学，有些水平。但是，她男人是反动军官，被我们捉住，现坐牢。她的家庭是大商人，现在为生活所迫才应试来我们这里当教员。否则她当然不会为我们工作的。对她这样的人，我们可以利用她的一技之长。但是在政治上必须提高警惕。懂吗？""她怎么说，咱们倒不必管。我们内部知道就行。"章校长说的"内部"，当然包括自己。夏宁芷这样想。同时又联想到自己家庭也是一个小商人，并不是劳动人民的一员，心里觉得不那么心安理得但又特别得意，所以十分感谢组织把自己"内部"进来。

由此，夏宁芷被组织有意安排"卧底"，"告密"与"被告密"者的故事便在这两位新老知识女性和指派夏宁芷"卧底"的章元善之间展开。

"告密"这个词近年很流行，有关书刊报及自己披露出来做这事的文化名人也不少。但以小说的艺术形式塑造出一个既心理单纯，想法又复杂的"告密"者形象,李国涛是第一人。

山西不乏写小说的好手,因亲身经历所限,写中国知识分子在建国初期就处于时运不济、命途多舛的小说只落在了李国涛的手里。这种重大历史题材的写作,不光是在山西,就是放在全国,加上杨绛的《洗澡》,也只有这区区的两部。其艺术上的价值就不用说了,情节的展布、人物的描写、心理的刻画,没有文化资质的小说家是写不出来的;人物似乎也并没有多少虚构的成分,也大多可成为研究知识分子思想改造运动后的案例和典型。

4

20世纪90年代及21世纪初,全国进行各省市的行政区划界线的勘界,我因缘际会,遂忝过任,得以在经济发达的沿海地区飞来飞去。在飞机上及住处,经常可以看到当地晚报,时不时地就会看到李国涛的读书随笔。可以毫不夸张地说,李国涛的这类文章是随着我的飞行而满天飞;换句话说,是我追着李国涛的文章满天飞——这,一方面显示了沿海地区的报业办得好,影响也大;另一方面也证明了李国涛的文章的确是一纸风行,笑傲天下。

三晋出版社社长、总编辑张继红在看完李国涛的《总与书相关》送审样稿后,说过这样一句论评的话:"李老师的文章,山西无出其右。"我以为此言是"一言为定"之评,十分赞同。

《李国涛文存》有上下两册随笔。其中提到的书,我百分之九十都有,且都读过或翻看过。有些书也有写点文章的念想,但就是没写出来。看完李国涛的这两册随笔,我老想:为什么有那么多同好、同感，李国涛都写了出来，我怎么连笔都下不了呢？是懒吗？自觉也挺勤奋的，显然不是这个原因；是阅读的界面不宽吗？好像也不是。比如叶天寥的《甲行日注》，李国涛只是从《明小品三百篇》读到其中的十七则就写出了《关于〈甲行日注〉》，而我看过足本的《天寥四种》，计《年谱自撰》《年谱续》《年谱别记》《甲行日注》，以及他妻、子女所作的诗文总集《午梦堂集》，当时就感到叶天寥的《甲行日注》较之张岱的《陶庵梦忆》和《西湖寻梦》，更有一种激愤的悲情，但为什么没写出一篇文章来呢？思来想去，最后归纳到断代教育和系统教育、新中国教育和民国教育上。

李国涛的读书随笔是流出来的，让人感到那真是想到就写的。这是民国教育留下的底功。再加他家有很多我们现在已不能想象的古籍善本，打小在这种环境下出来的读书人，宋真宗赵恒所说的书中千锺粟、黄金屋、颜如玉、多如簇，早已化为胸中的沉香，心里想到哪里，那几缕香烟就会袅袅升起，心到手到，一篇妙文就这么出来了。像我等之辈，写一篇文章，左查字典，右翻出处，写来写去，也去不掉"掉书袋"的痕迹。这也难怪，没受过传统文化的系统教育，这一路的文章要是写得好才是怪事。

谈外国作品的读书随笔，我注意到李国涛非常喜欢董鼎山及他的写法。我也是极喜欢董鼎山的。起因是看《读书》杂志。1979年4月，随着"读书无禁区"一声呐喊，《读书》创刊，董鼎山开始通过《读书》的"纽约通讯"专栏向国内读者介绍当代外国文学，为正欲冲破禁锢的中国思想文化和文学界推开了一扇"西风窗"。我读董鼎山的文章，一是喜欢他介绍的外国作家新作，二是爱他通晓明白、旁及作家介绍的写法。现在看李国涛有关外国作家和作品的写法，也是深得董鼎山一路真传，没有高头讲章的经学气，更不似既没有留学背景，也不知道董鼎山是何许人也的人所写的读后感，三言两语就说明白了这部小说为什么好，好在哪里。

李国涛的读书随笔中还有一类是"花木鱼虫"。情趣的多样性和笔境之高，堪比20世纪的大读书人叶灵凤（后从上海移居到香港）。三联书店出过叶灵凤的三册《读书随笔》，至今我还认为是写这类随笔的经典，时不时翻开看看。他还写有一本专写"花、木、蔬、果、鸟、兽、虫"的小册子，叫《花木虫草丛谈》，也是三联书店在1991年出的，我也买了读过。两相比较，具体内容有所出入，但灵动和馋人的写法却是不相上下的。只是在某些物品方面，看李国涛状写吃喝的小品，多系北方，感觉更熟悉更亲切一些。

我曾经和李国涛有过一次关于"吃"的侃谈。事情缘于我编三卷本的《民国山西读本》。我说，您在《谢泳〈旧时光〉》一文中感叹："学者读此书可以找到不少材料，我只想看看当时山西人和太原人都吃些什么，结果很失望。那些大学者好像对吃不怎么感兴趣，不写，或只是写得极简。"我终于给您找到一篇不是寻常人来山西大吃二喝的旧文，是包括洋鬼子在内的名头很响的记者来山西吃土饭的详细食单。李国涛说："赶快拿来给我看看……"

这一篇旧文是抗战时期，西北记者参观团访问克难坡的新闻报道："中外记者参观团，因见阎长官以下官兵节衣缩食，生活艰苦，而招待记者团膳食则颇丰裕，心殊不安，曾由邓副领队代表向阎长官请求改用士兵伙食，以示同甘共苦之意。阎长官则谓，以中国传统道德云：薄己厚人，如过于简慢，殊非待客之道，特以亲笔函致记者团代为复谢。但记者团仍坚持要求与一般公务员、士兵同食一次，藉表敬意。阎长官遂亦首肯，特于（1944年5月）29日午，用士兵伙食飨客。计每人配发小米山药煮饭两大碗，合小米五两，山药十两，又烩菜半碗，内计山药四两、猪肉二钱五分、食盐一钱五分。各记者大吃大喝，甚感兴趣。"后来因为事忙，也没去李国涛家再就这个话题问问看有什么感想和"味觉"。

有人评说李国涛的随笔"老到"。风格上说是对的，但我还有一些补充：在"老到"的背后还有着一层思想和批评的力量！如以下这些篇章就是思想性极强的"小文章，大道理"之文：《还会有一流的吗》《"小女人"何时长大》《这个说法并不明白》《留此头颅好反思》《应得师弟之道》《你当不了贵族》《王元化的日记》《散文怎么写》《五十年代陈寅恪的感慨》《"博导"又"考研"》《闲说余秋雨》《不要听人骂"一帮狗东西"》《诗心·史心·世心》《传统可怕的一面》《有人拒领菲尔兹奖》《爱伦堡与纪德所见略同》……这些篇目，只是我随手在《李国涛文存》随笔卷依序简化列出的，这类有思想力量在内的好文章在"文存"里还有不少。思想的力量有什么用？只举一个我自己的例。

李国涛在《应得师弟之道》中说："对先贤、长者、师辈的态度，往往也是一个学风的问题。讲究师道，尊敬先贤，也是尊重历史、尊重传统的一个方面。此关治学，亦关做人。"十几年前，有感于有人把苏雪林捧得过高，只谈她光彩的一面，略去不大好的另一面。于是，我写了一篇《苏雪林的另一面》。一位研究台湾文学的学者看到后，感到"味道不正"，批评我"为人不可太刻薄"，我即以一篇《为文就该遭愚衷》回击。2000年夏季的一天，我到作协，正巧在巷子里遇到了李国涛。他说："我看了你写苏雪林的文章，文章很好，有许多我不知道的史料，但对长辈用那种口气写文章不好。"我听后脸一下就红了。至今想起，还觉得脸红。

现在写散文的人很多，但大多不大知道散文之道，《李国涛文存》是一个样本。

2014年1月，李国涛托友人送给我一本新近由北岳文艺出版社出的《目倦集》。他在"序"中说："近两三年来，觉得目力越来越不行了，看点书，眼睛酸涩困倦得难受。我原先以为，我这一生大约与书相伴是注定了。一卷在手，就可以忘寂。现在才知道，其实不行。一卷在手，你看不下去也不行呀。老花镜换成放大镜，费劲不说，头两年还行，后来同样不行。硬看，难受得不得了。读书的愉悦，抵不上读书的痛苦。叹一声：罢罢罢。还有许多买来未读的书，该写未写的文，都放下了。这就是'目倦集'名称的由来。"

看到这儿，我很难受。怕谈起书的事惹得李国涛先生伤心，也很久没上他家里送书聊书了。

（《山西文学》2014年第5期）

《郎爪子》与"李国涛密码"

傅书华

中国现当代文学中,有所谓"外来者"一说。所谓"外来者",是指具有某种异质文化者进入到一个相对稳定的文化生态圈,如丁玲小说《在医院中》的陆萍、王蒙小说《组织部来了个年轻人》中的林震等等。李国涛先生之于山西文坛,就是一个"外来者"。这倒不是因为他的祖籍是江苏徐州之于山西的区域文化的差异,而是因为其文化属性之于山西文坛的异质性使然,至于何为这异质性,却还是一个"黑匣子""密码箱",但正是这种异质性,使其名重文坛,也成为山西文坛的翘楚。

打开李国涛先生"黑匣子""密码箱"的途径有多条,我选择的是小说,因为在小说中,作者固然讲的是他人的故事,但你如果留心的话,却总能在他讲述的过程中,看到或者感受到讲故事的人,而且,因为他讲的是别人的故事,总以为与展示自己无关,所以,有时倒反而把自己最为深层隐秘之处不自觉地间接地显露了出来。所以,在某种意义上，如果你要了解一个作者，其所著的虚构的小说比其所写的真实的散文倒还来得更为真实。

李国涛先生的小说有多种，最为人称道的是其长篇小说《世界正年轻》，但我却选了他的第一篇小说《郎爪子》作为我试图打开他的"黑匣子""密码箱"的开始。因为我总觉得，在作者成功的第一篇小说中，一定有着他的某种"基因"的存在。譬如巴金一辈子走不出的"家"，王蒙终其一生，是"组织部"的"年轻人"，当然，也有许多的例外，譬如《孔乙己》之于鲁迅，但鲁迅始终认为他最为满意的小说却是《孔乙己》。

《郎爪子》是短篇小说，故事并不复杂：郎三儿"是一位身怀绝技的名厨"，"名震一时"，"郎爪子是人们戏用'狼爪子'来赞扬郎三儿的两只手"。郎爪子是服务于世家大户孙家的"世仆"，根本上由于孙家的破落，更直接的则是一次外出展示厨艺时的失手，使郎爪子最终落了个徒怀绝技失意潦倒穷困街头的结局。

郎爪子这一形象意义的丰富性深刻性，作者讲述这一故事时的叙述语言的魅力，如此等等，都很值得一说，但我在本文中，更加注重的，是我们是否可以从对故事的讲述中，走近讲故事者本人。

你看，作者对郎爪子是充满赞赏之情的，譬如作者写郎爪子做菜用的宝刀："这真是一把宝刀，跟随郎三儿走遍这个城市的几乎所有第一流人家的厨房。鲜嫩的肉，粉白的鸡，刮去鳞片以后还轻轻抖动的鲤鱼，长着厚肉的乌鱼剔下刺来切片时，灰白的鱼片上偶尔沾上一点血丝……这一切都从他的这把刀下经过。冬笋在刀下发出那种轻轻的似乎溅出水汁的声音，手上感到细微之极的震颤，于是象牙色的笋丝便像一把把牙签似的码到盘里备用。这把刀，轻重适度，锋利又灵活。那就是'狼爪子'的尖锐的爪，它是郎三儿手指手掌的延续伸张。它是活的。"确实，宝刀如人，宝刀是活的，郎三儿的生命形态更是鲜活的；作者对郎爪子又是充满痛惜之感的，譬如作者写郎三儿的结局："但是郎三儿被东家辞退。郎三儿从孙家搬了出来，在井台边租一间屋安下一家三口。他试过几家饭店，给菜案上当过帮手。后来，当杂工。没人要他……有一天，郎三儿卖掉了他的那把宝刀，六毛钱。再后来呢？再后来有人看见郎三儿在一家老虎灶上拉风箱。'呼——塔，呼——塔，呼——塔——'谁还记得'郎爪子'呢？"这是一个时代文化的辉煌，这也是一个时代文化的败落，这一时代文化的辉煌与败落，与这一时代的辉煌与败落是血肉相连的；在作品中，则具体体现为世家孙家与郎爪子的关系："当年孙光缙的父亲奔走于北洋军阀的门庭之下时，郎三儿在厨房里面跑腿。那个时候开封、彰德、安庆、济南一带是他常去的，孙大人又好吃，所以郎三儿见过徽菜、豫菜、鲁菜的名厨。后来在北京停过很长时间，各派的手艺他就见得多了。当时孙家还有一两位好厨师，郎三儿人前背后又偷了几手。一凑，郎爪子成了。"及至孙家败落："午餐的菜完全用不上什么厨师的手艺。豆芽根要摘掉，青菜要淘净，毛豆要剥出来，等等。这难道用得着那双'郎爪子'？"自然，郎爪子名声的失去，似乎是来自他在侯家展示厨艺时偶然的失手，但这偶然实乃是必然的体现：侯家这样的暴发户的厨房环境是完全无法与郎爪子的厨艺需求相匹配的："忽然闻到一股焦臭的味道。郎三儿扔下刀跑到院里，糟了，蒸笼下段都烧黑了，焦臭就从这里冒出来。小兰这孩子贪玩，跑出去了……怎么办？真砸了。"当孙家败落之后，在孙家养成厨艺的郎爪子，即使他不走入不同于孙家的侯家，也会走入不同于孙家的武家抑或张家王家李家等等；即使他碰到的不是小兰，那也一定会碰到类似小兰的小英小花小俊之类；即使不是烧红了锅，那也一定会熄了火，或者是没有添上水。总之，在孙家养成的郎爪子的厨艺，在不同于孙家的厨房环境中，是一定无法施展是一定会遇到挫折的。

作者对孙家的败落，是持批判态度的，譬如他写孙家后人孙光缙："家里有万卷藏书，他念不进去；家里有几处产业，他管不起来。坐吃山空，可还架子不倒。""他精神最好的时候"是"可以夸耀列祖列宗当日的富贵威武，三分真实、七分夸张地说一通，心情舒畅。或者幻想未来，怎样攀龙附凤，光耀门庭，这就全是幻想境界了"。但作者对在孙家养成的郎爪子的厨艺却如前所述，是倍加赞赏的；对郎爪子厨艺的失落，是充满悲凉之情的。这样的一种悲凉之情，最初浓郁地弥漫在中国超稳定社会结构破碎的末世之巨作《红楼梦》中，而又成为20世纪中国的情感基调。你只要看看鲁迅、胡适、瞿秋白、郁达夫、巴金等等，哪一个不是有着文化意义上的败落世家的人生背景？这是具有悠久历史的强大的中国文化，面临几千年未曾有过的根本性的社会转型的历史大变局中独有的人文景观。这其中，美好、生机、衰败、深刻、丰富等等，交相杂错，令人甜酸苦辣，五味杂陈。但却是历史景象，时代风标。

要而言之，李国涛先生或许正是从这样的大文化背景大文化谱系中走来，在这样的视界里，当他面对一个全新的世界时，他会觉得"世界正年轻"。年轻，意味着生长的可能性与不成熟；在精神的漂泊中，他会有兴趣探寻于作为鲁迅灵魂"黑匣子"的《野草》；在情调上，他会与汪曾祺成为高山流水；在现实中，他也会对生长于泥土之中的"山药蛋派"充满着"理解之同情"；他谈天说地，让天地之间的万物都有了从历史长河中走来的沧桑;他主持文事,慧眼识人,无愧于伯乐;当然,在某些人的眼中,诚如毕星星在一篇文章中所说"总感觉(他)这文章有一股说不出来的味儿,不对劲"。

时人或说他是老派文人。老派文人,亦此意味也。

从一个短篇出发,得出如此结论,或许有过度阐释之嫌?但犹如一个人,虽然汗毛孔何其多,但体味则一,关键是对体味的嗅觉是否准确了。

(《山西文学》2014年第5期)

闲闲解得真滋味
——读《李国涛文存》
潘向黎

五卷本的《李国涛文存》置于案头,心里先是泛起了一种钦敬和感动:国涛先生年过八旬,且近年目力不佳,还勉力编出了这样规模的文集,真是不容易!然后就涌起了一阵欣喜和急切——一个饕餮之徒面对一桌合口味盛筵的那种无法按捺之兴奋。读有些人的文字,你会一下子"宣判":"非吾友也!"我读李国涛其文,则是"一见如故"。一见如故之后,断断续续追读了很多年。结果如何?真的是获益良多。尤其他的一本随笔集《世味如茶》,和张岱的《陶庵梦忆》、莫砺锋的《苏东坡传》,几年来成了我的"睡前书"——这样一说,李氏文章在我心目中的位置已无须多言。因此,虽从未见过面,但我早已"自封"是李国涛的忘年交。

对李国涛的第一印象就是:有眼光。不论对生活,还是对文史掌故,更多的是对文学作品,他的眼光都是那么准确,往往还颇独到,感觉极敏锐又极灵动。这应该和他的编辑家生涯有关（他曾任《山西文学》主编），但我想主要还是归功于天赋才情，天分是不可强求的，很多文学中人其实都是天生的，李国涛就是其中一位。

李国涛是多面手，写评论，写书话，写随笔，还用"高岸"的笔名写小说，他的创作颇有"杂花生树"之感。但作为"文章圣手"汪曾祺的多年铁杆读者，李国涛起初让我留下深刻印象的就是他的《汪曾祺小说文体描述》以及几篇写汪曾祺的随笔。汪曾祺的代表作，一般人都认为是《大淖记事》《受戒》或《故里三陈》，唯有李国涛，他选定是《职业》。高山流水获知音，汪曾祺非常高兴，出《矮纸集》时就点将要他写序。后来我重读《职业》，觉得：如果说汪曾祺小说是当代小说的神品，那么《职业》犹是其中的超逸之作。若非李国涛，几乎错过这一篇，仅此一点，我也对李国涛格外感激。此外，他指出汪氏小说文体三个支点："回忆，结构，语言"，非常准确明晰；他注意到汪曾祺对高邮风物的季节感，认为背后是一种文化意识，发现细微，表达贴切，但阐述得十分深入……对其中妙处体察得准，品味得深，表达得也风雅，我觉得，就要这样的研究和文字，才对得起汪曾祺。

此外，他对林斤澜等人的小说研究也是如此，本身的文体也美，往往表达力避俗套和现成词汇，高度个性化，适当新颖化，偶尔来一点很年轻的古灵精怪，叫人觉得格外清新别致。

第二个印象是：有学问，且有趣。中国古典文学的功底，给他气度、风雅和温润；西方哲学、文艺理论，给他开阔、现代感和自由气息。既然"家底"如此深厚，于是他出手豪爽，每每在短短的随笔中都奢侈用"料"，有时是冷僻的掌故、轶事，随手拈来，意象纷呈，手挥目送；有时是众人熟知的句子和典故，但他偏偏"自作主张"地解出新意，让人恍然大悟而拍案叫好，继而沉思良久。比如，他用"夜半钟声到客船"来概括老年情怀，说那是一种"澄澈、冷静而且肃穆"之境，并联想到"杜甫晚年的诗里常写到舟船"，"好像杜甫把舟船作为老年生活和生命里程的一个象征了"（《说老年情怀》）；比如，由金性尧选注《宋诗三百首》前言中的一句"老归故纸，人间一乐"，他宕开一笔地联想到了：俞平伯、郭绍虞、朱自清、闻一多、台静农、沈从文、冯沅君，有那么多的五四以来的大家，在叱咤风云、领尽风骚之后，在新文学里做了或长或短的旅行之后，都"老归故纸"——皈依了传统文化（《说"老归故纸"》）；再比如，张爱玲《金锁记》的开头，著名的写月亮的那句——"像朵云轩信笺上落了一滴泪珠，陈旧而模糊。"从来不觉得有什么玄机，但李国涛偏偏问："为什么是朵云轩？"当然，朵云轩在上海，当然，眼泪落在宣纸信笺上会有湿晕，但为什么不能是荣宝斋、清秘阁的信笺？张爱玲会不知道其他老铺子？或者，为什么不单说宣纸信笺而要点出"朵云轩"？李国涛来揭秘了："朵云，是托月的。"（《为什么是朵云轩？》）可不是吗？一语道破。

这也已经能看出他对趣味的重视。李国涛文章大多趣味盎然，有时幽默，有时微微自嘲，有时"谑而不虐"，有些地方还暗藏《红楼梦》所谓的"精致的淘气"，看得人会心莞尔。

第三个印象是：文字好。李国涛的文字雅洁、自在、萧散有味，是一种功力内敛、点到为止的大家态度。往往所论很重要，发现也颇重大，语气却只是闲闲淡淡的；明明见解新锐甚至领风气之先，而表达依然克制蕴藉、留有余地；有时融入些许文言、外语、方言，越显清新鲜活。这样的文字，与他的浓烈人间情怀和人文底蕴形成张力，相得益彰。

第四个印象：他的结尾有特点。常常一路分花拂柳、抚石依泉地将读者送到了园子门口，却不推门，甚至连门都不敲，只微笑道："就是此地了，看那些粉蝶纷纷飞过墙去，想必园中芳菲正浓。"此时的我，却因"所来径"景色清幽，一路行来渐渐流连，到了此刻不由得依依怅怅——也太惜墨如金了，为何文章写得这样短？

幸而如今有了《李国涛文存》，春日里，正可以新茶一杯，细细读来，重温那种心领神会与心驰神往。

(《山西文学》2014年第6期)

一篇好书评

韦德锐

读5月4日新民晚报B2版由潘向黎撰写的《闲闲解得真滋味——读〈李国涛文存〉》一文，欲罢不能，一连读了三遍。这是一篇写得俏而美，有见地，有感悟的书评。读后激起立马想拜读作者所评之作品。这使我想起老一辈评论家冯牧为《高山下的花环》作序后，此书一时间红遍文坛内外，茅盾先生赞扬《百合花》后，作者茹志鹃的名字不胫而走。

高尔基说过，书籍是人类进步的阶梯。古人也说，腹有诗书气自华。这都是金玉良言。因此，我们要爱读书，读好书。但现今的出版物数不胜数，用"汗牛充栋"来形容已远远不够，可以说是堆"集"如山。这么多的书，读书人如何得知其高下优劣？这就要评论家指点迷津了。但是每每读报刊上的书评，常常是下笔万言，但总觉得是在艰深的迷宫里转悠，掩卷后又是云遮雾罩，不得要领。但是潘向黎的这篇书评，可以说是写得剥壳是肉，剔肌见骨，拨云见日，把所评之书的好处、妙处、精彩之处、独到之处,说得明明白白,透透彻彻,使读者获益良多,领悟了作家的独门绝技真功夫。能写出这样的书评,是因为作者真正读懂了所评之书,而且爱之弥深。慧眼方能识珠,以己昭昭使人昭昭。

潘向黎这篇书评的特点,可以借用她评价李国涛的文字来概括:"本身的文体也美,往往表达力避俗套和现成词汇,适当新颖化,偶尔来一点古灵精怪,这就叫人觉得格外精美别致。"不妨说这是一篇散文式的书评,可读性强的书评,个性化的书评。其实,这是一篇很难写的书评,因为作者所面对的是五卷本的大书,而评文仅只用了两千字。这就必须要选好切入点,做点睛似的概括,正像鲁迅评《史记》仅用了十字:"史家之绝唱,无韵之离骚。"潘向黎的这篇书评,我以为有以下几个好处:

一是全景扫描,聚焦局部。李国涛这五卷文存,文体不止一种,若悉皆涉及,全面开化,势必烦冗,而且蜻蜓点水,难以深入,变成内容简介。这必然使读者过目即忘,难以留下多少印象。而且是知其然不知其所以然。而这篇书评的聪明之处,是选作家的评论文字作为切入点,深入开掘,探骊得珠,这便可以集中笔力剖析,以点带面,既察秋毫,又见舆薪,以斑窥豹。

二是提纲挈领,条分缕析。作者对李国涛的"文存"做了四点精准的概括:一是"有眼光",二是"有学问",三是"文字好",四是"结尾有特点"。短短十来个字,就把一位老作家的学养天赋、行文机妙凸现以出。话虽通俗,但却蕴含真知灼见,得其精髓,这端的是"有学问"。此种行文结构法,使人想到老作家张中行的风格。

三是曲径通幽,蕴藉含蓄。如涉及汪曾祺的代表作,一般人都认为是《大淖记事》《受戒》和《故里三陈》。唯有李国涛看中《职业》一篇，汪曾祺闻之，以为遇到高山流水知音。潘向黎惊喜而佩服地说："若非李国涛，几乎错过这一篇。仅此一点，我也对李国涛格外感激。"这是一种不露痕迹的夸赞，委婉含蓄地衬托出李国涛"有眼光"。另有一处细节，作者说自己有三本"睡前书"，其中就有一本是李国涛的《世味如茶》。这是一种并无溢美之词的推崇。

四是语言优美，评文诗化。如说李国涛的文章结尾有特点，作者写道："常常一路分花拂柳，抚石依泉，将读者送到园子门口，却不推门，甚至连门也不敲，只微笑道：'就是此地，看那些粉蝶纷飞过墙去，想必园中芳菲正浓。'"读这样的文字，使人想到《红楼梦》。

潘向黎是文汇报"笔会"的首席编辑，她在新民晚报开的"看诗不分明"，深受读者喜爱。

寻常看不见
——从李国涛先生的《祖父》说去说来
周宗奇

寻常看不见,看不见什么?这里说的是:根基,寻常看不见的根基!高层建筑总得有根基,地下一层、二层、三层……建筑物越是高大雄伟,以至堪称摩天大楼,那根基则越是深广复杂,接基岩而牢靠永久。

由此想到文学建筑,又何尝不是如此?作为读写一生的文人,老了老了出一部文集,既是展示平生文化业绩的展览馆,又是自己灵魂栖息的纪念堂。无疑,这样的生命建筑是宏大而堂皇的。那么,在世人眼里,你这个文化工程究竟若何?看外观是其次,关键得看它的根基,它有多深,它有多科学,它有多大存在价值。

现在,五卷本《李国涛文存》出版了。这是李国涛先生六十多年笔耕成就的展览和纪念。从外观看,与别人的同类殿堂一样巍巍然、赫赫然,似乎并无多大区别;那么,细究它的根基呢?你往下看,你往深处看,总有根基不寻常吧?且从《李国涛文存·随笔》上卷里那篇《祖父》说起。

李国涛的祖父名叫李辅中,前清秀才。在《祖父》一文中,李国涛写道:

> 祖父是一位喜欢读书的人。他把家庭收入的很大部分都买了书……那时他的藏书居徐州私人藏书之首,我小时候(抗战之前)见到的已经是残存的部分了,那也还堪称"四壁图书"。不过他自己把书读到什么程度,或者说,他有什么学问,我也很难说清。我记得他有些稿本,写了些什么,我没留心,现在也无从猜测。他写诗,苦学王渔洋的风神……

这里,李国涛说自己对祖父的学问及其著述不甚了了之类,大有自谦之意。李辅中虽不是彼世大儒,但今天的互联网都是立有人物专条的,譬如百度百科的"李辅中条"曰:

> 李辅中(1877—1954),字僧允、台庵,徐州府萧县人。一生酷爱收藏古字画及碑、帖、金石,其书斋名为"二十砚斋"。他一生善游历,又好为当地佛寺义务题书,徐州云龙山大士岩石柱对联及中山堂西隔壁"稻香村"为其所书。

这些"李辅中条目"太过简单干瘪,他的学术生涯其实是很丰盈多趣的。"十宋楼"是李辅中的斋号,因其酷爱宋拓碑帖,有心要收藏十部之多,故曰"十宋楼"。李氏后人编有《十宋楼集》,其《后记》略云：

> 先祖父允庵公博览群书，万精《易》学，善书法，嗜爱收藏。对明遗老万年少倍加推崇，因其气节高迈，才学卓越，编《万年少先生年谱》，附刻于《隰西草堂集》后，为南开大学收入古籍书库。陈寅恪先生写《柳如是别传》，冯其庸先生写《吴梅村年谱》，都曾引用，列入参考……先祖父之收藏多是碑帖、字画、金石、瓷器，榆庄云生外祖、伯英大舅、王惺三先生、翁萝轩先生、如皋冒鹤亭先生、徐州大石如先生观摩鉴赏，均称赞收藏之丰之精，确为珍品。因之家中有"十宋楼""二十砚斋"之室名。20世纪上半世纪战乱频仍，屡次搬迁，先祖父之书稿、诗稿、收藏损失殆尽。现编册之物是为残存拾遗之录。

《十宋楼集》是李国涛先生纪念其祖父李辅中而出版的纪念文集，笔者有幸获赠一册《十宋楼集》，内中分"著作""书法""绘画""印存及收藏"等小辑，收藏中就有《颜鲁公争坐位帖》宋拓本，著作中就数《万年少先生年谱》夺目了。

万年少者，即明末清初之名家万寿祺，年少其号也。他博览群书，数理、禅佛、琴、棋、书、剑，细而女红刺绣、革工缝纫，无不通晓；尤娴古文诗词；行、楷遒劲，法颜真卿而少异；癖嗜印章，精六书，作玉石章，俯视文、何；善画仕女，作唐装，楷模周棠，得静女幽娴之态。存世有《隰西草堂集》。这说的是才华，至于情操志节，可见《清史稿》之本传："万寿祺，字介若，世称年少先生。徐州人。与尔梅同郡，又同岁生，同举乡试，志节皆同，既同举事……后世称

'徐州二遗民'。"万年少不仅与阎尔梅同称"徐州二遗民",另与当时的志士黄宗羲、方以智、吴梅村等均有过从,亦曾率兵抗清,失败后退隐江湖。这样的一个万年少,成为李辅中"倍加推崇"的乡贤,并尽毕生之力作《万年少先生年谱》,其心胸与志趣也就不言自明了。

徐州地界不乏李辅中的轶闻趣事。有一说是,李辅中尤喜收藏石砚,仅历代名家的端砚就有二十多方,故将其书屋取名曰"二十砚斋"。祁世倬曾有小型石砚一匣,平时随便研墨书写之用,不知其珍贵。李辅中见后,认为是一件绝好物件。祁世倬知道后便洗净墨迹予以奉赠,并写诗一首曰:"濡墨如何竟染朱,青花蕉叶久模糊。开奁一笑逢真赏,为写东坡洗砚图。"

李辅中的藏品中还有一帧万年少的自画像,收在《十宋楼集》,画面上有苍松、顽石、清泉,万年少端坐石上,若有所思,眉宇之间显露出忧戚之气,表现了"清溪高士"的意境。有人题诗云:"独坐松石间,卒然发遐想。昂藏野鹤姿,不甘受靰鞿。"张伯英曾借来这幅画像,印于《隰西草堂集》卷首,使之广为流传。

张伯英者,李辅中之好友也,又是一位著名学者、书法家、收藏家。张伯英与其叔张从仁年龄相若,幼年时一起就读于李辅中家之私塾,受业于徐葵南先生。他比李辅中大六岁,与傅增湘、郑孝胥、华世奎同称为"四大家",与海内名家康有为、梁启超、罗振玉、郑孝胥、于右任、张学良、林琴南、齐白石、容庚等交往密切。已故名家启功先生早年曾向他求教书法,盛赞张书"如此境界,始是临学碑版之优秀结果",是"行书中自有刚健之骨,真书中自有生动之趣"。

这里提到了李家私塾和徐葵南先生,根基就得再进深一层了,得说到李国涛先生的曾祖父李秀岭。一早,李秀岭还是萧县徐楼村醴泉寨一个农民。萧县位于安徽省最北部，苏、鲁、豫、皖四省交界处，古为萧国，春秋时附属于宋，秦置萧县，隋唐至清，至中华人民共和国初期属江苏省徐州，1955年由江苏省划归安徽省，沿革至今。萧县虽然归了安徽，但紧靠徐州市，素有"徐州的西大门"之称。历来有办法的人都往徐州发展。李秀岭也不例外。他是怎么发迹的呢？一辈子当农民肯定不行，就当了兵，当然是清朝的兵。在一次作战中，他和一位吴姓青年都受了伤，并与大部队失散，藏身于一个村边草垛中。也是巧了个巧，村里一个姑娘来取草，就发现了这两个兵哥哥，把他俩带回家中，细心照料，伤愈送其归队。吴姓青年反应敏捷，略混出个人样，就娶回了那个救命姑娘。他后来官至军门，按清代兵制，那就是总兵、提督一类的高级将领了。此人做到了"苟富贵，勿相忘"，与患难之交李秀岭兄弟相处，成为世交。有人考证说，李秀岭做到徐州守备，但在李家的族谱中没有这样的记录，只说官至宿州游击，致仕后朝廷加封为正一品建威将军，定居徐州。

李秀岭多子，有九个儿子：长子李辅清，字鹤泉；次子李辅勋，字竹铭；三子李辅钧，字维桢；四子李辅仁，字寿门；五子李辅京，字锺镐；六子早夭；七子李辅中，字允庵，就是李国涛的祖父；八子李辅屏，字宸南；九子早夭。李秀岭还有个兄弟李秀思，也生了两个儿子，大排行下来就是：十子李辅庚，字琴南；十一子李辅夔，字次勋。李秀岭是有头脑的人，这么多儿子总不能再像自己一样吃粮当兵，到头来武夫一个，得让他们边习武边读书，改换一下李家门庭。再说此时也有了足够的能力，徐州城里新建的李家公馆，办得起最好的私塾，请得起最好的先生。就这么着，请来了享誉徐州八县的著名塾师徐忠清葵南先生。

徐葵南与李秀岭同乡，是萧县皇藏峪礼泉村人，学问大了去了，诸子百家、诗词歌赋，兼及书法，都是一位大名家。李家聘他执教，算是选对了人。他来李公馆任教，还带来自己的儿子随读。这个儿子可了不得，后来比老子的名气大得多，就是北洋政府陆军部次长、国务院秘书长徐树铮。从此，李、徐两家也成为世交。李国涛的五伯祖李辅京，成了徐树铮的三姐夫；李国涛的二伯祖李辅勋，还成了徐树铮的留日同学、北洋政府同事和终生密友。徐树铮喜欢作格律诗，有一首《新桥送李竹铭》，是长达四百多字的歌行体，诗中写到自己青少年读书，与李家关系之密切，如"忆昔十年读书史，灯火与君伯季相依因"种种。在李国涛先生祖辈中，官职和名望最高的就是这位二伯祖李辅勋。他文武兼备，身材魁伟，官至统领、总兵，正二品扬威将军。曾祖李秀岭去世后，徐州李家正是在李辅勋的主持下达到了鼎盛时期。

李国涛先生的三伯祖李辅钧，也不是个寻常人物，后来把官儿做到河南彰德府参将。他在彰德府任职时，遇着了一件大事。1908年11月，光绪皇帝、慈禧太后时隔一天相继去世，溥仪即皇帝位，其父醇亲王载沣任摄政王，代行国事。载沣是光绪皇帝的亲弟弟，因为1898年戊戌政变，慈禧太后幽禁光绪皇帝，捕杀六君子，世人多传是袁世凯告密之故，所以载沣一直对袁世凯怀恨在心。当上摄政王后，本打算除掉袁世凯，却忌袁手握重兵，北洋新军都是他的部下，怕激起兵变，思虑再三，遂以袁世凯患"足疾"为借口，将其开缺，赶回老家。袁世凯的老家是河南项城，因其母是个小老婆，死后不许埋入祖坟，为此与兄弟们闹翻，绝意不回项城，而在彰德府洹上村另建居所养寿园。对于这个待罪之人，彰德府的官员大多敬而远之，不与袁世凯来往。只有李辅钧不避嫌疑，正常去拜访袁世凯，并说有什么事需要效力，只管吩咐。袁世凯落难之时，于世态炎凉中遇到李辅钧，感其敦厚，遂视为知己，有过一段不错的交往，据说还让其长子袁克定与李辅钧结拜为异姓兄弟。后来，袁世凯东山再起，彰德养寿园的事务便交由李辅钧全权处理，自立为帝时，还请李辅钧赴京担任自己的顾问。多亏二哥李辅勋明察天下大势，劝说三弟千万莫随袁世凯逆历史潮流而动。李辅钧遂急流勇退，干脆辞职回到徐州，在彰德府所置产业，交由儿子李光滕经管。抗战之后，李光滕与徐州李家失去联系，其后代遂成了李家在河南的另一个分支。

再回到《祖父》。在李家第二代中，除过李国涛的祖父李辅中，其他多位伯祖皆幼时练武，没有丢掉乃父之风，所以后来多任武职就不奇怪了。只有这位李辅中彻底地弃武从文，实打实做了儒门弟子，此后三代、四代子弟也大都皈依孔圣人，以读写为生，以文学传家。李国涛先生在《祖父》中说到一套《唐宋八家文选》的旧事，便是佐证。这套李辅中拥有的《唐宋八家文选》，是光绪九年重刊的线装书，一套八册。书主在第一册的书面上这样题识：

　　此书是我十六岁所读之本，签亦是我所写。今忽忽已五十一年矣。检出付与涛孙，汝好好珍而读之。共八本。

"涛孙"即其长孙李国涛先生也。这是"甲申三月二十二日"的事，也就是1944年春天的事，当时"涛孙"年方十四岁，一个"为赋新词强说愁"的懵懂少年也。当李国涛先生活到跟祖父差不多年龄时，笔触可就醒世多多了，他这样写道：

后来我把此书带回太原，偶一把玩，真是恍如隔世。祖父赠我此书时是六十七岁，而我现在也已过了六十。这书里的文章我读过几篇，那是经祖父讲解的。

祖父的脾气不好，对家人，对仆人，对朋友，常都如此。不过他对我一直很好，我几乎是唯一一个不受申斥、随便活动、自由出入、任意吃喝的孩子。大约我是长孙吧，良受钟爱。也因此，我能见到他轻易不肯示人的藏品，如《雁塔圣教序》的宋拓本……他指着装裱古雅而豪华的册子，谈墨色、纸张，也讲书法的风神、碑石上的残缺，等等。再有就是砚石。他藏有很多很多砚石。冬夜无事，客人散尽，他犹有余兴时，便打开加锁的柜子，取出几方砚来给我看。有的砚装有木盒，盒都是好的木料，百年的抚摸使它们滑润光亮。有的砚没有配木盒，用黄色绫子裹棉花缝成的包皮包着。我见到多种名贵的砚。

什么叫家学家教？什么叫诗礼传家？什么叫文化传统绵延不绝？什么叫人文精神薪火相传？……这就叫根基！没有徐州李家这种根基，《李国涛文存》能问世吗？问世了能流传长久吗？思考题。

现在似乎有个共识，今日中国太浮躁了！官场浮躁，商场浮躁，文坛浮躁，连学界、教育界都浮躁得很。

哈哈，《李国涛文存》不浮躁。

2014年4月19日于太原学洒脱斋

（《山西文学》2014年第6期）

山西李国涛

董国和

1

"李国涛笔名高岸,江苏徐州人。1948年毕业于徐州中学,1950年参加工作,历任中学教师,《学术通讯》编辑,《汾水》编辑部副主任,《山西文学》杂志主编,省作协副主席、研究员。著作有《世界正年轻》《〈野草〉艺术谈》《世味如茶》等多部。《世界正年轻》(长篇节选)获1991年《人民文学》优秀作品奖。"这是出自《中国作家》网的简介,现在他又出版了《总与书相关》《目倦集》和五卷本《李国涛文存》。由此可知,他自称"半个山西人",正是得其所哉。

他的得其所哉,就是一方水土养一方人的山西情结。他由山东调到山西后,才有了任其所长的机遇。有此幸运,他在《山西的面食》等文章中,就情不自禁地流露出这种情结。山西面食着重介绍了"杂面擦尖儿",借用电视剧《晋昌源票号》票号主人的说法:"皇上不吃这东西，是他没这个福气。"他品尝后也说："我作为一个外乡人，吃这些山西面食也觉风味绝佳，而且甚为佩服。"

他还说："至于雁北一带的荞面、莜面，可做出的花样也很多，有些如工艺品一样精致。"江山也要文人捧，美食同样如此。有此"风味绝佳"，它们也如同刀削面一样名扬天下了。

在《山西醋》中，他说"吃醋要吃宁化府，在太原，那是真正能品出醋味的人"。还在《"并醋"与"并刀"》中，考证了山西醋的出产年代。《金瓶梅词话》食谱中有"并醋烧白菜"，从它"成书在明代嘉靖、万历之间"，他据此得出，太原醋闻名于世的年代，"大约在此时或更早"。

"天下的小米以山西为最好，山西小米以晋东南所产的为最佳。而晋东南小米当推沁县，世称'沁州黄'者即是。"这是写在《小米粥》中的一段话，有此，他又说："我想告诉我的朋友们，想得一点皇帝的享受吗？来山西，弄点真正的沁州黄回去煮粥喝，那也算帝王的享受。"

山西地杰人灵，美食还有《山西小吃两种》中的"头脑"和"荞面碗托"。先不说享受，凭这新奇的名字，就已吊起人们"拼将一死吃河豚"的胃口。

山西美食多，晋山晋水更是美不胜收。为展示它们雄姿，他的文章就有《顾炎武诗中山西景点》《遥对烽火台》《围棋发源于此》以及《您登过五台山顶吗？》等多篇。这样的佳作，出自"晋军"之手者数不胜数，但由他这"半个山西人"娓娓道来，就有了"爱我所爱，无怨无悔，此情长留心间"的深意。

在《您登过五台山顶吗？》中，他说徐霞客当年曾见到一种"妙品",名为"天花菜"。"如果这菜还有,不妨发展起来,大家都尝一尝,也是旅游产品嘛。"

由此可知,他的"爱我所爱",真是长留心间;而在《太行第一岭》中,还由此而责之切:"在这王莽岭几百平方公里的山上,景点很多。县里的人告诉我们,曾请旅游专家来此勘探。专家说:旅游资源丰富得很。"但因开发耗资巨大,"暂时只好捧着这个金饭碗看,讨饭也没处讨"。

"书生报国无长物,唯有手中笔如刀。"从这些文章可知,他的山西情结处处在流露,也割舍不断;如与"李国涛现象"来对比,就表现得更加鲜明。

2

陈为人在《夜半钟声到客船——评论家李国涛的人生回首》中说:"山西文坛乃至中国文坛都发出惊呼,需要研究'李国涛现象'!"(《人物》2009年第1期)这需要研究的"李国涛现象",就是他的八十多万字小说。多而获奖,又不借用评论家的名声改用笔名高岸,难怪陈为人说:"这真让有些一世为文的小说家汗颜。"但他却说,这是因"目力不佳"的"试写"。

其实,这是他的重操旧技。"读初中时,就偶写点小文章,在当时《徐州日报》副刊一类的地方发表。"(《目倦集》第174页)由此可知,写小说他早就是行家,又经过多年积累,就出手不凡地引起了惊叹。这与山西情结却截然相反,只能用"尚在漂泊"来概括。这种"绕树三匝,何枝可依"的焦虑与无奈,对他这位刚起步的旅途者来说，就是"人生是把命运驶入没有航标的河流上"。此语出自他的《说老年情怀》，由此可知当年那种彷徨的心境。

待命运之船驶入山西，他才有了"很幸福"的停泊靠岸感。这幸福感，就是有了可以安身立命的家，还有了一个可以施展才华的平台。有此天高地厚，就有了他的鞠躬尽瘁。清楚了"李国涛现象"的由来，就清楚山西情结形成的根源。它们互为一体，密不可分，这就如同无有寒山寺，就没有"夜半钟声到客船"。

他这条客船到岸的幸福感，还用一个名厨沦落的故事做了自我写照。故事的名字是《郎爪子》，"郎爪子"原名郎三儿，因厨艺"神乎其技"，"人们戏用'郎爪子'来赞扬郎三儿的两只手"。

但"郎爪子"的精湛厨艺，却在一次比赛中名落千丈，还沦落到老虎灶上给人家拉风匣。其实"郎爪子"的命运，就是和氏璧故事的现代版。识者为宝，弃者为石，世上用人之道，皆是如此。

选稿与用人一样，也是如此。那么，李国涛在编刊期间，又如何选用稿件？钟道新的评价是，他那双眼睛很"毒"。钟道新以其智慧写作闻名文坛，但走上文坛并不一帆风顺，钟道新的第一篇小说，改得已没信心了。后来还是李国涛拍板说，"就这样可以发了"。有此一言，还有了1983年的一发两篇。钟道新说："这对一个青年作者是破例的。"

由此可知，钟道新所说的"毒"，系指李国涛那双识"马"的慧眼和求贤若渴的伯乐精神。《回首》中还说："钟道新的第一篇小说，曾被几家大刊物退稿。面对如此的挫伤与打击，'钟道新几乎准备罢笔改行。是《山西文学》重新给了他在文学道路上走下去的勇气'。"再具体一点，是李国涛扶他登上了文坛。

有此坎坷经历，钟道新对"是黄金总会闪光"并不认同，他说"吹尽狂沙始到金"，这得靠运气。他还说："识宝不识宝，这里面不仅是个鉴赏水平的问题，更有一层复杂的人性因素在里面。"

这"复杂的人性因素"，正是研究"李国涛现象"的重点所在。关于他为人的低调和自律，从《李国涛文存》所附录的文章，就可略知一二。这些文章作者都是外地人，山西作家的却无有一篇；非是他们的文章不好，而是为避嫌自吹自擂。小说除了《郎爪子》发在《山西文学》，其他皆为外投。以他的职位和声望，内投不仅可百发百中，在编排和待遇上也会更有好处。但他却舍此而就彼，这是出于自律与自信，也是为山西的新秀在让贤。

让贤也是他的甘当伯乐，这除了人品使然，也是在传承"己所不欲，勿施于人"的精神。从《世界正年轻》中可知，他也有与钟道新相似的经历。知此，即知他为何写这部小说了。

3

《世界正年轻》中的冷云涛，这位被"章校长说他是旧社会报社编辑出身"的老师，其中就有他的影子。尽管同仁都称他为"才子"，对那篇《雨中游经石峪》也称赞有加。但校领导如何来政审，知其底细者恐怕就不多了。知此，即知他当年为何不写小说而改写评论。那时小说都得写工农兵，他是只能夹着尾巴做人的"小资"，写《郎爪子》是为封资修招魂，就会被人"弄"成右派；改革开放为文艺松绑了，但他却怕因此而分心。有此自律，只到目力不济了，这才重操旧技。

陈为人在《回首》中说：李国涛有许多事都不记得了。"然而，他'吃对虾'这样一件小事,却是不厌其烦地多次与人忆及。"在不记得往事中,也有发表在《前哨》的《谈〈野草闲花〉及其他》。他不记得了也好,用陈为人的话说,这就少一回"自我解嘲的笑":

> 据张石山回忆:当那场严酷的政治风波尘埃落定,李国涛最终得一个"免予处分"的政治结论时,竟然情不自禁地发出了笑声。这是一种如释重负的笑?恐怕也是一种自我解嘲的笑。

确实如此。他在《我吃对虾》中,详说了这如释重负:"我来太原以后才开始反右。山东泰安某校的负责人一心想把我'弄'(这是一个神妙的词儿,我爱它)成右派,转来大批的大字报。"大字报"一曰,他总爱吃对虾,资产阶级思想;一曰,他吃对虾时把对虾头扔下不吃,资产阶级思想,右派作风。当时我看到这样的大字报,有苦难言有冤难诉有怒难发之情是难以描写的。现在看来,那就是笑话。可在当时却一一都是罪状"。幸亏"太原新单位的领导不想把我'弄'成右派",否则他就注定是在劫难逃。

但事后他却感激那位写大字报的人,因为揭发的不是"政治硬伤"。如果从他的文章中找"硬伤",一篇《谈〈野草闲花〉及其他》,就足够"弄"成右派的条件:

> 人,即使是多么英勇的战士,也不能终日想着社会主义建设;孩子逗乐,和爱人谈心,在窗外种着两棵牡丹,到河里游泳一番,要是同时想着五年计划,这多别扭?而已往,有些理论家要求写什么"时代感",以致弄得光有"时代"而无"感"了,

作品成了简单的政治图解。"

这是他在反右之前，反驳一篇乱扣帽子中的一段话。意犹未尽，最后他又说：长此以往，"恐怕《野草》（鲁迅的散文诗集）也将目为野草了。"

人挪窝活，树挪窝死。幸亏他调到山西，才侥幸躲过了这一劫难。山西改写了他的命运，成就了他的人生，了却了他的夙愿，也显示了他的人品与文品。知此，即知他的山西情结为何割舍不断。

其实，他的这种山西情结，在改革开放之初就已有流露。他写《且说"山药蛋派"》时，"两个凡是"还在凡是，为赵树理树碑立传，还有很大的风险。但这如同将成一的《顶凌下种》起死回生一样，他不仅有非凡的胆识，还有勇于担当的勇气，这就有了化腐朽为神奇的成功。

然而，"李国涛并没有邀功讨好地把这一细节告诉成一。我不知成一知道后，会做何感想"。这是陈为人写在《回首》中的一问，为此还感叹道："对人命运的慨叹，人们常爱用'假如'一词。我常常会想，虽然不能说因为有了伯乐才有千里马，但假如当年没有李国涛这一伯乐，成一的创作之路又将会是怎样一个面目？《顶凌下种》的发表和得全国首届小说奖，无疑对增强一个作者的创作自信心，有着非同一般的作用。"

答案就在《我写文学评论的经历》中，李国涛说："我是8月调来的，到了11月就在《火花》发表一篇评论文章。"因此，"当时的《火花》月刊编辑部很看重我这个外来户，与我常联系。"此外，"我听说，他们好像曾想把我调入省文联，但是后来没办成，搁下了。"

在泰安险些被弄成右派，到了太原则想把他调入省文联。有此截然不同的际遇，难怪他自称半个山西人了。一方水土养一方人，假如没有这次调动，他的命运之船，就不知停泊在何处。知此，即知他写"山药蛋派"为何"梦里不知身是客"地当仁不让。

"到1962年，我还在教书。忽然一天下课后，说本省社会科学研究所的李所长来找我，西山矿务局的宣传部部长陪同。这对一个中学校来说，是件大事。李所长问我，愿意到他们所里去当编辑吗？我大喜，说当然愿意。"当年的推荐，现在又有了机遇。"那时候，矿务局和地方在人事上是无关联的，调动不易。但也巧，西山那位宣传部部长是李所长的老下级，这事由他一说就成。第二天或第三天，我就走马上任。"

由此，他就成为《学术通讯》的编辑。"士为知己者死"，这就有了他割舍不断的山西情。李国涛的命运与山西息息相关，他的书，几乎都由山西的出版社出版。可以说，他的成就与荣耀，均由晋山晋水所赐；而为了回报这样的厚爱，他甘愿为人作嫁，也为"晋军"的奋起奉献了全部心血，退休后还为弘扬山西文化笔耕不辍，这就有了各得其所的佳话。

而此中的启示是：只有会养人才能留住人，而欲留人则须先留其心，也就是人尽其才。假如当年李国涛不调入山西，就不会有他的一切；再夸张一点说，山西当代文学史也得改写。山幸水幸，山西与李国涛各得其所。

（《山西文学》2014年第6期）

激愤而又民主的文化老人

——《李国涛文存》出版座谈会部分发言

申毅敏 / 整理

杨占平（山西省作协党组副书记、副主席）

　　繁花开落，绿树成荫，闹中取静，省作协大院的一砖一石，记录着李国涛先生大半生的人生历程，记录着李国涛先生为山西文学当年宵旰图治的身影，往事历历在目。来到这里，我们都有一种回家的亲切感。虽然会议室相对简陋，相对逼仄，会议开在这里，显示出另外一种意义。

　　李国涛先生是山西文学批评界的重要领军人物，是著名的文学理论家、文学评论家和学者，同时还是优秀的小说家、散文家，深受广大作家和读者敬重和爱戴。

　　他从1955年在《光明日报》发表诗歌评论，开始从事文学活动，至今已近六十年。六十年来，他一直从事文学理论研究和文学评论工作，成绩斐然。他出生于江苏徐州，1957年奉调来到山西工作，从此，跟山西的文学事业结下了不解之缘。

作为一个评论家，李国涛先生在1979年提出"山药蛋派"的概念，在理论上确立了以赵树理、马烽、西戎、孙谦、胡正等为代表的山西作家群在中国现当代文学史中的地位，为扩大"山药蛋派"在全国的影响做出了重要贡献。

从他个人的创作经历考察，李国涛先生从文学批评起步，先后经历了两次精彩转身：20世纪80年代末至90年代初，以"高岸"为笔名，写下十数篇在全国有重大影响的中短篇小说和两部长篇小说；退休之后，又致力读书、文化研究，写出了大量读书随笔、文化散文，取得了很大成就，他是我们山西文坛的常青树、不老松。他的创作成就，对后辈作家的启示是多方面的。

从80年代初开始，他主持《山西文学》多年，先后担任编辑部主任、主编，甘为人梯，为人作嫁，在山西的文学田园里精耕细作，几代作家都受到李国涛先生的恩泽，最终在全国的文学格局中形成一支力量强劲的山西作家阵容。他为人处世的品格、风度，也深切地影响着一茬一茬的后来者。至今，他仍是南华门年轻文学工作者敬慕的榜样。

值李国涛先生从事文学活动六十年之际，由山西出版集团三晋出版社出版发行的五卷本《李国涛文存》与大家见面了，《文存》收入李先生六十年间所著的部分评论、随笔、小说作品，共一百多万字。

在此，我谨代表山西省作家协会，向李国涛先生表示衷心的祝贺，向关心和参与出版《李国涛文存》的社会各界同仁表示诚挚的感谢，向前来参加座谈会的八方宾朋，表示热烈的欢迎。

王东满（山西省文联原副主席）

我写了一个条幅要送给国涛兄，在这里念一下："相知五十年，同好做文痴。高格为人范，文章乃我师。贺李国涛兄文存出版座谈。"这几句话浓缩了我和国涛兄多年来的交往、情谊。国涛兄说话很俏皮，写成的小文章趣味性强，读起来很舒服，是一种美的享受。

蔡润田（山西省作协荣誉委员）

对李国涛先生的学问与文章，我觉得大体可用十个字概括：博洽、开放、明哲、严谨、平实。

博洽。是就学养即学问根底、造诣说的。李国涛先生承续祖上家学遗脉，接受民国旧学熏陶。根底深厚、涉猎极广。文史哲艺、古今中外，多有独到的领悟。他读书很多，而且终生不辍，老而弥切，不因目力衰竭而稍减。他好读书，但不一定都抱有功利目的，尤其是退休之后，我看他读书基本率由心性，可以说是一种较为萧散的"为己之学"的阅读。所以，形诸笔端，更显得超然、丰赡。可以说，在山西作协，李国涛先生是一位引领风气、影响格局的读书种子、学者作家。

开放。这既指眼界、视域，也是一种胸襟与方法。在学科学派上，不拘执、不褊狭。能接纳、融会新旧、雅俗、中外。我想到个蹩脚的句子，叫作：好古爱现懂洋不薄土。因此，晚明小品、鲁胡文章讲得津津有味，"山药蛋派"说得头头是道，乔姆斯基、索绪尔的学说也能拿来为我所用；尤其难得的是他能读能译的英文水平，在作协是独一无二的，外文为其眼界和研究多开了一扇大门。他是位通人，不仅在学问上，而且在著述上，研究与创作兼擅，学者与作家一身。

明哲。是他的思维品格、学术风范。表现为学识与为文的通达、理性、圆融。不偏不倚，不急不躁，总是十分清醒、睿智。他一般都是侃谈己见，即使为他人指瑕纠谬，也是既是非分明，又分寸得当。不多指摘、辞费。他的文章多和书有关，少与世相涉。这不是明哲保身，是纯学人的旨趣使然。或者说是要通过学问间接喻世、明理的。

严谨。是治学态度。李国涛是位饱学之士，却下笔谨慎。有一分材料，说一分话。不断章取义，不虚妄臆断，总是无过无不及。他厚积薄发，一个观点，一点心得，一篇小文章，都有大量阅读做支撑，是一本或几本书的结晶。他知识面广，记性也好，且多有会心、灼见，却胸有丘壑，笔有藏锋，常留有余地。

平实。主要指文风、文体。铅华脱尽，平和冲淡，自然老到。深入浅出，言近旨远。

以上主要就他的论文和学术随笔来谈的。他的小说我在1992年《光明日报》写过一篇《子在"岸"上曰》的小文章，小说不谈了。我最喜欢他的学术随笔，简洁而深有意味，每读一篇，都有新鲜感受和收获，很耐品味。用个古话说，读它们，如在山阴道上，使人应接不暇。我想，在这个浮躁的时代，读这些随笔，是能让人祛烦剔躁，沉潜安静，是安顿心神的好去处、好家园。

李国涛先生在他一篇随笔中说林以亮"学求其富，写求其少"，我觉得改易一字概括李国涛的学问与文章是比较合适的，即"学求其富，写求其严"。

以上李国涛先生的许多长处都是我所缺乏的，所以体会尤为深切。

韩石山（山西省作协原副主席、荣誉委员）

我想说一点，就是关于两个文化传统。我们山西有革命文化传统，赵树理、西、李、马、胡、孙，都是这一传统的代表。还有一种固有文化传统，或者叫传统文化传统，这一点在李国涛先生身上体现明显。他身上有很深刻的世家文化传统。随着时代的发展，我想今后我们应该更强调固有文化传统，这对山西文学也许会更有意义。还要说一下，李国涛先生当时发表的《且说"山药蛋派"》，提出观点是创造，而不是阐释。把原来带有戏谑的说法给以正名，评论家起死回生的力量可见一斑，这是他最了不起的地方。

张石山（山西省作协原副主席）

我们还是毛头小伙子的时候就跟着李国涛老师学习，李老师是手把手教我们办杂志的，《山西文学》形成的团结、严谨、高效等工作作风，都是李老师带领我们树立起来的。他的学养、品德都很高，是个君子，是中国传统文化塑造出来的样子。这样的君子多吗？多乎哉，不多也。我们从李老师身上学习，我们不仅是个写家，还应是个文化人，是积极向上、风清气正、有坚守的文化人，好好传承我们的文明。我敬爱李老师，我愿意做李老师这样的人。

李锐（山西省作协原副主席）

我是从北京赶回来的，向李老师表示祝贺！回到我们作协大院里，很亲切，是回家的感觉，院子里的树郁郁葱葱，当年我们栽的树、后来大家栽的树都在，都长得很好，都是珍贵的回忆。

我们几个从文学青年开始就是李老师的部下、学生，跟着他学了很多东西。李老师以前评论都是用的本名，但他退休后写小说用的是笔名"高岸"，大义存焉。我跟了李老师四十年，看他写文章、做人，他身上有很可贵的文人精神。在物欲横流、物质至上的时代，一介书生，立身的能做的就是一生坚持的事情，有"高岸"在，就有文化的尊严在。人生讨生活的方式很多，要么不做一个文人，要么就做一个有坚持、有尊严的文人。几十年的岁月，我们能跟着李老师一起慢慢老去，三生有幸。我要郑重地给李老师鞠一躬。

王春林（山西大学文学院教授）

今天，我们对李国涛先生应该有一个定位，这个定位很重要，可以说他是"四栖文人"，是小说家、评论家、散文家、编辑家。他对汪曾祺的研究很深，他把自己研究成了汪曾祺。他是当下少见的具有士大夫精神的文人，他的文学成就值得研究。

傅书华（太原师范学院教授）

李国涛先生特别让人敬重。我们要从李先生身上学习的东西很多。他身上有深厚的民国文化形态的根基，学养很深，文章很独特。

陈坪（山西省社科院文学所所长）

李先生很儒雅，有相当丰厚的传统文化的熏陶，是让人肃然起敬的文化人。他对"晋军"的扶持和培养功劳很大。李先生的文字娓娓道来，是活泼的，句子句式有很扎实的传统文化的积累，广受大家喜爱。

毕星星（山西文学月刊社原副主编）

我写过文章谈到李国涛先生的作文，这里说说他的做人。1988年省作协换届选举，只产生了三个副主席，李国涛、周宗奇、田东照，当时副主席少，很宝贵，这是大家对他们的一种认可。能进省作协党组，是多少人向往的，但在二十多年前，李国涛先生高风亮节，曾推谢不进省作协党组。所以任何时候回想先生作为，头顶都是艳阳高照。

赵瑜（中国报告文学学会副会长，山西省作协副主席）

祝贺李老师，同时感谢李老师！在这里，我想说两点，一是李国涛老师是我们山西新时期文学新老两代作家之间的桥梁，刚才大家也都说到这点。第二点，李老师是山西纪实与虚构两种文学、两种文体之间的纽带。关于第二点，我想多说几句。

20世纪80年代上半期，我还是二十多岁的文学青年，自己的创作没有方向，诗歌、散文、小说、报告文学、影视剧本都写过，到底适合写什么，该发掘哪种潜力，路往哪里走，心里没数，有些茫然。其时，我在晋东南一个文学刊物《热流》上尝试发表报告文学。在《热流》1986年2月号上，我发表了报告文学《中国的要害》，内容是说山西南部交通堵塞的深层原因。文章虽然发表了，但我的这种写法行不行，心里没底。万万没有想到，素不相识的李国涛先生在当年3月6日的《山西日报》上发表了他的大块评论文章《高角度近距离扫描生活——评赵瑜〈中国的要害〉》。文中，他对纪实写作探索给予充分肯定，说这种写作山西不多，他很支持。这是上党盆地之外对我的文章的第一个评论，我受到很大的鼓励。接下来，4月份，《新华文摘》就全文转发了我这篇三四万字的《中国的要害》。我觉得转载和李老师的评论影响有一定的关系。李老师在评论文章中说："我不会走眼，看不错的。"他轻易不使用激愤语句，但这篇评论中，他用了情绪激愤的排比句，直至今天，我仍然能背下来。他写道："修公路搞建设克服技术上的困难当然是重要的，不过文章没有写这些，而是着眼于种种人为的困难，着眼于官僚主义造成的困难。这是更为巨大的困难，它们比岩层，比地基，比原料等等困难要大得多，也使人愤慨得多，愤怒得多。"这篇评论使我非常感动。当时我不到三十岁，是个文学小青年，而李国涛先生已经是文学权威，且与我素不相识，他能评论、肯定一个小青年的文章，我的内心非常震动。我很快给李老师回了信，表达感激之情，表示在文学语言上还要下功夫。

同年10月，李国涛老师又在一本杂志上发表公开信《答赵瑜——谈文学语言》，除了给我鼓励外，说我的语言适合写纪实文学，有粗有细，他强调报告文学的文学性。因为当时存在一种文学潮流，说"思想大于形象，理念大于文学"。这封公开信里李老师写道："高层次的文学殿堂是收门票的，语言的等级就标在票上，有志气的小伙子，弄一张门票走进这个殿堂吧。"这些话我都记得。后来，我就坚持写报告文学。

还有一件事，就是李老师对我的文章进行评论两三年后，对了，是1989年3月，《山西日报》、晋城市文联等单位举办"赵瑜作品研讨会"，李老师第一个发言。这些我都深深记得。

一晃之间，近三十年过去，李老师在目力不好的情况下，在香港《大公报》上发表文章，再一次表扬我的新作《寻找巴金的黛莉》。他写道："这个文章读得我眼疼，还要读下去。"

现在平时在院子里、胡同里碰上李老师，他都要问问我的工作进展、写作打算，对我很关心。我和李老师的交往很特殊，好多同志都是和他一起工作过，而我和他是从素不相识开始的。我不能辜负李老师的期望。这么多年坚持纪实写作，坚持锤炼、磨炼文学语言，坚持文体探索，都与李老师的教诲、鞭策分不开。

开会前，我见到李老师，笑着说："李老师，要开你的'批判会'了。"他答得很好："郭沫若写过《十批判书》，批判这个词是个中性词，让'文化革命'搞坏了，本来是分析批评的意思。开批判会很好。"两人就这样说着进了院子。

多少年来，我和李老师一直是君子清水之交，无拘无束。他非常民主，是具有民主之风的学者、长者。我们都非常尊敬他。我祝李老师健康长寿！

（本文为李国涛先生从事文学活动六十年暨《李国涛文存》出版座谈会不完全记录整理。需要说明的是，座谈会上，因时间原因，包括赵瑜在内的几位省作协现任副主席未发言。会后，《太原晚报》编辑申毅敏在电话里，听赵瑜先生讲述了他本来要在会上发言的内容，并记录整理。）

（《山西文学》2014年第6期）

情趣盎然　耐人寻味
——读《李国涛文存》

杨　进

这些天，省有关部门正紧锣密鼓地筹备李国涛先生作品研讨会。但我总觉得，这么多年来，我们或多或少慢待了这位为山西文学事业做出卓越贡献的评论家、小说家。所以，我和朋友们说，这是迟来的研讨会。当然，迟来的总比没有来强。

今年八十四岁的李先生是江苏徐州人。1957年来到山西后，除当过四五年中学教员外，他一直干的是为人做嫁衣的活。20世纪70年代调到山西省作家协会，他在《汾水》当编辑。《汾水》更名《山西文学》，他任主编。在山西当代文坛，他是承前启后的人物。无论是赵树理、马烽、胡正、孙谦、李束为等山西老一代作家，还是成一、张石山、李锐、钟道新等新时期涌现出来的作家及一些不知名的作者，都得到过李先生的评论或鼓励。自称"老门生"的韩石山曾深情地说："我们这一茬人走上文坛，多得力于国涛先生的擢拔与奖掖。"他为李先生"一手厘定一个流派"而感到自豪。他说:"改革开放后,国涛先生对山西文学最大的贡献,该是很早就在《光明日报》上发表的一篇文章,为'山药蛋派'辩护并正名。他的分析无疑是对的。在中国当代文坛上,真正能称之为文学流派的,也只有山西的'山药蛋派'。"

李国涛先生是评论家、小说家,但我更看重他专栏作家的身份。在我的印象中,在过去的日子里,他在报上的文章很多,但出的书很少。我见到的只有1999年出版的随笔集《世味如茶》。我和喜欢他文章的读者一样,每看到他的文章,总是裁剪下来,以便阅读、揣摩。我当时想,李先生怎么不多出几本呢?后来才知道,在《世味如茶》之前,李先生已出过长篇小说《世界正年轻》《依旧多情》和《〈野草〉艺术谈》《文坛边鼓集》等 五个集子。

2013年和2014年可谓是"李国涛年"。2013年7月和12月,三晋出版社先后推出李国涛的随笔集《总与书相关》和五卷本《李国涛文存》(两卷评论,两卷随笔,一卷小说)。2014年1月,李国涛又有随笔集面世,由北岳文艺出版社编辑出版,名《目倦集》。七卷在手,沉甸甸的。一百六十多万字,这是李先生近六十年的心血啊!

《李国涛文存》等著作的面世,是山西文学界的大事。可喜可贺。既是对山西文学的一个总结,又满足了许多读者的多年愿望和需求。"丰满,鲜活,且用近六十年时间写成。"许多读者把《李国涛文存》当作山西当代文学史来读。

把《李国涛文存》当作山西当代文学史来读的同时,我还把其当作写作启蒙课本来读。李先生注重师承、渊源,归根结底,都是在探究文章之道。他讲怎样读书?怎样写作?聊天、背诵和写作的关系,等等。他以过来人的身份,告诉我们如何把文章写得更亲切、更有趣、更有味。这里,我在李先生书中摘取三个例子,以示说明。

其一,三十年前,李先生到原平采访以短篇小说《顶凌下种》而成名的作家成一。成一告诉李,起初对他的影响较大的是骆宾基的小说集《山区收购站》。"十年浩劫"后的两三年,他迷上了这本小说集。成一说:"我反复地读,不知读了多少遍,书都翻破了。我觉得这是真正的艺术品,而且合我的口味。后来,我写小说,不知不觉就带上了他的那种味道。"

其二,是说背诵的重要性。川端康成说:少年时代,我读过《源氏物语》《枕草子》等书。那时拿到什么读什么,当然文章的意思并没有搞懂,只是读读词汇的音韵、文章的调子。是那些朗诵把我带进了少年天真的哀愁,换言之,是唱了一些没有意义的歌。可是,今天想来,也许就是这些,对我的文章影响最大。在我写文章的时候,那少年时候的歌调,至今仍在我心中回荡。我不能背离那些歌声……上面是我过去写的一段文章,重读它,使我感到,写文章的奥秘就在于此。

其三,是说聊天和写作的关系。李先生非常钦佩英国散文。他发现,英国人是善于闲聊的,他们把闲聊的本领用到写作上,就造就了许多散文高手。

如此这些,对追踪写作捷径的人们莫不是一种极有意义的启迪?

李国涛先生的学识博大精深,是公认的会写文章的人,他的文章以轻松、随意、风趣、睿智而闻名于世。他是"家常体"文章的极力倡导者,也是极为优秀的践行者。许多人喜欢他的文章,我们希望能经常看到他的文章。

文学需要这双火眼金睛

刘照华

这是简朴而热烈的场面。李国涛先生从事文学活动六十年了，就在南华门东四条山西省作协院里，大家聚集了去向他表示祝贺。会议室显"老"，但让人觉得亲切；地方小，人多，领导和各路名家紧挨在一起坐了。李国涛先生居中，面带平和的微笑。

山西出优秀作家，众星闪耀。李国涛先生小说、散文均受推崇和赞誉，可他不是一般概念上的作家。在山西文学从"山药蛋派"到"晋军崛起"的重要发展时期，李国涛是最重要的文学理论家、文学评论家，同时也是最重要的文学编辑家。对于他的品评，有两句话印象深刻：一句说他是山西文学批评界的领军人物；一句说他有一双很"毒"的眼睛。前者说他的文坛地位，有实绩和影响力为佐证；后者形容他发现人才的功力，这些人才纷纷成为山西文学的栋梁，有的甚至成为中国文坛代表性作家。对李国涛先生的品评和赞誉，引发了人们对那段文学黄金岁月的回味和向往，同时，也启示我们思考当今文学批评现状和文学人才发现、培养面临的纠结。

在较长时期内，受政治生活中某些不正常因素影响，人们不愿谈"派"，甚至不谈文学流派。20世纪70年代末，一篇《且说"山药蛋派"》的文章发表于《光明日报》，很快产生广泛影响，作者正是李国涛。他指出了50年代中期到60年代中期"一个作家群，写出一批较有影响的以短篇小说为主的作品，比较集中地在刊物上发表出来"的现象，追根溯源，第一次立论了"山药蛋派"的形成，阐释了其鲜明艺术特色，确立了这个山西作家群在中国当代文学史中的地位。细读这篇对中国文学产生重要影响的经典之作，语言朴实、平易，如同面对面交谈，却说透了"山药蛋派"在山西地域上生根发芽、开花结果的细节和脉络，探明了这种文学样式"作家要写、农民爱看"现象背后的美学意蕴。发人所未发，却能举重若轻；光华内蕴，却又不容置疑。

重读李国涛先生的评论作品，令人心生感慨。时下常见的文学评论，要么搬出自己抄来的理论框架、学术新论吓唬人，似乎不背这一大段就说不了一句话，往往气势很大，实际并无真知灼见，有人真被他吓住了，入了圈套，于是连声叫好；要么只见树木，不见森林，浮光掠影，却自以为是，或以罗列为能事，观点苍白无力——看过这些，只觉浪费时间；还有一种，想拉你和他一同掉书袋，越是搬出你没见过的典故呀、说法呀，他越兴奋，明明是要看他怎么评论，结果只是闻了半天他的生豆子味儿，不知所云，扫兴释卷……

李国涛先生是从未离开读书而又始终谦逊的人，他对文学的发现是深刻的，从其字里行间，可以读到学人、师友的气度与文风。而如今似乎评论写作门槛低了，似乎谁都可写，成了家常应酬，甚至低到为送人情、捧场面、拿红包而糊弄读者亦无不可的地步！要知道，文学批评者要想立得住，须有学识修养，须有发现文学的眼光，须有严谨而又厚重的品格。没有学品、才品与人品，何来文品？

作家韩石山说，李先生评论作家作品，无大而无当的夸赞，细微之处有新的发现，是能搔到"痒"处。李国涛就是带着这样一种文风，与山西作家群形成了长期的互相感知、互相推动的创评关系，以他为代表的文学评论界，为山西文学创作提供了良好生态。如今文坛，岂不是更迫切地需要这样一双双善于批评和发现的眼睛！

说李国涛那双眼睛很"毒"，是指他慧眼识人。山西许多著名作家的成长，离不开李先生的发现和培养，如成一、李锐、柯云路、钟道新、张石山、张平……李先生有个原则：不管背景，不论关系，只看作品，以作品论！举个例子，他在《汾水》任职时，从自然来稿中一眼看中了成一的《顶凌下种》，在首篇位置推出。这篇作品随后就获得了全国短篇小说奖，作家成一脱颖而出。再举一例，当年现代派西风东渐之际，编辑部收到吕新的一篇"新锐"之作，显然大大突破传统审美范畴。读惯了"山药蛋派"的编辑不知如何处置。稿件交到主编李国涛案头，他的意见是"编辑部全体传阅"，各抒己见。那一次讨论，大家对文坛新思潮有了较深认识，最终，别具一格的吕新小说呈现于山西文坛。据当事人回忆，李先生对当时传入的新批评、原型批评等理论均有研究，以他对文坛大势的判断，当然熟知小说写作的新变化，是成竹在胸的。李国涛先生主持《山西文学》十余年间，文学新秀不断涌现，刊发的小说接连获全国大奖，也就不足为奇了。

可见，说先生眼睛很"毒"，乃至诚至纯之谓也，乃胸有丘壑之谓也。

当今文学编辑为"圈子文化"链接，受急功近利的投稿人追逐甚至"绑架"，加之网络江湖令文学形势大变，编者与作者、作品关系大不同于当年，不过，这些都不是放弃真诚与纯粹、不守文学责任的借口。至于习无所成、心无所悟而能列为文学编辑，这种现象以前没有，后来有了，那当然是文学之不幸。另外，文学编辑将心思用于为自己交换稿费的，恐怕亦非偶然。如此，看到"关系稿串串烧"的情形，那才叫不足为奇呢！说到这里，我们当然更要为李国涛先生那双很"毒"的眼睛点赞——可是，怎一个点赞了得！

李国涛先生为人敦厚。熟悉他的人还会告诉你：先生没有对头，但先生不是和事佬。又说：先生对不求甚解的文风十分鄙弃；先生的人格力量，先生的文学成就都有无言的震慑力。正因怀此风骨，李国涛在发现新人新作时，他的眼睛是很"毒"的。对于认准的作者，他会说："他们的作品有才气，而且他们的人有才气。"他这样说，是在强调作品与人品并重。文如其人，文学排斥失"真"的文字。凭着这双火眼金睛，李国涛先生不虚评、不泛评，而对于发现的好苗子、好作品，亲撰"编稿手记"，指出才气所在，用心体贴扶持。这同样给人以启示。

近些年，文坛新人新作持续涌现，但存在明显问题，最突出的表现是无原则的"捧"，以"捧"代"培"。在许多地方，如果有年轻人"会写"，而且作品常能发表，"作家"头衔算是拿到，赞扬声一片，生怕给的评价不能让他骄傲——当然本地出了作家，自会给更多人带来骄傲。而实际上，有的年轻作者仅仅是写作技巧达到发表水平，其生活阅历、思想水平、精神内涵尚无根基，对于这些苗子，鼓励是必须的，但切忌"捧杀"。曾在某著名选刊上多次阅读一位年轻作者作品，对其勤奋心存敬意，然而，其生活视角逼仄，精神取向庸俗甚至病态的问题顽固地存在，令人唏嘘。对于这样的作者，如过早、过多地"点赞"或授奖，而不及时正其得失，恐怕"才气"行而不远。又想到李国涛先生"他们的作品有才气，而且他们的人有才气"一语，其中颇有深意——作品有才气的因素众多，而人格修养、人生历练则是底气。

细想，多几个李国涛先生这样堪为文坛导师的编辑家、评论家，该有多好！

有一个说法是大家公认的："晋军崛起"局面的形成，山西文学创作第二次高潮的到来，李国涛和他领导的《山西文学》功不可没。李国涛先生领军之下的文学批评以及人才发现与培养经验，无疑是当今文学界之宝贵财富。以李国涛先生的修养与格调，以他的胸襟与才略，这样的编辑家和评论家，眼睛不"毒"才怪！

期望这种由人格、学养、智识炼成的赤诚之光接力传承。文学需要这双火眼金睛。

(《山西文学》2014年第6期)

李国涛：专家之上的文人

刘绪源

说起李国涛，马上让人想到多元的身份：批评家、名编辑、随笔作家、小说家……其实仔细分辨，还可以有更多的方面，比如他对文史极有兴趣，对山西和徐州老家一带的民俗有很深的研究；在批评家一项中，还可分出鲁迅研究专家、文体研究者等；晚年他还作画，家中挂着自绘的彩墨花鸟……山西作协拍摄的专题片，就命名为：《文笔练达多面手——作家李国涛》。

是的，他是"多面手"无疑。但这"多面手"三字，又仿佛不能概括他的特色。因为这还是一种技术层面的概括，即指掌握了多门技术，还不是对人本身的概括。就人本身来说，我以为，这"多面手"的背后，其实透露出了中国文化的一个深层的秘密。

我因为与哲学家李泽厚先生做过两本对话录（《该中国哲学登场了？》和《中国哲学如何登场？》，均由上海译文出版社出版），受到李泽厚先生的思想影响，知道了他所总结的中国文化有两大特色，即在认识论层面,中国更强调"常识";在存在论层面,中国更强调"日常"。前者体现了中国传统的"生存的智慧"(以区别西方哲学的"思辨的智慧"),后者则体现了中国人的"乐生",热衷于"生生不息",热爱普通日常生活(这与中国没有宗教,只有"一个世界"有关)。但除了这两点,还有没有其他的同样重要的特点?我以为有的,还有第三点。

美国汉学家约瑟夫·列文森在《儒教中国及其现代命运》一书中,以明清绘画为例,指出中国文化精神其实是一种"非职业化的业余精神",而极有意味的一点是,非职业化的业余爱好者当然容易表现出某种极端的美学精神……(广西教育出版社2009年版,第13—37页)这位列文森是20世纪60年代美国汉学界的领军人物,他的观点是有代表性的,他认为传统中国社会不是一个专家社会,分工不明确,所以,大都是些"非职业者"在把控各行各业。这其实是一种西方式的偏见和误解。当然,作者的眼光是敏锐的,他也确实看到了中国存在的问题。在近代以前,中国的确缺少大量专家,至今为止专家也不是太够;但中国也有最好的专家,而这些专家又不以专家为满足,而总能修炼成专家之上的文人,正是这样的文人继承并推动了中国文化的发展。西方自命为专家社会,以为专家总是高于非专家,但中国式的"专家之上的文人"恰恰是高于专家、超越专家的。仅就文坛、学界而言,像鲁迅、周作人、胡适、钱锺书、俞平伯、叶圣陶、沈从文、王元化、汪曾祺、周汝昌、黄裳、吴小如……就无一不是专家之上的文人。这里须强调"专家之上",因专家之下的文人,在中国就实在太多了,其中有很多仅是消费性的存在,吟风弄月,自得其乐,没有多少创造性,也没有社会的和文化的责任感。只有专家之上的文人,才能真正推动文化的发展。

所以，中国文化的奥秘，在于三大支柱，那就是：常识，日常，专家之上的文人。

在山西，文坛兴盛，名作迭起，名家辈出。文人很多，专家也很多，但"专家之上的文人"，恕我直言，恐怕"多乎哉，不多也"。但李国涛先生确确实实是一位。这样的文人不会满足于做一种工作，也不会在一种工作中满足于做到专家的程度，他总是能够超越，能够创造。这是因为，他的眼界要比一般专家更高，他是超乎行业之上的。龚自珍诗"从来才大人，面目不专一"，说的就是这个意思。

李国涛是真正的专家，就鲁迅研究而言，他敢于碰《野草》，且确实谈出了真知灼见，这就不是简单的事。有些号称专家的人，一谈《野草》，就牛头不对马嘴。这就如同研究周作人，有许多人是不敢碰他的抄书之作的，因为那实在太艰深、太复杂了。李国涛在研究文体，又敢直面汪曾祺的作品，并得到汪曾祺本人的赞赏，这也极不简单。汪著看似清浅平实，其实是一个大海，如此平淡是浩大所致，倘不得其三昧，面对他的文章真不知从何说起。但更能说明问题的，我以为，也许还是李国涛对山西作家的评论，以及他编辑工作上的成就，这同样体现了他"专家之上"的特色。

李国涛担任《汾水》编辑时，深入研究山西作家的创作，在1979年12月28日的《光明日报》上发表了一篇影响深远的评论《且说"山药蛋派"》。又在1982年12月号的《山西文学》上发表了《再说"山药蛋派"》。作为对由赵树理开创，由马烽、西戎、束为、孙谦、胡正为代表的这一作家群的一种概括，"山药蛋派"的名称，已经、并将永久存留在中国文学史上。这是一位评论家的一锤定音，体现了他独特的感受力、理解力、概括力。这样一位评论家当了主编，主持刊物的编务，按理说，应该是捍卫自己打出的旗帜，以让"山药蛋派"更其发扬光大吧？微妙之处在于，事情并不如此。当初山西的好多青年作家，现在都很感激李国涛在来稿中发现文学新人的努力，这也包括他在已有一定成就的作者中发现新质的眼光。他并不按既定之规挑选稿子，在他面前，文学是一种活泼泼的充满生命的活动，每个作家的每一次创作都应是创造，是创新，而不应是复制——对自己和前辈的复制。所以，看到李锐的作品中有新的文学倾向，他支持；看到张石山继承了"山药蛋派"风格而又写出了自己的特色，他也支持；看到另一位作家钟道新走了一条完全不同的路子，他更支持。有的来稿写法奇特，大家读来觉得陌生，不知如何看这样的作品，他就让整个编辑部传阅，经过讨论争论，发现了作品深藏独到的意味，小说发表了，新作者冒出来了，编辑们的眼光也变开阔了。此后不久，新一代"文学晋军"在80年代崛起了，他们能和过去马、西、束、孙、胡一样达到全国影响，这和李国涛的发现、支持、培养是分不开的。我的感叹就在这一点上：总结出"山药蛋派"的是他，组织"文学晋军"突破原有框框的还是他。他的眼前没有框框，他和他心中的文学是一往无前的。

这就是"专家之上的文人"高于普通作家、编辑、评论家的地方。他的眼界更宽，心气更高，趣味更广。作为专家已能打一百分的事，在他眼里，五六十分而已。他不是低于分工的"业余爱好者"，他是高于专业要求的通才、大才！

这就是李国涛身上所体现的中国文化精神。这是他的真正可贵之处。

（《山西文学》2014年第8期）

道是无缘亦有缘
——我所认识的李国涛先生

牛玉秋

我的文学活动是20世纪70年代初从山西开始的,遥想当年一起写小说的人如今都成了大家,不提也罢,免得有拉大旗作虎皮之嫌。和国涛先生却是无缘,1976年我从边远小县五台离开山西,那时候先生还在省文艺工作室工作,所以错过了。

知道李国涛是因他的评论。我搞文学评论也有四十年了,一直忌讳(也鄙夷)那种先简要复述作品内容,再主题思想、人物形象的八股类评论。但国涛先生的评论无论长短都不在此列。先生早年的《诗歌爱好者的意见》我没有拜读过,但确立他评坛地位的《且说"山药蛋派"》和《再说"山药蛋派"》却绝对是当代文学中的理论建树。文章对于这一文学流派从历史渊源到代表作家再到艺术特点做了紧密联系创作实际的理论阐述。特别是以对赵树理的创作的深入细致分析,透彻阐明了这一流派中不同个体的艺术个性及其对流派形成和发展的意义。而他在80年代对小说文体的研究更可以看出其评论的特点，无论是古的还是洋的理论，都是拿来研究中国现当代文学实践。

真正佩服国涛先生则是因他的小说。新时期的评论家中能写小说的很有几个人，不过正像其中有一位说过的那样，大多是"一流的评论家，二流的小说家"。国涛先生则不然，他是一流的评论家，也是一流的小说家。他的小说引起我的注意时，我还不知道作者高岸就是李国涛。这些小说是以其自身的魅力，而不是以其作者的评论家身份引起了我的兴趣。其中短篇小说所体现出的文化修养令人折服，无论是文物知识的深厚，还是对文物感情的浓厚，都是作家亲身体验、长期积累的结果。参加这次纪念李国涛文学活动六十年的座谈会，才知道了先生家学渊源，果然不谬。当然，我更为看重的是作者在小说中所表现出的文化选择和文化定位。这批小说面世的90年代已经是多元价值并存的时代，思想的混乱和价值的失范开始初现端倪。而先生在他的小说中，对中国传统文化和革命传统文化中所有包含正能量的因素都给予了明确的认同和肯定。那种健康明朗的基调具有极强的艺术感染力，也正是我所偏爱的。

写文学评论的人常常被作家诟病不知写作的甘苦，特别是在批评作家或作品的时候。作家不服气时会说："你说写得不好，你写一个看看。"国涛先生的文学实践可以说是让评论家大大地扬眉吐气了。除了文学评论之外，还可以写小说，写散文随笔，而且样样精到。可以做到这一点的，除了国涛先生之外我还真是不知道第二个人。

我觉得对国涛先生还是应该深入研究一下的。李锐、成一、张石山、周宗奇这一批晋军的代表人物，是70年代初进入文坛的，毋庸讳言，他们创作之初都或多或少地受到了"三突出"理论的影响。后来他们能够迅速地摆脱这些影响，形成自己创作的艺术个性，国涛先生作为《山西文学》的主编，在这中间起到的作用，就很值得研究。作为一个评论家和作为一个编辑家，身份不同，影响也极为不同。评论家的意见，作家可以听，也可以不听。而编辑家的意见影响着作品的命运，对作家写作的影响更为直接。国涛先生作为编辑家所做的具体工作我知之不详，有待知情者深入开发，以使"为他人做嫁衣"的这份至关重要的工作的意义更为人所知。

（《山西文学》2014年第8期）

翰苑歌吟敦厚有唐风

付小悦

作为一个比李国涛先生年轻近半个世纪的后辈,我本无缘与先生结识。但机缘巧合,如今我能够在这里谈一谈李国涛先生对我的启示。我很庆幸,没有错过能够与这样一位前辈、这样的文章、这样的历史相逢的机会。

我表达三点意思:祝贺、敬佩与祝福。

李国涛先生是《光明日报》的老作者。他在《光明日报》共发表了二十一篇文章,最早是1955年评论闻捷诗歌的小文《诗爱好者的意见》。这一篇一般人们是不记得了,李国涛自己在《我写文学评论的经历》中对于这一篇也只称是"不算什么评论,只是一点意见,而且是'爱好者'而已"。但这篇类似"处女作"的小文章,今天读来,却能看出李国涛评论生涯的起点就确立了中正恳切、言简意赅的品格和文风。这是与我们今天很多所谓长篇"学院派"评论不同的一种即兴式评论,这种文体要求对文本的真正的体味,信手拈来、举重若轻。以这篇小文为例，肯定了闻捷诗歌艳丽的画面感、单纯简洁的语言和结构、朗朗上口的音乐感，强调闻捷诗歌的特点就是"美"。但同时，又用相当的篇幅，中肯地指出闻捷在某些作品中也有缺乏诗意、不善于运用人物对话的不足，好与不好都举例说明。这篇千余字文章，今天读来仍完全站得住脚，我记得起码我大学时文学史上对闻捷的诗歌也是类似的评价。在今天，目睹动辄吹捧、为评论而评论，万字长文也不一定说明问题的批评界现状，李国涛先生给我们的启示值得深思。

1978年2月，李国涛在《光明日报》发表《说"山药蛋味儿"》，这篇文章只有几百字，为山药蛋，也为艺术风格的百花齐放而申辩。1979年12月28日，发表《且说"山药蛋派"》（《李国涛文存》扉页的作者介绍中将发表日期写作1978年2月，应该是记忆有误）。这篇文章严谨系统地对山药蛋派的历史、作家构成、风格等做了梳理，是今天人们研究山药蛋派、研究李国涛都不可绕过的重要文献，人们多有论述，我这里不再赘述。

此后多年间，李国涛在《光明日报》发表了多篇随笔杂文。如2000年1月，在副刊发表《蒲松龄的"茶花女"》。文中说，因在《光明日报》上读到云南张长先生谈山茶花的散文《彩云之南的笑靥》，而想到中国也有一个《茶花女》，就是蒲松龄的《香玉》。这篇随笔只是李国涛先生无数副刊随笔书话中的一篇，国涛先生本身可能也并不会特别看重；但我读来，却有颇多感触。首先是仅就国涛先生在《光明日报》半个世纪来发表的文章看，跨度很大，门类丰富，有重头评论亦有闲闲随笔；其次，张长先生也是从1960年就开始在《光明日报》发表文章的老作者，这两年仍不时有新作见诸报端。正是这些老作者，为我们贡献了好文章，这些泛黄的报纸，串起了一张报纸副刊多年来的脚印，也串起了一位作者多少年的人生足迹，串起了跌宕起伏的历史进程。

这次得悉我来参加李国涛先生从事文学活动六十年座谈会之前，一位我尊敬的刚退休的老编辑特地告诉我："我没见过李国涛先生，但从文章看，很有学问。"也许与李国涛先生来往更多的是更早年间退休的老编辑，但无论如何，此时此刻，作为《光明日报》一名副刊编辑，我要真诚表达对一位老作者迎来文学生涯六十年的祝贺！

作为一名编辑，李国涛先生给了我很多启示。人们说编辑是"为他人做嫁衣裳"，但若是对这个职业真心的热爱，就能在别人的成长中，感到伯乐的价值。我很喜欢读李国涛先生的"编稿手记"，一针见血地说出作品最本质核心的好与不好。于是，编辑一篇稿子，推举一个作者，就不仅仅是一份工作，更是对整个风气的洞察和引领。这是功力，也需热情。他刊发的稿子，果真是带着他的体温和感情的。

曾经有一位老编辑对我说："做文学编辑最悲哀的是把所有的才智时间奉献给别人，而自己最后两手空空，一无所得。"他由此激励编辑不仅要编，也要自己动手写。但由编辑而创作，也难免会"眼高手低"。但是，如牛玉秋老师所说："作家有时对评论家不服气，说你也写一个看看。那我就会说，你去看李国涛！"把"评论家"换作"编辑"，同样适用。左手编辑，右手创作，创作领域涉及评论、随笔、书话、小说。还有他编辑的稿子，全放到一起，很难相信这是一个人的成绩。可见，一个人能有多么的丰富，能做出多少的事情！

我稍微谈几句《世界正年轻》。对于新中国成立后的那个时代，今天的人要么失语，要么是一种想象态、妖魔化的错觉。近日有人对一位年轻作家新作描写的那个时代的真实性表示质疑,又有人为之抱不平:你们经历过那个时代的不写,却又嫌年轻人写得不好!所以,我读《世界正年轻》觉得异常难得,它真实地再现那个时代的情绪,有"大风起于青蘋之末"的先兆,但更多的是年轻人,在新世界新时代对未来的憧憬,朦胧而热烈的青春。《青春万岁》是王蒙年轻时写的,而李国涛先生是老来回忆,仍有这样的激情,"庾信文章老更成",这种沉稳与激情辉映,确实是很特别的留存。

我也在想,为什么李国涛先生无论做作者,还是做编辑,无论写评论,还是写随笔小说,都能如此精彩?我想,是李国涛先生身上深厚的传统文化的根底和对内在的精神境界的追求,才使他在两个领域都卓有成就,而又毫无骄矜之色。——李国涛先生的低调淡然令人惊叹。说句真心话,李先生的学问人品是完全应该为更多的大众所知晓所阅读的,可是他似乎并不在意。或许这就是为人为文的真谛:静水方能深流,大象终是无形。

此刻,我必须向李国涛先生,向作为编辑和作为写作者的李国涛先生,表示敬意。

由于工作关系,我和多位山西作家都有联系,尤其是年轻作家。在与他们的接触中,我常常感到他们真诚、热情,尤其是绝少有"文人相轻"的倾向,彼此都很看重。李国涛先生对"山药蛋派"的阐述,使"山西作家群"成为一个响亮的称呼。这个群体,一方面是风格的类似,一方面又何尝不是一种相扶相携良性互动渔歌互答的写照呢?这次,听到人们对于李国涛先生的精神的称颂,谈到李国涛先生对南华门的文化气息和堂堂正气的影响,我似乎对山西作家群有了更深一层的了解。正如我在作协大院里看到的对联:文坛驰骋激扬称晋旅,翰苑歌吟敦厚有唐风。因此,这里,我表达我的第三层意思:对山西作家,对南华门精神,表示深深的祝福!

(《山西文学》2014年第8期)

李国涛：君子笔耕六十年

付小悦

本不宽敞的山西作协会议室里，挤挤挨挨地坐了四五十个人，李锐、韩石山、赵瑜等知名山西作家悉数到场。会议的主角，已满头白发的八十四岁的李国涛被众人环绕，似乎颇有些不习惯："这是我第一次这么牛气。"这是2014年5月6日。从1955年在《光明日报》发表首篇评论至今，李国涛从事文学活动已有六十年，三晋出版社刚刚出版的五卷本《李国涛文存》记录了他最重要的文学收获。其中，最为人熟知的是1979年在《光明日报》发表的《且说"山药蛋派"》，从理论上确立了以赵树理、马烽、西戎等为代表的山西作家群在中国当代文学史中的地位。

山西作家对他更多的尊敬和感谢，来自他主持《山西文学》若干年对青年作家的扶持。"山西作协大院里，我，还有跟我年龄不相上下的一茬作家，对李先生最恰当的称呼，该是座师——我们这一茬人走上文坛，多得力于国涛先生的擢拔与奖掖。"韩石山如是说。民盟中央副主席张平发来贺信，称他为"恩师"。成一、李锐、钟道新、张石山、张平，许多山西作家的处女作由他慧眼选中。他为吕新一篇有争议的小说开编辑部全体大会讨论，让大家受到一次文坛新思潮的教育。他强调为年轻作者"鼓吹"，专门有一部文论集叫《文坛边鼓集》。"他甘为人梯，淡泊名利，他刊发的稿子，是带有他的体温和感情的。"山西省委宣传部副部长、作协主席杜学文说。

左手评论，右手编辑，李国涛在各种笔墨间自如转换。他的研究范围包括鲁迅、汪曾祺、小说文体研究等。汪曾祺赞叹他的眼光和品位，特地请他为自己的小说集作序。在大量书话随笔中，出身于徐州读书世家的他，展现了厚重的文化底蕴与旧学修养。他甚至懂外文，能翻译。20世纪90年代退休后，他竟又开始写小说，多写古城旧事，笔境儒雅清奇。评论家牛玉秋看重他小说体现的精神选择和文化品格："作家有时对评论家不服气，说你写一个看看，那我就会说，你去看李国涛。"

但李国涛显然并不以此居功。《文存》扉页的简历上，他只说自己"喜写稿，乱投稿，偶发稿"，"近十余年，目力不佳，只能写千字文，随写随忘，无足道者"。他的低调淡然令人难忘。1988年，他曾拒绝一次诱人的"做官"机会，只将自己定位为"作家学人"，坐拥书城，读与写足矣。八十多岁的韩玉峰说了这么件事："省里高级职称评审委员会请李国涛任评委，他谢绝参加，因为他不愿为读书写作之外的事情所干扰。这是一件小事，但反映了他的独特个性和人生准则。"

李国涛写小说，不愿让相熟编辑发"人情稿"，遂取笔名"高岸"，只以普通作者身份投稿。李锐看来，"高岸"二字有大义存焉。

"夜深重新静读小说《世界正年轻》,深受感动,在这个物欲横流的时代里,'高岸'的精神,是一介书生的安身立命之本,尊严和坚守所在。"《世界正年轻》是李国涛的长篇小说,写知识分子在新中国成立初期的命运。

山西作协位于太原南华门一所古老的宅院里,几十年来这里走出了一代代作家,被看作山西文艺创作的代名词。此时此刻,院子里绿树成荫,繁花摇曳,阳光照耀着门口古朴的对联:"文坛驰骋激扬称晋旅,翰苑歌吟敦厚有唐风。""李国涛先生的存在,之于南华门里的文化气息,之于氤氲在这道巷子里的堂堂正气,绝对是一个不可忽视的巨大因素。"张石山这样说。"我二十郎当岁就是李老师的部下,四十年过去,我自己从文学青年成了文学老年。能和李老师说说话聊聊天,问问最近读了什么写了什么,我们跟着这样的人一起老去,三生有幸,人生有缘。"说到动情处,李锐站起来,深深地向李国涛鞠躬。

"这次座谈会,不仅是对李国涛先生个人文学成就的回顾与展示,也可以说是对山西文学事业的一次回顾与展示。"山西作协党组书记张明旺如是说。

《〈李国涛文存〉讨论汇编》后记

鲁顺民

2014年初,在山西省作家协会各位领导的支持下,由山西文学月刊社各位同人编辑校对,三晋出版社审阅出版了《李国涛文存》五卷本(随笔上下卷,评论上下卷,小说卷)。2014年5月,由山西省作家协会主办、山西文学月刊社和三晋出版社承办的"李国涛先生从事文学活动六十年暨《李国涛文存》出版座谈会"在省城太原召开,省内外作家、评论家五十余人参加了座谈会。中国作协副主席、山西省作家原主席张平发来贺信。

李国涛先生出生于江苏徐州,1957年调山西工作,就再也没有离开过山西这块土地,与山西文学事业结下了不解之缘。他历任中学教师、山西社科研究所《学术通讯》编辑,《汾水》编辑部主任、《山西文学》主编、山西省作家协会副主席,山西省作家协会荣誉委员。

李国涛先生从事参加文学工作六十年来,一直从事文学理论研究和文学批评工作,研究范围广博宽泛,在鲁迅研究、汪曾祺研究、小说文体研究、山西作家作品研究方面都取得了不俗的成就。尤其是在1979年,他在《光明日报》发表《且说"山药蛋派"》一文,率先提出"山药蛋派"这一概念,对扩大"山药蛋派"在全国文学界的影响做出重要的贡献,从理论上确立了以赵树理、马烽、西戎、胡正、束为、孙谦等为代表的山西作家群在中国当代文学史中的地位。而此后从文体角度对鲁迅的研究,为现当代小说文体理论研究打下坚实的基础。他在文学批评和文学理论研究方面的探索与追求,带动了山西文学批评和文学理论研究的长足发展,最终确立山西文学批评领域领军人物的重要地位。

李国涛先生先后担任《汾水》编辑部主任、《山西文学》主编。在主持刊物的若干年里,他甘为人梯,为人做嫁,热情奖掖扶持青年作家,使《山西文学》成为中国农村题材小说的重镇。20世纪80年代,日本的文学批评家小林荣每年都要将《山西文学》发表的小说编辑翻译为《中国农村百景》在日本出版;同时,《山西文学》作为中国文坛重要的文学期刊,是许多青年作家成长和成名的摇篮,特别是改革开放以来山西几代青年作家从《山西文学》脱颖而出,成为新时期"晋军崛起"的主力作家,李国涛先生功不可没。他确立的务实、求实、活泼、生动和严格选稿、兼容并包的办刊风格一直延续至今,《山西文学》一直是我省发现、培养青年作家的重要阵地,是展示山西文学事业创作实绩的重要窗口。

座谈会上,张明旺书记对李国涛先生从事文学活动六十年来所取得的成就给予高度评价;杜学文主席又从一个评论家的身份,对李国涛先生的理论建树和文学成就做了详细梳理,真诚恳切,各位嘉宾热诚交流,成果显著。这本《〈李国涛文存〉讨论汇编》是会议前后各位嘉宾发表在《山西文学》以及省内外报刊上的评论文章和会议发言，以来稿顺序进行编辑整理。会议中播放了山西作家影视艺术制作有限公司制作的专题片《李国涛：文笔练达多面手》，在附录中收录了杨占平先生为该片撰写的文稿。

李国涛先生是山西文学界公认的一个重要标志性人物，是一位备受几代作家和编辑尊敬和爱戴的长者，是无数读者景仰和喜爱的老作家，他的文学成就和为山西文学事业所做出的贡献，是一份非常宝贵的精神财富，这本讨论汇编，既是对《李国涛文存》的讨论研究，也是对李国涛先生为人为文的致敬，同时，也是研究山西作家的珍贵资料。

2014年12月15日

《编稿手记》后记

舒 晴　李 伟

20世纪80年代初期，李国涛先生曾经在《汾水》和《山西文学》主持编务工作，"编稿手记"是他这一时期的一个小小创举，他把编辑稿件时的感想和作品一起呈献给读者，用简洁的文字把编者、作者和读者连在了一起。著名作家马烽当年曾向李国涛先生说："你想的这个点子真不错！"

这些小巧的文章有对作品的欣赏，也有编者自己的趣向，或谈创作的心情，或谈读者的感受，谈作品构思的精巧，也谈人物描摹的风韵。篇幅短小，灵动而从容，总能和作品相映成趣，交映生辉。得到这样一篇编稿手记，作者常常高兴得像中了彩。

李国涛先生曾工作多年的那个小院落，如今花木葱茏，不知何时栽种的两株山楂树，年年都开放繁盛的花朵。他还时常到院中散步，若有蹒跚学步的幼儿来抢夺他的拐杖，或是咿咿呀呀地和他聊天，总让他开心很久。而那些"编稿手记"，即便在他自己，似乎也淡远了。

是淡远了,那个时代,那些情怀,有些作品和作者,都远了……

但是,翻开已经泛黄了的刊物,那些短小的篇章并未随时光流逝而褪去光彩,把它们拣选出来细细端详,脱离了原来所依附的作品,它们似乎仍然发出细碎的光芒。把它们小心捧在一起,它们竟也不再散落,聚成不小的一团,相互依偎着拥簇着,向周围放出跳动的、各色的光辉。

这本书就由这些仍然散发光芒的小文章组成,它们也是心血凝成的作品,虽然它们的出生是为了别的作品。

2016年6月中旬,蜚声文坛的报告文学作家赵瑜在小院中与老人相遇,聊过往,谈今生。他说,从当年的一个毛头小伙,到今天步入花甲之龄,三十余年听教诲,唯告求真乃立身。后来他在微信朋友圈又一番慨叹道:"评论老翁李国涛,山西文坛扛鼎之人。'山药蛋派'之说,源出其笔,'晋军崛起'主将,无不受惠。"而他的一位圈内朋友也说:"他主编的《山西文学》,办得真好啊!可以说,是他让我热爱文学。当时我上初中,期期买,期期看。"这位老人,就是精心扶持山西这块土壤的作家群茁壮成长,第一个站出来走笔长文,鼓励写实,鞭策文体探索,推动山西文坛涌动文学纪实新潮的李国涛先生。

评论家韩玉峰先生在《且说李国涛》中,曾经有这样的描述:"在我的印象中,李国涛在省作协担任过副主席,但是没有做过行政领导工作,只是走着一条写作、办刊的传统文人道路,在《汾水》和1982年改名的《山西文学》担任主编。李国涛给我的印象是他对人和蔼亲切,温文尔雅,一派学者模样。"近六十年来,李国涛先生一直从事文学理论研究和文学评论工作,研究范围包括鲁迅研究、汪曾祺研究、小说文体研究、山西作家作品研究各个方面,均取得突出成就。李国涛的文学评论涉及面广、研究领域宽，在对山西文学和山西的作家作品的研究中，首次提出和确立了"山药蛋派"在文学界的地位。人们常说，山西的作家都起步在《山西文学》，而李国涛先生执掌《山西文学》期间，正是《山西文学》最美好的年华，几代作家由《山西文学》出发驶入快车道，几代作家敬重他，视他为师长。《山西文学》合着时代的节拍，走过了20世纪80年代那个一度辉煌的时代，刊物发行量达到创纪录的十五万册，前所未有。李国涛先生创立的一个小栏目"编稿手记"，就是要编辑对稿子说些自己的看法。并且，他以望成、祝文茂、牛力耕、于一木、徐漫之等笔名写了很多编稿手记，短小精悍，随意点染，收画龙点睛之妙。以至于每一期的"编稿手记"成为《山西文学》的一道风景，配小说或诗歌或评论那叫点石成金，赏心悦目，为读者期盼。

正像李国涛先生所说："我在《汾水》和《山西文学》做编辑工作的时候，常有一些偶然产生的感想。这些感想，大都是由于看稿、改稿、编稿而引起的。这些感想，有时也还有点意思。要把这点意思写成评论或随笔来发表也未尝不可，但是自己没有这样从容的时间，刊物也没有这样从容的篇幅。所以我就想出'编稿手记'这样的小栏目。""这些小文章，有时向读者谈谈，有时又向作者谈谈，有时就诉说点编者自己的心情。""所言都无高论，然而皆系实话；每则大都仅仅三五百字，所以必须少说废话；又欲引起读者的兴味去读有关的作品，就力求写得有点趣味。""我甚至觉得，编辑在编稿过程中的一些随时的感想，对作者对读者往往都有可资借鉴的地方，因为编辑是第一个读者，读起来又较为细心。可惜不是每一位编辑都有写这类手记的兴趣和机会，这使许多编辑的许多好想法只在脑子里一闪，永不为他人所知。"李国涛先生创意和撰写"编稿手记",并鼓励和指导编辑部同仁写作编稿心得体会,展现的是一位老编辑工作者的良苦用心和责任担当,也成为当年《山西文学》栏目内容的一大特色。

本书所辑收的篇目,即是李国涛先生主持《汾水》和《山西文学》期间,以笔名发表的为作家作品敲边鼓,启迪作者和引导读者,文情并茂,独具个人风格的小文章。虽然已过三十年,不免留有时代气息的痕迹,也不失为收藏价值。愿读者喜欢。

应当说明的是,同一时期主持编务的前辈先生也写了许多篇《编稿手记》,此处不能收录,甚憾。

最后说明一点,作为代序的汪远平先生的《别具一格的"编稿手记"》,是当年发表在《山西文学》1981年第12期上的论文,现在一时不好与汪远平先生联系,谨致歉意和谢意。汪先生的远见卓识也使得我们后辈叹服。

2016年6月22日

低调李国涛

董国和

"李国涛先生从事文学活动六十年"研讨会2014年5月6日在太原召开。媒体的报道一致公认:"李国涛在鲁迅研究、汪曾祺研究、小说文体研究、山西作家作品研究诸方面均有建树,是山西文学界公认的重要标志性人物。"《且说"山药蛋派"》则从"理论上确立了以赵树理、马烽、西戎、胡正、束为、孙谦等为代表的山西作家群的地位,对扩大'山药蛋派'在全国文学界的影响做出重要贡献"。

但与会者对他的低调,更是有口皆碑。正因如此,《李国涛文存》才精选为五卷,他还戏称"其实自己原本不是搞写作的材料";获奖就更少,据中国作家网介绍,仅有《世界正年轻》(长篇节选)获得1991年《人民文学》优秀奖。就连这次研讨会,在陈为人看来"还是'破天荒'。也许迟了一点,但'迟饭是好饭',开了总比不开强"。

陈为人此语,出自《无情文学史名单尚可添几人——在李国涛先生座谈会上的发言》。为此,他还说:"李国涛先生在前几天与我的交谈中，无意中或者是脱口而出说，这个会前几年开就好了。这句话对我内心是有触动的。我们已经开过无数次的各类发布会座谈会研讨会，甚至有些人还是多次。我们说过了'西李马胡孙'，我们说过了'晋军崛起'，也说过了'后赵树理写作'的诸位后起之秀，还说过了十几个地方的'各路诸侯'，'把吴钩看了，栏杆拍遍。'我们长久以来，却忽略了一个真正在支撑山西文坛的身影。我们不能因为国涛先生的低调淡泊，'有眼不识金镶玉'。我们不能只认识睁眼的金刚不认识闭眼的佛。"

将他称为"闭眼的佛"，文中仅举一个例子，既可以说明问题：20世纪八九十年代，省里组建作家系列的高级专业职称评审委员会，省委宣传部请他担任评委。要说，这是个多少人求之不得的"好事"，但李国涛先生却断然"谢绝"了，他的志向不在此，心思不在此。

"谢绝"是出于他的清醒，清醒则出于家族的文化根基。周宗奇在《寻常看不见》中，从他的祖父李辅中那里追寻根源。

> 祖父是一位喜欢读书的人。他把家庭收入的很大部分都买了书，……那时他的藏书居徐州私人藏书之首，我小时候（抗战之前）见到的已经是残存的部分了，那也还堪称"四壁图书"。不过他自己把书读到什么程度，或者说，他有什么学问，我也很难说清。我记得他有些稿本，写了些什么，我没留心，现在也无从猜测。他写诗，苦学王渔洋的风神……

这是李国涛在《祖父》中的回忆，但在周中奇看来，其言"大有自谦之意"。李辅中虽不是彼世大儒，但查百度"李辅中条"，却可知其人其事。由此，周宗奇还说到他的五伯祖李辅京、三伯祖李辅钧，在军政界都是名重一时的人物。出生在这样的名门望族，他根基就可想而知了。

李辅中又"实打实做了儒门弟子，此后三代、四代子弟，也大都皈依孔圣人，以读写为生，以文学传家"，清楚了李国涛的家学渊源，周宗奇说："什么叫家学家教？什么叫诗礼传家？什么叫文化传统绵延不绝？什么叫人文精神薪火相传？……这就叫根基！没有徐州李家这种根基，《李国涛文存》能问世吗？问世了能流传长久吗？现在似乎有个共识，今日中国太浮躁了！官场浮躁，商场浮躁，文坛浮躁，连学界、教育界都浮躁得很。"

正是都浮躁得很，对他的低调才让人敬佩有加。这样的事例还有很多，他发表的小说用笔名"高岸"，就是不让相熟编辑发"人情稿"。李锐说"高岸"二字有大义存焉，"在这个物欲横流的时代里，'高岸'的精神，是一介书生的安身立命之本，尊严和坚守所在"。

在《李国涛文存》所附评论文章，所选作者都是外地人，并非山西作家的文章不好，而是为避嫌自吹自擂。张石山在《穿越文坛行走30年》中，还写了这样一件事：他主政《山西文学》后，添加了"一个小小改革项目：每期来几篇编稿手记。几百字，画龙点睛，直击要害，深受读者以及作者们的欢迎。"但"老李心细，编稿手记不是也要拿一点稿费吗？一则手记，三元五元。这份稿酬，不宜落一个'独霸独享'的名誉，分给老同志一些机会，比较妥当得宜。"难怪张石山说："这样的君子多吗？多乎哉？不多也。"

但如此洁身自好，李国涛也失去很多唾手可得的好处。"会哭的孩子有奶吃"，在这个以跑奖、买奖甚至骗奖为荣的年代，他如此低调,真是多乎哉,不多也。由此,不禁想起邵燕祥在《公务员的"门槛"》中的设问:"你能像旧俄那个想革命的姑娘那样,在回答'你情愿去牺牲吗'的时候,干脆地回答说'是的'吗?"

设问针对者,就是那些热衷报考公务员的莘莘学子,而那个姑娘则出于屠格涅夫的《门槛》。提问简而言之,就是能否为理想去赴汤蹈火,甚至牺牲生命?

如果扪心自问,我能像李国涛那样的低调吗?

李国涛和他的书话

卫洪平

李国涛先生是我爱重的一位学者和作家。

我喜欢读他的文章,始于20纪90年代初。那时候年轻,精力充沛,对未来充满向往。工作之余读鲁迅,浏览报纸副刊。不久便注意到《太原日报·双塔》《太原晚报·天龙》经常刊登一位名叫李国涛的文章,文字典雅,气味清醇,篇幅也短。

李国涛的职业是编刊物、写评论,兼做鲁迅研究。鲁迅研究早已是一门显学,有创见、出成果不易。李国涛业余"兼做",却搞出了名堂。1981年鲁迅一百周年诞辰前后,仅鲁迅研究的一个分支——《野草》研究——就有十多部专著出版。李国涛的《〈野草〉艺术谈》(山西人民出版社1982年版),以其"侧重艺术分析鉴赏"(袁良骏:《当代鲁迅研究史》,陕西人民出版社1992年版,第484页。)之鲜明特色,与李何林《〈野草〉注解》、孙玉石《〈野草〉研究》诸家比肩。几年后,他又出版了第二部鲁研专著《STYLIST——鲁迅研究的新课题》("鲁迅研究丛书"之一,陕西人民出版社,1986)。这部专著被鲁研界称作是对鲁迅文体研究"这一新课题的第一声回答"(袁良骏:《当代鲁迅研究史》,第422页),论者尤其称道"李著对鲁迅运用语言之妙深得于心,写来大有体会,构成了十分精彩的部分"(袁良骏:《当代鲁迅研究史》,第565页)。我视野狭小,不知道李著之后三十年间,鲁研界对鲁迅文体研究这个新课题有无新进展。李国涛逝世后,我取出这部鲁迅文体研究的开山著作重读一遍,依然有银铃响于空谷之感。

我的《STYLIST——鲁迅研究的新课题》,是李国涛先生持赠的。扉页上有他的签名,盖一枚阴文图章。时间在2002年3月。那一次登门拜访,谈过些什么已经淡忘了,只记得在南华门李家客厅,老人蔼然地眯着眼打量我时的神情。我却惊奇,眼前这位念书只念到高二的老者怎么还会搞翻译。那时我刚读过李国涛从《纽约时报·书评周刊》翻译的短文,是李锐长篇小说《旧址》的评论。

到了六十岁左右,李国涛目力不好,不能再搞研究了,转而写起小说来。一时间,《郎爪子》《紫砂茶壶》《世界正年轻》……一批署名"高岸",地域性、文化味很浓的短、中、长篇小说喷涌出来。"高岸"行情看涨。可是有一天,我忽然在《太原日报·双塔》看到他一篇短文:《停顿:暂时的吗?》。文章说他写作的阶段性很强,先是搞鲁迅研究和小说文体研究,后来写小说,正写得起劲,因冠心病住了两次院,便停顿下来了。文章发表于1994年6月23日,我喜欢那个标题,当时剪下来,保存到现在。从标题一眼就看出,他不情愿"停顿"下来,无奈,却又很不甘心。如果"高岸"以上世纪40年代徐州市民为题材的小说,一直写下去,会是怎样?往事未忘,多可入诗,这些小说寄寓着浓烈的乡愁。他偏爱这些不好归类的小说。编《李国涛文存》时，小说卷选录的中短篇都是这类题材。

人生的无奈或转折，往往因为遇到了不可抗力：自然的，社会的，家庭的，政治的，疾病的。有的人顺势而为，"从吾所好"，活出新境界。有的却逆势而行，终不免趑趄，一脚浅一脚深。李国涛那一次"停顿"，果然又成了一次转折。从此便进入散文随笔的阶段了，一直到离世。他先是写过一些怀旧散文，"平生我自知"那个系列真好，可惜《祖父》之后就断了。他的祖父虽说只是秀才，却著有《万年少先生年谱》，陈寅恪、冯其庸、来新夏诸家的著作都引用过。李国涛也写了一些人生感悟、生活类随笔。后来，他就专注于文化随笔的写作了。在《怀念随笔文体》一文中，他写道："我很担心，有一种文体在我们的文学里逝去。我说的是一种优秀的、精炼的、充满知识和智慧的短文。以前在古代的诗话、随笔、札记里存在过。五四以后如鲁迅的随感录一类，也是。不过我们只注意到它的战斗性的一面，短小之体则忽略了。"他感叹有学问的大手笔不弄这些了，于是觉出少了一种文章可读。他是如此怀念、热爱那种有学问的短文章，晚年几乎把全副精力都用在写作这种文化随笔上了。

李国涛的文化随笔，可分两类。一类谈文事。他喜欢看文事，谈文事，在谈文事中表现自己的观点和趣味。这个活儿看起来容易，做好却难。要有合适的材料，判别材料的眼光，还得有触类旁通的功夫。而这恰是李国涛的擅长。有朋友打趣他附庸风雅，他说："我不附庸风雅，难道风雅还来'附庸'我这个老头不成？"中国的文事，他最关注现当代，很喜欢收在"新世纪万有文库"里的两本小书：温源宁的《一知半解及其他》，林以亮的《文思录》。外国的，他激赏董鼎山笔下的美国文事，还有董桥、恺蒂写的英国文事。他自己写文事,纯然是学者的手眼,材料翔实,有见解。如《糖炒栗子》《"布衣"趣谈》《〈水浒〉风习名物之博考趣谈》《一条该收的资料》《张之洞"屠财"而不"图财"》,读他这一类随笔,真是长见识,受熏染。《两篇〈谢本师〉和四位名人》,谈章太炎之"谢"俞曲园,周作人之"谢"章太炎,又谈到鲁迅临终前连续写《关于章太炎先生二三事》《因太炎先生而想起的二三事》。做过一番比较后,李国涛说:"鲁迅对老师的态度,显出比周作人更多一分理解、厚道和人情。在这里,鲁迅显得更宽厚。""对历史人物从大处着眼,正是鲁迅的难及之处。"立言有据,在学术上能站得住。

另一类是评介书籍的,亦即"书话"。这很可观,光是数量就在百篇以上。这得读上百部新书才能办到。一部书按十五万字计算,就是一千五百万字。而他读得又是那么仔细。李国涛有两本小书,书名《总与书相关》《目倦集》。他晚年确是用眼太多,读得太累了。

李国涛的书话,主要介绍国内新版或再版的书籍(包括翻译作品)。他的热心让人感动。往往是读过一本,或者还没读完,就迫不及待,要介绍给读书人了。《读了一本好书》——介绍王佐良《英国散文的流变》;《钟叔河文章好》——介绍钟氏《念楼集》。有时干脆直接催促读者掏腰包:"我劝没有机会参观《田家英收藏清代学者墨迹展》的读书人,或者已有机会看到此展而没有机会或没有富余的钱去买价值六百元的《小莽苍苍斋藏清代学者书法选集》(共二册)的读书人,请去买一本2002年9月才由三联出版的《田家英与小莽苍苍斋》。那也不少钱,四十八元,但还能承受。我就买了,因为它能叫我慢慢读几年。"多有趣!

他的书话是学术小品。这需要丰富的读书经验。《关于"鲁迅买书的花费"》是读赵毅衡一本《伦敦浪了起来》，看到作者论及徐志摩在英国的经历，顺便说到鲁迅兄弟在日本："当时中国钱也真值钱，一个破落地主之家——例如鲁迅周作人之家有足够钱供兄弟俩在东京闲住多年。"李国涛感到这种说法与他平素所读关于鲁迅家庭经济情况的说法大不相同，"而更应辨明的是，周氏兄弟在日本留学不能称之为'闲住'。这个词用在这里颇觉刺目。"于是拿证据，摆事实，详加辨明。一千三百多字的辨正，所依据的资料有七八种：钱理群《周作人传》，鲁迅《呐喊·自序》《集外集·俄文译本〈阿Q正传〉序及著者自叙传略》《杂论管闲事·做学问·灰色等》，周建人口述《鲁迅故家的败落》，周作人《鲁迅的故家》，《鲁迅年谱》，鲁迅致许寿裳的信。李国涛身为鲁迅研究专家，对这些资料自然是出入自如的，所以他说"事情原来也并不复杂"。看上去，这篇书话似乎只做了一个小小的考证，给读者和那位赵先生讲了一点点"知识"；实则对这样一个非学术的问题，李国涛感到"颇觉刺目"后，从学术的角度，以主观热诚做客观辨正，体现了一位鲁迅研究专家的手眼和品格。

《排除两难处境》一文介绍谢泳编《胡适还是鲁迅》。李国涛认为"所选之文，重学理分析，重史料分量"。他在第三辑《胡适还是鲁迅》看到李慎之文章结尾提出的一则材料，认为"很宝贵"。这则材料便是周策纵1999年说，20世纪50年代中期胡适曾告他"鲁迅是个自由主义者，决不会为外力所服，鲁迅是我们的人"。李国涛说，当时台湾在蒋介石的统治下，把敢于说真话的人投入监狱，情况同鲁迅活在上海时也没有两样，这才引起胡适这番话，得出这个结论。他又说，这个书名似乎说出一个两难处境：非此即彼，要胡适呢还是要鲁迅？继承胡适传统呢，还是鲁迅传统？是胡适高明呢，还是鲁迅高明?这有点像哈姆雷特王子说的话:"活着,还是死去?这是个问题。"李国涛认为,伟人的事业、思想以及道德文章,合成一笔大财富,都是我们的思想资源。"胡适、鲁迅,鲁迅、胡适,一个都不能少,不能拒绝任何一个。"这是历史眼光、学者襟怀,是实事求是的态度。

有些书话近乎学术探讨。《新文学散文史之研究》一文,谈刘绪源新著《今文渊源》。肯定了刘著的创新意义,认为"读者完全可以把此著当作一部散文史来读"。也指出刘著的不足:"我读这本书,觉出提到孙犁的地方不够,以我的愚见或喜好,以为孙犁颇得周作人'谈话风'的影响。他的后期作品,也就是'文革'以后的小品和读书随笔,常有苦味和涩味,并且有一种难得的平淡和亲切。"李国涛另有一篇《孙犁与周作人》,全面阐述了这个观点。《陈平原〈中国现代学术之建立〉》一文谈到,陈平原认为周作人一直是大声疾呼继承晚明小品的人,以抨击唐宋八家的古文,周作人是晚明小品的知音,但是周作人自己的文章可不是走晚明小品的路子。那么,周作人继承了哪家的笔法?陈著没有说,李国涛认为,如果以明末清初的文章相比附,周作人文风倒是更接近于山西的遗民傅山。接着就举出周作人喜欢的傅山一则杂记(《老人与少时心情绝不相同》)。这也是学术探讨,可备一说。

书话贵在体现作者独到的品书心得。《〈耻〉之耻,在何处?》一文,介绍诺贝尔文学奖获得者、南非作家库切的代表作《耻》。他说:"我觉得小说震撼人心。对这样的书,普通人是无法再多说什么的了。好像所有的话都让专家说完了。但是,恰是作为一个普通读者,我还想说几句:不是我的思考多,是作家留给读者的思考多。"从他的复述里，我们看到了那个名叫佩特鲁斯的南非土著，他是南非白人女子露茜的邻居，露茜不听父亲劝告留在南非，经营着一个小农场。佩特鲁斯有农产，也是露茜的帮工。这个佩特鲁斯是真正的、诚实的农民，"诚实地做苦工，也诚实地狡猾"。然而为了得到露茜的土地，竟然唆使两个黑人再加上他的内弟去轮奸露茜，抢光她的财产，逼她出让土地。李国涛说："我的认识不同。我以为，耻就在佩特鲁斯之所为、所思。""佩特鲁斯所为，是一个国家、一种制度的耻。库切勇敢地写出这一切。他自己是南非人，南非白人。他谴责过白人的殖民主义，现在他看到南非的现实，他谴责黑人了。"小说《耻》大胆反映了新南非的现实。这是一个作家的良心。1999 年小说出版后，库切在南非成了官方和民间的众矢之的，不得不移居澳大利亚。李国涛读了这部小说，以评论家的犀利眼光，把谴责的矛头刺向那个"诚实地做苦工，诚实地狡猾"的黑人农民。这篇随笔是文学评论，也是社会评论。可惜只是一篇书话，篇幅太小了，未能展开。

有时在一篇书话中，李国涛要介绍两部同类的书，在比较中指出优劣。如林语堂《苏东坡传》和王水照、崔铭合著的《苏轼传》，都德《磨坊书札》的两个译本。《读纪昀的两本传记》一文，谈 1994 年南京大学出版社《纪昀评传》，和 1993 年长春出版社《清代第一才子纪晓岚全传》。对前者，李国涛认为："这部书诚然是用力甚勤之作，叙述纪氏生平详实有据，考核纪氏思想也言之凿凿。"对后者，则认为"以四十万字的篇幅写出来的都是纪昀谈笑话、作对子的故事。纪晓岚这位文化巨人成了耍贫嘴逗笑的丑角，看了实在使人不舒服。"进而指出书里有些所谓趣事，"实在不雅"，"浅薄无味"。以李国涛先生的厚道，这样的辞气算是很重了。

关于书话，当代学人多有论及者。钱谷融《近代书话系列·总序》说："立言有据，言简意赅，阐明书品，指示路径，这应该是书话的文体精神。"李国涛向来重文体，他的书话，我以为很好地体现了这种文体精神。

记得李国涛写过《欢欢喜喜过老年》，文中引用古贤的话，说老年人"血气既衰，戒之在得"。别人很在意的事，他不上眉头，不上心头；新书一部部读，随笔一篇篇写。他十分喜欢鲁迅在日记书账后面抄录过的傅山那个帖子（开头一句"老人家甚是不待动"），赞赏人生和艺术中"萧散"一格。他的老年情怀若用两个字来说，便是"萧散"吧。丰赡闲雅，疏淡空阔，萧散有味，乐在其中，亦美在其中矣。

这是一位睿智的文化老人。

2018年1月19日

"世味如茶"亦苦亦甘

薛保平

作家张石山在《太原日报》"行走文坛三十年"系列回忆文章中，多次提到老师李国涛先生。依我看来，从行文的语气，出现的节点，词语的色彩，张石山是发自内心敬重和感谢李先生的，李先生应该是有恩于他的。当然，张石山不仅感谢李先生有恩于一己，更感谢李先生有恩于山西文坛。

我读书甚少，知道李先生晚，是近一两年的事儿，还缘于有朋友告知：山西有个作家叫李国涛，与北京作家李国文差一个字，但两人随笔都写得好，有味。李国涛可说是山西随笔第一人。朋友虽然没说李先生随笔是什么味？但我由此开始注意李先生了。至于他是山西随笔第几人，我心想那是朋友个人看法，甚至是偏爱，李先生不一定会认可。后来，我开始读李先生的随笔了，读的都是他发表在《太原日报》《太原晚报》上的文章。记得读的第一篇文章是《施蛰存：半生怨气只一吐》，觉得写得好，就专门剪下来，至今还夹在他的一本书里。

　　渐渐地不满足于零敲碎打地"苦等"李先生的文章了，想集中读他的作品，可不知道李先生出过随笔集没有，当时不懂上网查看，现在想起来极傻，耽搁了早日"亲近"李先生作品的机会。一次在南宫看到"学者随笔八人集"之一《虎情悠悠》，是评论家何西来的随笔集，虽然品相差了，不想买，但还是拿起翻看，想看看"八人"是谁？结果一看就有了惊喜，"八人"都是名气很大的作家学者，如季羡林、陈荒煤、许觉民、李元洛等，其中有李先生的《世味如茶》，虽然"敬陪末座"，但我认为是李先生在谦让，毕竟是本省的出版社，理应让座于外省客人。

　　翻遍了书堆，也没找到《世味如茶》，失望了，是很大的失望，其失望不亚于未淘到一件稀世的珍玩。有意思的是，正欲离去，瞅见一位长者正拿着一本《世味如茶》翻看，真是且惊且喜，心里顿时矛盾起来了，本想和他商量转让，又怕他不情愿，或许还提醒了他，让他感觉这是本好书，从而坚定了他买的决心。于是，只好装作挑书的样子，立在他身边，等他或许不要了，扔下书的那一刻。这只是一种巴望而已。谁想巴望有了结果，那老者又翻看了一会，终于放下了书，我早有准备，抢似的拿在了手。

　　《世味如茶》书名颇有意味，单四个字就耐人品味咀嚼。作者写道："这种世味正如茶味，虽苦，仍有香味，仍有甘味，所以使人留连眷恋。"以茶寓世，很有滋味，"世可以有味，味薄可以如纱，这大约要深于世味者才体会得出来。"我想，李先生正是深于世味者，在近八十篇文章中，他领着我们品味了"人情世态之味"。

　　书分"老年情怀""大题小做""书里情趣"和"窗外风光"四

辑，前后两辑不少篇谈的是清娱生活，莳花弄草，品吃谈喝，虽然题小，但李先生总能写出大意义，说涉笔成趣不为过。从"大题小做""书里情趣"两辑中，仿佛看到李先生不倦阅读的身影，他读书之多、之广、之细、之深，令人起敬。如今，李先生已八十高龄了，仍每日读书为文，常有佳作刊载报端。上周四读到的《承受"代购"之痛》就是不可多得的美文，笔锋挥洒，意趣横生，耐人品读。我以为，李先生至今尚笔健如斯，笔勤如斯，是喜爱他文章的读者的福气。最近发现，李先生真有不少的粉丝。

我一直在想，但没个结果，李先生的随笔究竟是什么"味"？是周作人的平和冲淡，是张中行的苍凉明净，抑或是谷林的温润清朗，总觉得像但又不很像？恐怕李先生自己也说不清，他或许会说，我就是我！

读书之事说来也怪，喜欢上一个人后，就想囊括他的文章而读。这不，在读了《世味如茶》后，知道了李先生曾出版过两本研究鲁迅的书，一本《〈野草〉艺术谈》，一本《STYLIST——鲁迅研究的新课题》，就想找来翻翻，也未必想细读。《STYLIST——鲁迅研究的新课题》去年夏日在南宫旧书市场碰到了，虽然封底撕裂，但没有犹豫就买下了。上周六，在南宫淘到《〈野草〉艺术谈》，摊主见我爱此书，要价高过平时，说"挂"在网上能卖十多元。后以四元成交，至此，我所知道的李先生的作品集都已有了，但不知道他还有其他作品集没有？

2011 年 11 月 2 日 《薛东平博客》

获赠《十宋楼集》记

马凯臻

《山西文学》原主编李国涛先生托人捎来三本书,其中一本是《十宋楼集》。这是一本为纪念其祖父李辅中的纪念文集,今年5月由同辈兄弟集资自费印制。

大概是今年初吧,山西原《山西文学》副主编毕星星打电话问我,能否找到徐州地方戏柳琴戏的唱段,说今年是李国涛先生八十大寿,几位朋友想为他祝寿,毕星星说他要学唱几句柳琴戏于寿宴时助兴。李国涛是徐州人,但我至今都没见过他。前年,毕星星说,李老回徐州省亲,并给了我他的手机号,让我联系。谁知几番电话打过去,一直关机。我对李国涛的印象是毕星星的不断提及,还有那些年毕星星不断有《山西文学》寄来,我从杂志上不断见到李国涛的名字。有一次毕星星说,李国涛真是你们徐州人的骄傲!这期间,我陆续对李国涛有了很多的了解,知道他不唯是资深的文学编辑,也是在文学界卓有影响的鲁迅研究专家、文学理论家和批评家。知道山西

"山药蛋派"的人很多,因为它在中国当代文学史上占有重要的地位,但很少有人知道,对这一流派的命名却是来自李国涛于1979年发表在《光明日报》上的一篇文章《且说"山药蛋派"》。李国涛还是一位小说家,这次他便送我一本长篇小说《世界正年轻》。之前,我读过署名高岸的一些短篇小说,那种深厚而悠然的传统文化意味让我印象深刻。后来,我才知道高岸即是李国涛,因为李国涛实在不愿借助文学理论家、批评家的名声来推介自己的小说。之后,我多少了解了一些李国涛的家族背景,便知道,李国涛小说中的传统文化气息是很有一些脉络渊源的。现在,李国涛已经不弄小说了,倒是经常写一些文化类的短小篇什,文笔老辣,世事沧桑,正如他这次送我的随笔集的名字《世味如茶》。

李国涛所赠的《十宋楼集》虽是自费印刷,但颇有价值。李辅中,号僧允。1873年出生,前清秀才。李国涛在《祖父》一文中说"祖父是一位喜欢读书的人。他把家庭收入的很大部分都买了书"。"十宋楼"是李辅中的斋号,据说当时李家有座两层的藏书楼,李国涛也说"那时他的藏书居徐州之首"。这部纪念文集为何取名《十宋楼集》,我问了李国涛的堂弟李国耀先生。他说,李辅中曾有两个斋号,"十宋楼"是其一,因李辅中酷爱宋拓碑帖,有心要收藏十部宋拓碑帖,《十宋楼集》中就收录了李辅中所藏的《颜鲁公争坐位帖宋拓本》。李辅中还喜爱端砚,曾以收藏二十方名人端砚为目标,所以,他的另一斋号曰"二十砚斋"。说到这自然想起与李辅中颇有同好的民国书法家、碑帖学家张伯英。李辅中与张伯英不是一般关系,张伯英儿时在李辅中家中的私塾读书,李辅中小张伯英两岁,由此可见两人不但是发小,而且在同一屋檐下发蒙应该不会有错。再后来,两人的关系更有一些牵连，从《十宋楼集》里知道，1933年徐州人重新刻印明末遗民万寿祺（万年少）所著的《隰西草堂集》时，张伯英为文集题签，而书内的万寿祺自画像便是李辅中所藏，画像旁还有张伯英题识确认。

《十宋楼集》中还收了李辅中的书法，极佳。尤其那副"座上常县高士榻，门前喜到故人书"的对联，书体当属张伯英一脉，只是眉眼间没有张伯英的飘逸，但点划勾勒却有些张伯英所没有的棱角。字如其人，于是我猜度，李辅中兄弟九人，八人跻身行武，唯他一人舞文弄墨，其性格或许是受了兄弟们的些许影响。李辅中虽是一介书生，但想必他还真是一条性情豪放、处事耿直的汉子。

《十宋楼集》收集了李辅中的一些诗作、书法、绘画及收藏，其中最有价值的当属李辅中所编《万年少先生年谱》。此年谱编撰于何时不详，但发表却是在1933年重新刻印《隰西草堂集》之际，年谱就附刊在《隰西草堂集》之后。据李国涛说，"祖父一生没有什么文集刊行于世"，唯此一部年谱面世。这不奇怪，从李辅中因梦想十部宋拓碑帖、二十方名人端砚而以"十宋楼""二十砚斋"为斋号的专注与执着来看，李辅中已然有这种笃定一事、不遗余力的性格。所以，李辅中一生虽然博览群书，阅人无数，但由于他尤其推崇万寿祺的为人、为事、为文、为艺，那么，置其他于不顾，倾力为万寿祺编撰一部年谱，也是符合他性格的一件事情。

值得庆幸的是，李辅中这唯一的学术成果并未被浩瀚的历史典籍所湮没。著有《近三百年人物年谱知见录》的史学家来新夏先生就有对此年谱的论及，同时，来新夏所任馆长的南开大学图书馆也将年谱收入古籍书库。特别让李国涛欣慰的是，他在陈寅恪的大著《柳如是别传》中，也发现了对年谱的引用。其次，冯其庸、叶远君合著的《吴梅村年谱》也将此年谱列为参考书目。

李国涛在电话里说，《十宋楼集》因为收录了《万年少先生年谱》，所以还是有些价值的。他托我将《十宋楼集》送几本给徐州市的几所大学的图书馆。我觉得这其实已经不是李家自己的事情，我当然会努力完成这一托付。

2010年12月14日

业余作者的贴心老师

黄树芳

5月6日,省作协召开的李国涛老师从事文学活动六十年暨《李国涛文存》(五卷本)出版座谈会,我因为牙疼没能参加,感到非常遗憾。事后,心情也一直不能平静,总觉得有些话想说一说,于是就写了这点儿文字。

我是一个业余作者,说起来搞文学创作也五十多年了,但一直是在基层、在工作岗位上、在搞好本职工作的前提下搞创作的,文化水平本来就不高,也没有受过什么专业培训,所以特别想得到别人的帮助,尤其是想得到专业文学老师的帮助。怎么得到专家们的帮助呢?实践使我找到了三个渠道:一是抓住一切机会和专家面对面地请教;二是读作品,在人家的作品中慢慢咀嚼体味创作的门道;三是在创作实践和投稿发稿中向编辑学习。

李国涛老师是文坛上威望很高的批评家、创作颇丰的作家和阅审负责而且对作者热情耐心的编辑家。我在和他的接触以及他的作品中感到，他还是一位知识渊博深厚的学者。这样称道绝没有一点儿吹捧的意思，而且李老师处人很实在很真诚，我知道他不喜欢过度地夸奖。我觉得这样写并没有过度，只是写出了一个业余作者对编辑的感觉，一个普通读者对作家的感觉，一位文友对兄长的感觉……既然有这些感觉，我想还是这样写出来吧。

李国涛老师从20世纪50年代就和山西文学界交往，后来又长期工作在省作家协会，所以他对山西的作家们都是熟悉的。我们长期工作在基层的业余作者也早就和他断断续续地有些来往，但主要还是通过他的作品了解、熟悉和向他学习的。他的文品、他的人品、他的学问都含在了他的作品之中。我们称他为"贴心老师"，也是在阅读作品中的感受和对他令人悦服的评论品格的尊崇。

80年代中期，他写过一篇题为《大同的作家们——纪念〈云冈〉三十周年》的评论。在这篇万把字的文章中，他写到了"文革"前后共二十二位作者的基本情况，并对几位青年作者的主要作品进行了分析和评说。我读后，很受感动，也很受教育。应该说李国涛老师来大同的次数也不很多，但他对这二十多人的情况完全可以说是了如指掌的，有的虽然只提到几句话，但对其特点都评说得恰到好处。读了以后，使人心悦诚服。我和这里边的不少作者交换过意见，共同的感觉是受到了教育，找到了方向，坚定了信心。在这篇评论中，对"文化大革命"前的作者都提到了，但都没铺开写，十几句真诚朴实的话语，就把每个人的主要特点、写作情况、代表作品以及今后的努力方向都交代得清清楚楚明明白白。文中说："我记得当时在大同活跃的作家，有九孩、焦祖尧、陆桑，此外还有黄树芳等同志……我很喜欢九孩、陆桑的小说，觉得厚重有力，很有煤矿工人的精神风貌……我记得大同的作家跨越'文革',不断写作,最勤奋的应当说是黄树芳、郭书琪二位。黄树芳和郭书琪直到现在还不断写作,艺术境界也不断开拓。黄树芳获过本省优秀小说奖,郭书琪的《紫燕捎书》为《新华文摘》选载。他们同时也是煤矿和市里文学创作的领导人,甘当人梯,团结作家,热诚的精神给我印象很深。不过他们个人前进的步子还不是很大。我等待着读他们有突破性的作品。"我当时读了这篇文章非常感动,也很激动。李老师这些评语写得太贴切、太深刻,就像一个医生给别人讲养生,不仅告诉你为什么养生,更重要的是告诉你怎么养生。我反复琢磨着"前进的步子还不是很大,我等待着读他们有突破性的作品"这句非常中肯、非常贴心,而且是带方向性的老师对学生的肺腑之言。三十多年来,我一直记在心头,这话时不时就回响在耳畔。实话说,我始终是朝着这个方向努力的。但是非常遗憾,到我近期给李老师捎去的几本刚出版的书,还没有实现"突破"两个字,"前进的步子还是不很大"。当时,在我们煤矿企业里曾流传着这么一句话:成绩不大年年有,步子不大年年走。这本来批评的是一些人满足现状不求上进的保守态度。我想,我的创作情况也基本就是这种状态。真对不起李老师,您的评语,本来给我指出了明确的方向,但您一直也没等来我的"突破"性的作品。让老师失望了,真不好意思。不过,在这篇文章中评论过的大同作家,有的是给李老师增了光的,比如王祥夫和刘云生。

李老师在这篇文章中,铺开篇幅比较详细地评论了三位青年作家及其作品。这就是武怀义、王祥夫和刘云生。武怀义后来从事的是其他行业,不再细说。看看王祥夫吧。李老师开头这样写道:"王祥夫是近几年间写得最多,进步最快的青年作家。在王祥夫身上已经表现出一种艺术的成熟,这是由作品的稳定性上可以看出的。这所谓的稳定性不但指他的选材、手法、格调都渐渐具有自己的特点,而且是指,他写出的小说大体都能保持一定的水平。当然,不可能一篇比一篇好,也不可能篇篇都好。"接下来,是对王祥夫五篇小说的具体分析。这五篇小说是:《西牛界旧事》《沙棠院旧事》《莜麦地旧事》《铲山的人》和《永不回归的姑母》。我记得《姑母》这篇小说,当时曾经在全省范围内引起过比较大的反响,《山西日报》开辟了专栏进行了较长时间的讨论。人们各抒己见,观点不一,有的争论还比较激烈。李老师在这篇评论中明确表态,"我觉得这是一篇好小说,在王祥夫的小说里属上等的。"为什么是好小说?为什么是属上等?李老师在评论中都写得明明白白,清清楚楚,读后人们会感到明白了不少道理,辨清了不少含糊不清的是非界限。关于小说对性的描写和个别脏字的使用,也做了具体评说:"性描写很难下个界限。具体到这篇小说里我以为并无问题,而且,可以说有一定的必要。"当然,对不足之处也明确指出:不合人物身份的个别脏话,故作粗鲁俗鄙是没有价值的。对三篇《旧事》和《铲山的人》,李老师也都做了认真分析,关于小说中几个主要人物的成功和败笔,也都不夸张不掩盖地给予恰如其分地评价。李老师说这几篇小说中他最喜欢的是《西牛界旧事》,这里面的人物瞎貉写得好极了……《莜麦地旧事》写得差一些,从艺术上看,瑕疵较多,缺少分寸感。《铲山的人》最差,内容单薄,生活不够。这就将哪篇好,好在哪儿,哪篇差,差在哪儿,交代得一清二楚,让读者一目了然。这样的评论,特别受到业余作者的喜爱,因为他们能学到实实在在的写作知识。我本人和几位业余作者中的朋友都有这样的体会。所以我们业余作者在一起议论李老师的评论时,都说感到很解渴，有收获，称李老师是贴心老师。

李老师在评论王祥夫的文字中，让我最敬佩最叫好的是结尾时这几句话："王祥夫开头挺顺。但现在应当寻到真正属于自己的艺术色彩，在当代小说的创作里找到自己的位置。这个难度很大。但是我觉得他行。"这和评论的开头那几句相呼应，明确地给王祥夫指出了前进的方向。但也毫不含糊地提醒说：要奔向这个方向，难度很大。最感动人、最鼓舞人、也是最闪光的一句，是最后那七个字"但是我觉得他行"。王祥夫后来几十年的创作实践，确实证明了李老师这些高水平的预见是完全正确的。这不单是指王祥夫当了哪一级的作协主席或副主席，或者得了什么大奖，主要是说他的作品在全国的声望和影响，是他的作品在读者心目中的地位，也就是文艺界常说的社会效果。现在我们可以放心地说，王祥夫真格是寻到了属于自己的艺术色彩，也找到了在小说创作中属于自己的位置。正如李老师所预言的那样："他行。"什么是水平？这就是李国涛老师的水平，是让我们心悦诚服的水平，是让我们永远敬慕的水平。

李国涛老师对刘云生的短篇小说《熬年》和《爱》的评论中，反复提到他的"叙述手法是老老实实的"，"甚至可以说，手法是相当传统的，旧的。但是动人。""这种描写需要许多动人的细节，而刘云生的生活感受很多，似乎完全不需要编造，不需要'技巧'，只平平叙来，便收到这种效果。"

我和刘云生曾在大同煤矿一起工作过多年。李国涛老师对刘云生几篇小说的分析，其实就是对刘云生本人的写真。早年间，他在井下当矿工，后来调到井上，直到退休，也一直保持着煤矿工人那种老实本分直率豪气的传统。更可贵的是，他脑子里装着很多矿上生动的故事和生活细节。有一次我们俩在北戴河开创作会，坐一辆车回大同，跑了一段，我看司机有点发困，就让他停下来缓一缓。同时对刘云生说："讲个故事吧——活跃一下生活。"刘云生张口就讲了一个矿长进城下歌厅，因不轨行为被抓的故事。警方通知矿保卫科去领人，保卫科听说是矿长，谁也不敢去领。接下来就是怎么想办法既要把人领回来，送回家，还不能让矿长丢面子，更难的是不能让他知道是谁承办的这事。这些办法中就有很多生动的故事细节，我和司机听了都哈哈大笑。司机疲乏困倦的影子也就不翼而飞了。

李国涛老师在阅读小说中，就能知道作者的生活感受很多，完全不需要编造，只要老老实实地写，平平地叙来，就能收到好的效果。这实际上就给作者指明了努力的方向，也是对业余作者最实际的辅导。在我看来，像李老师这样，有这种深层文化底蕴和高度阅读功夫的评论家，不仅需要旺盛的精力，而且还得有过人的才华和令人悦服的评论品格。否则，不会有这么高的水平。

一个多月前，我和刘云生通电话。在谈到他的小说创作时，他还说："李老师对《熬年》和《爱》那两篇小说的评论，对我教育很深，帮助很大，不但给了我创作的动力，还给我指出了方向。这些年，我对生活的感受越来越深。李老师说的话，我印象最深的是要'老老实实地写。'这句话我几十年都没忘。"

刘云生近期出版了三十八万多字的长篇小说《天日》。煤矿系统开过研讨会，反响挺好，有人说是21世纪的红高粱。他的短篇小说《远去的粉蝴蝶》被美国华盛顿大学出版社收入美国大学教科书高级读本。《蓝蓝的山桃花》被《中国文学》英文版、法文版译载。另外，还写了不少其他体裁的文学作品，社会反响也不错。在所有这些创作过程中，李国涛老师那句"老老实实地写"，也许不时都给了他鼓舞，给了他力量和信心……

李国涛老师不仅评论文章写得漂亮，更有被评论的作者总觉得他和自己是心连心的，都讲的是心里话，点在了要害处，评在了点子上。看了后，就像老师结合实际在给自己讲课。最近，我看了李老师的《文存》以后，心里又豁然亮了许多，发现他的散文、随笔、小说也都是美文。句句平实，段段优美。读起来温馨，开阔，心明眼亮，有时还激情澎湃，从不觉得枯燥，给人一种丰沛的大气感。对业余作者来说，更重要的是他的这些文章也都可以当作写作的辅导教材来读。读后，会觉得眼界更宽了，写作的劲头更足了，创作的路子更多了，对生活的感受也就随之加深了。也许和年龄有关系，我特别认真地反复地读了他在90年代写的有关"老"字的那几篇随笔：《老年赋》《说老年情怀》《说"老归故纸"》。这些精美至极的随笔，既有随意的抒情，又有散文的灵气；既有开阔的视野，又有人生的体验；既有高境界的诗化速写，又有心底里的情感写真……说到读后感，可用四个字概括：受益良多。首先，对我这样一个业余作者来说，是在精神上受到了一次日常难以寻觅的美学熏陶，得到了一次少有的美育良机。当然更是一次美的享受。再有，就是在文学创作上，也得到了帮助，受到了启发。在谈到该怎么给"老"定性时，李老师写了这么一段精美的文字：

那一天，具体日子记不起来了，总是一个阳光明媚的上午。一个年轻的妈妈拉着刚会走路的婴儿，从你身边走过。婴儿昂起头，他用发着奶香的声音叫了一声："爷爷！"你笑了，他笑了，他的妈妈也笑了。婴儿走过去,你的笑有片刻的凝住。你想,我是爷爷,那么我老了。是的,正是那个婴儿给你定的性。从此,你就老起来了,不管你几次染发,或几次拔去鬓边的白丝。不行,婴儿定下的性,他代表自然。这比任何档案里的表格都更有权威。

读了这段文字,我再三琢磨,反复咀嚼,深感味美意浓,心明眼亮。大约是90年代的一个六一儿童节,我们公司的几位领导都坐在主席台上看孩子们演讲比赛。比赛完了,得第一的孩子上台领奖。我给她发了获奖证书,在我旁边的王总颁发给她一个瓷瓶。孩子抱着奖品,分别给我们鞠躬,说:"谢谢黄爷爷,谢谢王叔叔。"孩子的这样称呼,使我很受触动。一方面觉得孩子很有礼貌,一方面又问自己:我老了吗?距退休还有好几年呀!转过头去,我和王总开玩笑:"听清了吗?我是爷爷,你是叔叔。今后你得改改对我的称呼呀!"王总说:"孩子说的话你还认真?那不能算数。"其实,我心里明白:孩子的话不掺假,不管承认不承认,我也是爷爷了,真的是老了。这件事对我精神的触动和心灵的震撼都是难以泯灭的。过了好几年,王总也退了,我还常拿这句话和他开玩笑,说明这件事对我印象太深了!但是这么好的一个生活细节,这么多年了,我竟一直没有想到要写它。直到现在看了李老师的文章,才恍然大悟:身居生活之中,却感悟不到生活之美,看不到生活之光,更写不出靓丽之文,这就是自己水平上的一大差距,也是写作中的一大悲哀。李老师用他的写作实践给我们指出了感受生活之路和创作源泉之本,这大概也不亚于到什么学院听一堂关于写作的辅导课吧! 记得60年代,夏衍出版过一本书,叫

《关于写电影剧本的几个问题》。他讲什么是创作？创作，就是要写出别人心里有，而笔下还没有的东西。李国涛老师把我心里装了多年的话写出来了，这就是老师的水平，这就是文学创作，这就是过人之处，这就是值得我们要好好学习的地方。

（2014年5月24日《黄树芳博客》）

附录

李国涛作品简介

评论类

1.《诗爱好者的意见》,第一篇文学评论文章发表于1955年12月17日《光明日报》副刊,自此开始文艺理论研究生涯。

2.《读〈伤疤的故事〉》,刊于《火花》1958年第6期。

3.《肖像杂谈》,刊于《太原文艺》1959年第11期。

4.《采采流水,蓬蓬远春——喜读西戎新作〈灯心绒〉》,刊于《火花》1962年第12期。

5.《佳篇共欣赏,疑义相与析——〈春天在榆树堡〉的技巧和一点争论》,刊载于《火花》1962年第2期。

6.《英雄人物的本色——评马烽的〈五万亩红薯秧〉》,刊于《火花》1962年第4期。

7.《一个正面的知识分子形象——〈呐喊〉〈彷徨〉里的"我"》,1962年10月写于山西省委党校内,登载山西社会科学研究所内部刊物《学术通讯》,是第一篇研究鲁迅的论文。

8.《形象的"鉴定"——读赵树理同志的新作〈互作鉴定〉》,发表在《山西日报》1962年11月3日。

9.《评〈柳长初当队长的时候〉》,刊于《火花》1963年第4期。

10.《生活的颂歌——简评〈火花四月号诗作〉》,刊于1963年4月《山西日报》汾水副刊笔名言以实。

11.《论艺术风格》,载于《山西大学学报》1979年第4期。

12.《且说"山药蛋派"》,1979年12月28日在《光明日报》发表,首次对山西"山药蛋派"文学流派的文学成就加以系统总结。

13.《张石山短篇小说印象》,载于《光明日报》1980年3月18日。

14.《重读赵树理〈邪不压正〉》,刊于《汾水》1980年第4期。

15.《剖析人物的灵魂——成一小说的艺术特色》,刊于《汾水》1980年第12期。

16.《老作家与后来者》,刊于《汾水》1981年第6期。

17.《鲁迅所钞傅山小札》,刊于《汾水》1981年第10期。

18.《赵树理艺术成熟的标志——读〈盘龙峪〉(第一章)札记》,刊于《汾水》1981年第11期。

19.《发现和培养马烽西戎的人》,刊于《山西文学》1982年第2期。

20.《生活深处故事多》,刊于《山西文学》1982年第2期。

21.《不用"英雄气概"》,刊于《山西文学》1982年第3期。

22.《陈寅恪论〈聊斋〉》,刊于《山西文学》1982年第5期。

23.《再说"山药蛋派"》,刊于《山西文学》1982年第12期。

24.《文学要积极地反映改革》,刊于《山西文学》1983年第4期。

25.《编马烽〈彭成贵老汉〉琐记》,《山西文学》1984年第1期。

26.《典型形象必须十分丰富》,刊于《山西文学》1984年第8期。

27.《读张石山〈含玉儿〉》,刊于《山西文学》1984年第9期。

28.《读同题小说〈晨雾〉札记》,刊于《山西文学》1985年第9期。

29.《〈柳大翠一家的故事〉序》,刊于《山西文学》1985年第12期。

30.《经验的世界和语言的世界》,刊于《山西文学》1986年第12期。

31.《读李锐新作〈厚土〉七篇》,刊于《山西文学》1987年第2期。

32.《汪曾祺小说文体描述》,刊于《文学评论》1987年第4期,指出汪氏小说文体的三个支点及代表作。

33.《读谢俊杰〈悠悠桃河〉漫记》,刊于《山西文学》1987年第8期。

34.《有趣的往事——义夫〈短篇二题〉》,刊于《山西文学》1987年9期。

35.《王博勤的〈天桥小说〉》,刊于《山西文学》1987年第12期。

36.《〈土地悲歌〉序》,刊于《山西文学》1990年第7期。

37.《散文怎么写》,刊于《漳河文学》2017年第4期,生前刊发的最后一篇文章。

38.《〈野草〉艺术谈》(论文集),山西人民出版社,1983年出版。

39.《文坛边鼓集》(论文集),北岳文艺出版社,1986年出版。

40.《STYLIST——鲁迅研究的新课题》(论文集),陕西人民出版社,1986年出版。

41.《李国涛文存·评论(上下卷)》(论文集),三晋出版社,2013年12月出版。

42.《编稿手记》(论文集),北岳文艺出版社,2017年1月出版,生前出版的最后一部文集。

小说类

1.《郎爪子》,刊于《山西文学》1989年第9期,《小说选刊》1989年第12期选载。

2.《古城旧事》，刊于《黄河》1989年第6期。

3.《故人二题》，刊于《山西文学》1990年第3期。

4.《跟人》，刊于《长城》1990年第3期。

5.《往事凄迷》，刊于《莽原》1990年第4期。

6.《紫砂茶壶》，刊于《清明》1990年第4期。

7.《骨头》，刊于《上海文学》1990年第5期。

8.《云水图》，刊于《北京文学》1990年第7期。

9.《烤鸭》，刊于《莽原》1991年第5期。

10.《中方总经理》，刊于《北京文学》1991年第5期。

11.《市井闲话》，刊于《山西文学》1991年第7期。

12.《世界正年轻》（长篇节选），刊于《人民文学》1991年第7期第8期，获1991年《人民文学》优秀作品奖。

13.《几户人家》，刊于《黄河》1991年第2期。

14.《炎夏》，刊于《上海文学》1991年第9期。

15.《凉秋》，刊于《江南》1991年第5期。

16.《赌场有鬼》，刊于《山西文学》1992年第1期。

17.《一片石》，刊于《收获》1992年第1期。

18.《微醺》，刊于《清明》1992年第2期，《小说选刊》1992年第8期转载。

19.《世界正年轻》，刊于《黄河》1992年第2期，上海文艺出版社，1993年8月出版。

20.《真迹》，刊于《上海文学》1992年第5期。

21.《清白》，刊于《收获》1993年第5期。

22.《老龄》，刊于《黄河》1993年第5期。

23.《夏夜很短》，刊于《人民文学》1993年第9期。

24.《依旧多情》，北岳文艺出版社，1996年出版。

25. 《李国涛文存·小说》，三晋出版社，2013年12月出版。

随笔散文类

1. 《半生辛苦万种情怀》，刊于《名作欣赏》1985年第2期。
2. 《说老年情怀》，刊于《火花》1993年第1期。
3. 《破书与断砚》，刊于《火花》1993年第2期。
4. 《以赛尔夫作话题》，刊于《黄河》1993年第3期。
5. 《我吃对虾》，刊于《山西文学》1993年第4期。
6. 《病弱与懒馋》，刊于《山西文学》1993年第5期。
7. 《北方韭花》，刊于《上海文学》1993年第9期。
8. 《羽扇不是麈尾》，刊于《文汇读书周报·书人茶话》1997年3月15日文章发表后，谷林先生在该报同一版面上发表《"羽扇"架起一座桥梁》，说有"意外的欢喜"，可谓结下了文字之缘。
9. 《当"二流作家"也不易》，刊于《徐州晚报》1999年10月26日。
10. 《游西湖读游记》，刊于《彭城晚报》1999年11月23日。
11. 《谒冰心纪念馆》，刊于《南昌日报》1999年12月15日。
12. 《散文容忍虚构》，刊于《读书与出版》1999年12月25日。
13. 《学界风气》，刊于《山西晚报》1999年12月27日。
14. 《阐释关于胡同的老照片》，刊于《语文教学通讯》2000年第20期。
15. 《沈园》，刊于《大众日报》2000年1月3日。
16. 《西湖岂是庸人能写》，刊于《太原晚报》2000年1月4日。
17. 《好官何必正吹竽》，刊于《黑龙江日报》2000年1月6日。
18. 《茶价比金价高五倍》，刊于《青岛日报》2000年1月7日。
19. 《这种书要有注》，刊于《山西晚报》2000年1月10日。

20. 《宠物》，刊于《燕赵都市报》2000年1月13日。
21. 《大学者的趣味之作》，刊于《重庆晚报》2000年1月14日。
22. 《"通"的不同标准》，刊于《文汇读书周报》2000年1月15日。
23. 《清宫习俗之类》，刊于《乌鲁木齐晚报》2000年1月16日。
24. 《大学人的趣味之作》，刊于《读书人报》2000年1月18日。
25. 《飞来石，飞来峰》，刊于《香港商报》2000年1月22日。
26. 《学问家的学问》，刊于《大众日报》2000年1月24日。
27. 《绰号》，刊于《温州晚报》2000年1月30日。
28. 《仁者寿》，刊于《健康世界》2000年第2期。
29. 《闻箫声则思母》，刊于《太原晚报》2000年2月1日。
30. 《寻找话题难》，刊于《彭城晚报》2000年2月15日。
31. 《科学与人文的汇通》，刊于《河北日报》2000年3月24日。
32. 《私园也供众人游》刊于《浙江日报》2000年3月26日。
33. 《英国大腕编辑》，刊于《火花》2000年第4期。
34. 《读〈欧美琅嬛漫记〉》，刊于《中国图书商报》2000年6月13日。
35. 《浦江清和吴宓》，刊于《山西晚报》2000年6月16日。
36. 《谈〈万象〉杂志》，刊于《大公报》2000年7月2日。
37. 《鲁迅对环保的论述》，刊于《郑州晚报》2000年7月5日。
38. 《炉边闲谈》，刊于《太原晚报》2000年7月21日。
39. 《计算机专家的散文》，2000年刊于《羊城晚报》7月23日。
40. 《黄河青山故人多》，刊于《河北日报》2000年8月24日。
41. 《傅山文体》，刊于《河北日报》2001年12月7日。
42. 《编辑部的旧规矩》，刊于《中华读书报》2002年2月20日。
43. 《读〈忆·读汪曾祺〉》，刊于《太原晚报·天龙副刊/悦读》2012年5月19日。
44. 《纸上谈吃：舌尖上的故乡》，刊于《太原晚报·天龙副刊/文苑》2012年6月10日。

45.《张颔的书画题跋》，刊于《太原晚报·天龙副刊/悦读》2012年9月2日。

46.《卖字不题上款》，刊于《太原晚报·天龙副刊/悦读》2012年12月14日。

47.《〈目倦集〉序》，刊于《太原晚报·天龙副刊/悦读》2013年12月8日。

48.《世味如茶》，山西人民出版社，1999年出版。

49.《总与书相关》，三晋出版社，2013年7月出版。

50.《目倦集》，北岳文艺出版社，2014年1月出版。

51.《怀念随笔文体》，北岳文艺出版社，2016年11月出版。

52.《李国涛文存·随笔（上下卷）》，三晋出版社，2013年12月出版。

后 记

一

从远处飘来一阵花香
随着那微风慢慢飘荡
这花香带着一缕思念
轻洒在曦云下的晨光
那深藏着的旧梦阑珊
也在晨光中依稀可见
思念熏起了风中花香
谁拿笔沁湿了你眼眶
谁勾起你泛黄的过往
那是眼眸深处的忧伤
思念悄悄在心里躲藏

> 人们总会宽恕了时间
> 而你就种在了我心田
> 每当晨曦泛起了微光
> 那空中就弥漫着花香
> 慢慢地在微风中飘荡
> 　　　　（风中的花香）

又是一个春季，作协小院里那些美丽的春花已经绽放，深巷墙上的爬山虎也吐出了嫩绿的枝叶，山楂树的树冠依然浓密，春的气息越来越浓了，就连花池里不知名的几朵小花也在风中使劲地摇着头，仿佛在诉说着什么……或许是唱着这首《风中的花香》，传递着季节里特有的芬芳。

李国涛先生离开我们已经八个月了，作协院里依然是那么宁静，恍惚中，梧桐树旁、山楂树下仿佛还看到你的身影，温和慈祥的面孔是那么亲切，从身旁经过的人们充满敬意地向你问好！这是一幅多么难以忘怀的画面啊！人们对你的怀念永远不变，始终放在心里。

为了更好地怀念李国涛先生，我们把先生去世后社会各界人士对他的追忆文章汇集起来，并且把在他从事文学活动六十年座谈会上的评论文章收集于此，还有一些是来自报刊、网络媒体以及微信公众号等对他的评说文章，这些文章的作者有的是著名作家、文化界人士，有的是普通读者、业余作者，每一篇文章都充满敬重与惜别之情，每一段文字都包含着深深怀念的思绪。这里记录下一些，以此纪念。

先生去世后，文化界纷纷撰文怀念，报刊、网络媒体、微信公众号等纷纷发表追忆文章。2017年8月30日,《太原晚报·天龙副刊》的申毅敏女士当天中午含泪赶制了内容《总与书报相关——纪念李国涛先生》的追忆文章,同时推送了老爷子曾见诸该报天龙副刊的部分随笔。李国涛先生曾经在随笔作品《目倦集》序中,提及与晚报副刊编辑们的交往和情谊,赞许道:"这几年多亏《太原晚报》副刊的几位女编辑,董昕、傅晓玉、申毅敏、张波(她们一组号称'七仙女',很有活动能力)热情约稿、催稿,我才勉力而为,写了一点。文章当然大多是首先发在《太原晚报》的副刊上。"噩耗传来,许多读者第一时间表达了哀思,网名"一席书房"说:"十多天前还看望过老人家,谈兴无限,没想到这么快就走了,震惊!悲伤!"读者王朝军说:"今晨,《山西文学》原主编、作家李国涛(高岸)先生仙逝,享年八十七岁。一杯清茶,一树秋花,一颗魂魄,老爷子走好!"读者成向阳说:"虽未亲见老先生之面,实读过老先生著作数本,今晨驾鹤,名当千古。哀悼!"编辑陈威说:"李老是《太原晚报·天龙副刊》天龙副刊的长期作者,几十年来发表了很多散文随笔,给读者带来美好的精神享受。很老了还笔耕不止,他的文学精神和人品,感动了我们这些编辑。他就像我们的长辈,平常不见,也在心里,突然走了,像失去了家人。愿他在天堂一切安好!"

《南华视角》是南华门东四条里的一群姑娘共同开办的公众号,她们也是李国涛先生生前特别喜爱的女孩子,有的已是孩子的妈妈,连她们的小孩子也时常在老爷子嘴里念叨。老爷子走了,她们含泪在第一时间发表了一篇篇忆念文章,引起了许多读者的共鸣。白琳难以忘记先生与她之间始终实行着讲英文的约定,与先生之间的交谈时时浮现出来,她回忆:"很早以前,在我自称是密斯白之前,他见到我,同我打招呼时会用英文说,你好,密斯白。我咧开大嘴,笑着回他说,你好,密斯特李。"几位读者在作家东黎的忆念文章《曾记得》文后留言,网名"饮者"的读者说:"(李国涛先生的)文字像水洗样干净朴素,味道似白云般淡然绵长,怀念一个人,却知道瓜熟蒂落的道理,有感情而无悲情,只有淡淡的气息在氤氲。这样风格的文章很喜欢。"网名"方叶子"说:"老师的形象若隐若现,却也不可磨灭。"网名张鹤说:"不忘恩师,君子。"网名"灵波仙子"说:"往事如昨,如沥沥细雨,一位和蔼可敬的长者映入读者脑海。"

"南华门!像接受秋天的落叶一样,我们送李国涛先生远行!"是《老家山西》公众号推出的几篇纪念文章的总标题,醒目而痛心。

像接受秋天的落叶一样,让我们安静地纪念他或开始认识他,像他自己所言,像认识春天里雪白的花和火红的云,让我们诚敬地送他远行。一个网名沈侦探的读者说:"对于一位作家或学者来说,对他的敬重表现在你舍得花自己的钱去买他的著作,对于李国涛先生,我做到了。李国涛先生之于山西文化界,如同一股文雅的江南气脉植于西北风凛冽的厚土高原,山西有幸,先生千古!"网名简爱写道:"子温而厉,威而不猛,恭而安。"

《名作欣赏》是李国涛先生比较喜爱的一个期刊,从创刊起就不断为杂志投稿,三十几年来,先后撰稿二十余篇。惊闻先生去世的信息,该刊编辑慨叹道:"那位八十多岁还为《名作欣赏》撰稿的先生走了。《名作欣赏》失去了一位铁杆的作者。"编辑得一在检索资料时,看到老先生进入八十岁后,还在杂志上发表了六篇文章,深为感动。他在文章中记录了以下内容。2009年先生发过一篇《忆〈名作欣赏〉里的一幅画》，在开头先生说："我曾与《名作欣赏》有过不少联系，所以也比较注意它。记得《名作欣赏》2000年第二期的内封上，登过一幅美国当代画家安德鲁斯·怀斯的名画，题为《炒栗子》……"于是先生开始回忆这幅画给他带来的审美愉悦。在这篇文章中我看到了先生读者和作者的双重身份，看到了先生一边为杂志写稿影响读者，一边享受读者的阅读权利。而先生离世的遗憾在这种追溯中也得到缓和，毕竟杂志曾让先生的一部分"小文章，大道理"（苏华先生语）得以传播，而杂志上的文章也曾让先生激动不已、浮想联翩，他们曾经在精神上相伴多年，这是一本杂志和一位文人最完满的友谊了。

山西新闻网（山西晚报、三晋都市报）以"著名文学评论家李国涛逝世""'山药蛋派'命名人李国涛辞世"，黄河新闻网以"系统总结'山药蛋派'文学成就第一人"，传递着他们不尽的哀思。记者周俊芳写道："李国涛老师是评论家、散文家、小说家多体兼善的文学大家，是《山西文学》的首任主编，是'山药蛋派'的命名人，是山西新时期文学的领军人物之一，是当代山西文学评论的重要开创者，是我们山西几代评论家的楷模！"评论家段崇轩心情沉痛地回忆，前不久，李老师看了他评李古北的文章，专门打电话说，看来"西李马胡孙"这个称谓，应该扩展成"西李马胡孙李"更全面准确一些。这是他们最后一次讨论文学，在生命的最后时段，李国涛仍关注着山西文学的历史和现状。每次在胡同、院里遇到，他总会跟大家谈文学，言简意赅，令人难忘！

9月3日，李国涛先生遗体告别仪式在永安殡仪馆举行，社会各界人士、亲朋好友、文化界文艺界领导送了花圈和挽联。

如今，李国涛先生离开我们已经很长时间了。就让清明的微风，携带无限的哀思飞过千山万水，吹到你长眠的山谷；让清明的细雨，饱含深情的缅怀蘸满笔墨浓浓，润泽你脚下的土壤；让清明的鲜花，承载无声的祭奠绽放季节芬芳，祈愿你在天国安眠！

让我们，把怀念的心绪寄给天空——

谨以此文集《涛声犹存——李国涛先生纪念文集》捎去我们的思念！

愿您在天之灵安好！

2018年4月，清明

二

国涛走了将近一年了。

在这段时间里，亲朋好友撰文缅怀国涛，我们全家十分感动，也十分感激！国涛在天之灵，也会感到十分欣慰的！

国涛把他毕生的精力，都用在读书、著书立说及培养青年人身上。他既有天赋，又非常努力。他待人热忱、简单、坦诚。他读书多而杂，他既写评论也写小说、散文之类。他遵循和履行先贤们"不开风气不为先"的信念，从不张扬，非常谦虚、谨慎、低调。他深受山西老中青三代作家的推崇与热爱。

在任《山西文学》主编时，国涛得到各级领导对他的信任，以及同志们无微不至的帮助、照顾，尤其是得到周宗奇先生的大力支持。宗奇主动包揽了编辑部全部冗杂的事务，没有宗奇的无私奉献，国涛就不能全心全意地看稿、审稿,与作者交流。国涛常常念及,在此一并致谢。

我们衷心感谢所有为这个集子做出贡献的亲朋好友。

我们更感谢北岳文艺出版社,尤其要感谢续小强先生,是他的主动和多次督促,才得以编成此集。

谢谢!谢谢!十分感谢!

李国涛夫人杨玉英

女儿李如玉

儿子李伟

儿媳李舒晴

孙子李今贺

谨上,于2018年5月